평가란
무엇인가

평가란 무엇인가

초판 1쇄 발행 2016년 5월 31일
초판 4쇄 발행 2018년 4월 30일

지은이 | 정창규 · 강대일

발행인 | 김병주
출판부문대표 | 임종훈
편집 | 박현조
디자인 | 디자인붐
마케팅 | 장은화
펴낸 곳 | (주)에듀니티(www.eduniety.net)
도서문의 | 070-4342-6124
일원화 구입처 | 031-407-6368 (주)태양서적
등록 | 2009년 1월 6일 제300-2011-51호
주소 | 서울특별시 서대문구 연희로 2길 76 4층

ISBN 979-11-85992-21-1 (13370)
값은 표지에 있습니다.

이 책은 저작권법에 따라 한국 내에서 보호를 받는 저작물이므로 무단 전재 및 복제를 금합니다.
이 책의 국립중앙도서관 출판시도서목록(CIP)은 www.nl.go.kr/ecip에서 이용하실 수 있습니다.

초등교사를 위한 평가 길라잡이

평가란 무엇인가

정창규·강대일 지음

에듀니티

프롤로그

프롤로그

아이들의 올바른 성장을 돕는 평가를 위하여

'평가'나 '시험'하면 긍정적인 생각보다는 다소 부정적이거나 불편한 감정이 든다. 이는 아마도 그동안 평가에 대해 좋은 경험이 많지 않았기 때문일 것이다. 물론 시험으로 내·외적 보상을 받았다면 약간의 차이가 있겠지만, 교사와 학부모, 학생 모두의 반응은 대체로 긍정적이지 못하다. 그 이유를 물어보면 의외로 쉽게 대답한다. 그리고 오히려 이렇게 반문한다. "그럼 선생님은 평가가 좋아요?"

그렇다. 필자들 역시 평가를 좋아하지 않는다. 특히 평가를 받는 입장이라면 더욱 그렇다. 교사가 된 지금에는 평가를 받기보다 평가를 실시해야 하는 경우가 많아졌다. 그래서 더 책임을 느끼는 것 같다.

그동안 평가는 순기능보다는 역기능이 더 작동되었었다. 그래서 학생들에게 시험은 '나쁜 것'이며, '학교에서 없어져야 할 1순위'였다. 교사들 사이에서 평가에 대한 담론이 생긴 것도 불과 몇 년 전 일이다. 참된 학력의 신장, 참 평가, 평가 패러다임의 변화, 배움과 성장 등의 논제로 이야기가 시작되고 있지만, 아직은 걸음마 수준이다. 누구 하나 '평가란 이런 것이다'라고 시원하게 말해주는 이가 없다. 왜냐하면, 우리 교사들에게 평가에 대한 자율성의 폭이 생각만큼 크지 않기 때문이다. 평가의 방향성이라는 큰 논의는 둘째치더라도 학교에서 실시하는 중간, 기말고사에 대한 변화를 말하기조차 어려운 것이 현실이다.

  평가를 논할 때 주요 내용으로 시·도교육청 학업성적관리 시행지침과 초등학교 학업성적관리규정, 생활기록부 작성 수단인 NEIS 그리고 평가 패러다임 변화에 대한 교사와 학부모, 학생의 공감대 형성, 학생평가 전문성에 관한 사항들이 있다. 무엇보다도 평가를 제대로 실시하고자 하는 마음은 있지만, 변화하는 평가 정책들을 수용하기에 아직은 마음의 준비가 되지 않았고 평가 외에도 현실적으로 산적해 있는 자잘한 업무들 때문에 평가만을 위해 시간을 내기에는 어려움이 있다. 그래서 평가는 여전히 힘들고 모른척하고 싶은 분야로 남아 있다.

  평가의 문제점을 고민하다 보니 우리 사회의 문제가 곧 평가의 문제라는 것으로 연결된 것 같다. 과거 어려웠던 시절 돈도 없고 '빽'도 없을 때, 소위 성공의 대로에 올라서는 방법은 열심히 공부해서 좋은 대학에 가거나 고시에 합격하여 출세하는 것이었다. 그래서 공부 잘하는 학생이 모범생이었고, 효자였던 시절이 있었다.

  물론 지금은 꿈과 끼를 이야기하고, 학생의 특성을 고려한 진로선택의 필요성을 강조한다. 하지만 수능이라는 거대한 입시의 벽 앞에서 '일단 좋은 대학부터 가고 난 뒤에 얘기해보자'는 식의 인식이 여전하다. 그래서였을까? 왜 공부를 해야 하는지 고민해본 적 없이 일단 잘하고 보는 게 장땡이다 싶어 앞만 보고 무작정 달려왔던 것 같다. 특히 입시를 코앞에 둔 고등학교 시절을 떠올리면 다시 돌아가고 싶지 않은

프롤로그

감정을 느끼는 건 결코 필자들뿐 만은 아닐 것이다.

지금도 고등학교 시절 한 선생님을 잊을 수 없다. 그 선생님은 시험이 끝난 직후에 성적 결과, 즉 등수대로 자리를 앉히는 분이셨다. 그래서 중간고사나 기말고사가 끝나고 성적이 발표되면, 그 반에서 누가 몇 등을 했는지를 보려고 다른 학생들이 그 반으로 몰려들었던 모습이 지금도 생생하다. 필자는 공부를 그리 잘하는 학생은 아니었기에 그 반이 아닌 것을 몇 번이고 감사했던 것으로 기억한다.

그랬던 나도 교사가 되니 시험을 치르고 나서는 우리 반에서 누가 1등을 했는지 나도 모르게 관심이 생겼고 그 학생을 대견스러워했던 기억이 있다. 그리고 꼴찌를 한 학생에게는 무엇을 몰라서 시험문제를 틀렸고, 내가 어떻게 알려주어야 할지 고민을 하는 것이 아니라 '그 학생은 왜 이리 시험을 못 볼까? 못 봐도 너무 못 본다. 수업 시간에 집중을 안 하니 그렇지! 내가 얼마나 친절하게 수업을 했는데!' 하는 야속한 마음으로 그 학생을 바라봤던 부끄러운 과거도 있다.

앞으로 이 책에서 몇 번이고 언급하겠지만, 평가의 목적은 부끄러운 내 과거의 모습과는 상당히 다르다. 당연한 이야기임에도 그동안 생각과 관심이 적었던 것은 아마도 우리 학교의 오래된 풍토이자 관성으로 자리 잡은 시험문화 때문일 것이다. 평가혁신이 비록 관 주도로 시작되었지만, 이제 우리 교사 스스로 고민하고 그렇게 고민한 문제 앞에 더 나은 방향의 해결점을 제시해볼 필요가 있다.

여전히 우리 교육 현실은 암담해 보인다. 사교육비용은 갈수록 늘어나고, 모 TV 방송에 출연한 한 학생의 빡빡한 방과 후 스케줄은 시청자에게 큰 반향을 불러일으켰다. 한국 교육이 외신들의 가십(gossip)거리가 된 지는 오래되었고, 수능 이후에 성적비관으로 자살하는 학생들의 보도는 이제 놀랍지도 않은 시대가 되었다. 초등학교 현장에서 학생들을 만나고 있는 교사로서 앞으로 아이들을 졸업시키고 중고등학교로 진급시키는 것이 겁이 날 때도 있으니 뭔가 대책 마련이 필요해도 한참 필요하다.

이러한 결과를 불러온 다양한 원인 가운데는 수능을 비롯한 평가시스템도 있다. 초등학교에도 점수화를 통한 서열화는 여전히 존재하며, 초등학생 사이에서도 '누가 누가 공부를 잘해서 선생님이 더 좋아하시나 봐' 식의 오해가 있으며, 성적 때문에 자존감이 낮아지고 자살이라는 끔찍한 일이 더러 발생하기도 하니 평가에 관한 변화가 절실하다.

'학교 교육'이라고 하면 교육과정에 따라 수업과 평가를 하는 것을 말한다. 하지만 이런 이야기가 본격적으로 공론화 된 것은 최근의 일이다. 과거에는 국가가 교육과정을 제시하고 교사는 수업만 하고 평가는 본래 기능을 상실한 채 점수화, 서열화의 역기능이 작동했다.

교육과정의 변화 속에서 가장 먼저 발전한 것은 수업이었다. 경기도의 경우 '배움중심수업'이라는 수업 철학을 전국의 모든 학교에 널리 알렸고, 이와 관련된 많은 책이 출간되어 교사들의 지적 허기를 달래주었다. 그다음으로 다양한 형태의 교육과정 재구성이 등장했고, 전국의 혁신학교를 중심으로 널리 확대되었다.

그러나 상대적으로 평가에 관한 이야기는 적었다. 아마도 평가라는 말에서 느껴지는 부정적 심리 요소가 작용했을 수도 있고, 평가를 이야기하려면 무엇부터 시작해야 하는지 어려웠을 수도 있다. 평가가 교육과정의 일부일 뿐이어서, 이것만 가지고 이야기를 나누기에는 큰 담론

프롤로그

이라 논의 자체가 힘들 수 있고 특히 평가에 대한 부정적인 인식 때문에 논의를 해도 긍정적인 방향으로 변화되기 어려울 것이라는 판단하에 누구라도 쉽사리 언급하고 싶어 하지 않았을 것이다.

그나마 다행인 것은 시·도교육청마다 평가혁신의 이름으로 기존 학생평가의 문제점을 개선하려는 움직임이 시작되었다. 나아가 평가에 관한 인식의 전환으로 점수화를 통한 서열화의 목적에서 벗어나 피드백이라는 평가의 본질적인 중요성을 강조하기 시작하여 정책이나 교사와 학부모를 위한 연수 등을 통해 실마리를 찾아가고 있다.

경기도교육청에서 먼저 시작한 평가의 변화는 논술형 평가에서 출발하여, 교사별 평가, 상시평가 등의 이름으로 각 학교에 회자되기 시작했고, 아직은 경기도와 일부 타 지역에서만 시도되고 있지만 전국적으로 점차 확대되고 있다.

최근 교육부에서도 훈령 개정을 통해 평가의 변화를 꾀하면서 언론의 주목을 받고 있다. 교육부 주관 평가 심화연수를 방학 중에 개설하거나 교육과정평가원에서도 평가에 관한 연구보고서들이 나오는 것을 보면 평가의 변화에 대한 시대적 공감대가 형성되는 듯하다.

필자들은 2012년 경기도교육청 평가혁신을 위한 논술형 평가문항 개발에 참여한 것을 계기로 평가에 대해 고민하기 시작했고, 이를 해결하고자 관련 서적을 읽거나 워크숍과 세미나에 참석했다. 협력적·정의적 능력 평가문항 개발, 경기도 학업성정관리 시행지침 개발, 논술형 평가 길라잡이 원격연수개발, 타 시도 평가 연수 강의, 평가 컨설턴트 등의 오랜 경험은 평가 전문성을 기르는 데 좋은 기회가 되었다.

교육청과 연수원에서 평가연수를 통해 만난 교사들의 공통된 의견은 한 번의 연수만으로는 학생평가에 관한 전문성을 향상할 수 없다는 것이었고, 참고할 만한 책을 추천해달라는 요구가 많았다. 그러나 현재까지는 초등학교의 평가 관련 책은 전무한 상태이다. 이런 요구에 부응하고자 조금이나마 도움을 드리고 싶은 마음에 오랜 시간 활동한 경험, 평가에 관해 공부하고 알게 된 지식, 현장에서 만난 교사들의 어려움을 기록해가며 알게 된 것 등을 담아 이 책을 쓰게 되었다.

필자들 역시 아직도 많은 어려움을 가지고 있는 동료 교사임을 밝혀두며, 이 책의 내용 중 수정이 필요하거나 도움이 될 만한 다른 내용이 있다면 많은 초등 교원을 위한다는 마음으로 알려주시면 감사하겠다.

정창규, 강대일

차례

프롤로그_ 아이들의 올바른 성장을 돕는 평가를 위하여 • 004

1장 | 우리 교육의 현주소

우리 교육의 현황과 과제 • 017
성적 때문에 스트레스받는 아이들 • 020
PISA를 통해서 본 우리 교육의 단면 • 023
삶의 만족도와 행복 • 025

2장 | 평가에 대한 인식의 변화

교사와 학부모의 인식전환이 필요하다 • 029
평가, 무엇이 문제인가? • 032
평가는 관행이 아니라 교육의 본질이다 • 035
평가에 대한 오해 • 038
평가의 본질은 무엇인가? • 041
평가에도 철학이 필요하다 • 044
평가혁신의 발자취 • 047
앞으로의 평가 방향 • 050

3장 | 학교 현장에서의 평가 들여다보기

선배 교사가 후배 교사에게 • 055
연구부장은 힘들다 • 059
평가만 하라면 하겠다 • 064
평가 컨설턴트가 본 현장 평가 • 067
시험 범위가 아니라 성취기준이다 • 070

4장 | 평가 파헤치기

- 목적에 따른 평가 분류 - 진단평가, 형성평가, 총괄평가 · 077
- 일제식 정시평가 vs 교사별 상시평가 · 083
- 지필평가 vs 수행평가 · 087
- 상대평가 vs 절대평가 · 089
- 성취평가제 이해하기 · 091
- 정의적 능력 평가 · 094
- 협력적 문제해결능력 평가 · 101

5장 | 평가 전문성 따라잡기

- 평가에도 전문성이 필요하다 · 109
- 평가방법 선정 능력 · 111
- 평가도구 개발 능력 · 113
- 평가실시 및 채점, 성적부여 능력 · 116
- 평가결과 활용 능력 - 피드백 · 119
- 평가 윤리성 인식 능력 · 121

6장 | 평가에도 룰이 있다

- 교육부 훈령 · 125
- 시·도교육청 학업성적관리 시행지침 · 127
- 학교 학업성적관리규정 · 132
- 학교 학업성적관리위원회 · 134
- 훈령의 개정이 가져온 파장 · 137
- 국가교육과정이 제시한 평가 · 141

7장 | 학급평가계획 세우기

학급 평가계획서의 의미	• 147
만들어가는 교육과정과 평가계획서	• 149
성취기준-교수학습-평가의 관계 이해하기	• 152
성취기준과 성취수준	• 156
평가계획 수립하기	• 160

8장 | 수행평가의 두 얼굴

수행평가의 시작	• 167
교실 속의 수행평가	• 170
연구부장의 수행평가 제작 지침	• 174
좋은 수행평가문항의 조건	• 177
수행평가에서 유의할 점	• 182
수행평가 평가기준표 만들기	• 186
수행평가문항 개발 절차	• 189
교실 속의 수행평가방법 1 - 기록 방법에 따른 분류	• 193
교실 속의 수행평가방법 2 - 평가자에 따른 분류	• 197
교실 속의 수행평가방법 3 - 평가 장면에 따른 분류	• 201

9장 | 논술형 문항 개발을 위한 노하우

왜 논술형 평가인가?	• 223
좋은 논술형 문항의 조건	• 226
문항 출제자의 조건	• 231
논술형 평가의 장단점과 문항구조	• 235
논술형 문항의 개발 절차	• 240
평가문항 실제 개발하기	• 246
문항 출제를 위한 교과목 이해	• 251
채점 절차와 방법	• 262

10장 | 평가결과의 입력과 통보

NEIS에 평가결과 입력하기 • 273
가정통지표 만들기 • 275
성장참조형 통지표 • 282
NEIS의 변신을 기대한다 • 287

11장 | 참된 평가를 위한 제언

형성평가의 재조명이 필요하다 • 293
평가문항의 변화가 필요하다 • 297
점수를 통한 피드백은 이제 그만 • 302
교육과정-수업-평가의 일체화가 필요하다 • 304
교대 커리큘럼의 변화가 필요하다 • 308
연수의 질적 강화도 방법이다 • 312
교사의 평가권을 보장해야 한다 • 317
재평가도 중요하다 • 322

12장 | 교사가 묻고 교사가 답하다 • 327

에필로그_ 평가는 학생과 교사를 성장시키고 수업을 변화시킨다 • 343
참고문헌 • 351

1장

우리 교육의 현주소

우리 교육의 현황과 과제

　　　　　　　　　　　우리나라 교육의 많고 많은 문제 가운데 가장 심각한 것은 단연 사교육비 지출이라고 말하고 싶다. 이는 비단 교육의 문제만이 아니라 가정의 문제로까지 확장되고 나아가 부모의 노후까지 위협한다.

　학부모에게 사교육을 시키는 이유를 물으면 자녀가 초등학생인지 중고등학생인지에 따라 답변이 조금 다르다. 우선 중고등학생 학부모들은 '실질적인 도움'을 언급한다. 자녀가 '학교에서 배우는 것만으로는 모의고사를 대비하기엔 역부족'이라고 하는데 사교육이라도 시킬 수밖에 없지 않느냐며, 사교육비가 얼만데 우리라고 학원, 과외 등을 시키고 싶겠냐고 답답함을 호소하는 것을 쉽게 들을 수 있다.

　반면 초등학생 학부모들은 이유가 다양하다. 보통은 많은 학생이 학원 등을 다니니 내 자녀도 보내지 않으면 안 될 것 같은 심리가 작용한다. 또한, '초등학교에서 배우는 내용이 학부모가 학교에 다닐 때보다 꽤 어려워져 집에서 도움을 주기가 쉽지 않다', '성적이 그야말로 안 좋아 보낸다' 등 이유가 다양하다. 혹시라도 공교육에 문제를 느껴 사

1장 우리 교육의 현주소

교육에 기대고 있는 학부모에게 사교육 문제를 거론했다가는 오히려 역풍을 맞을 수도 있다.

하지만 학부모들이 말하지 않은 이유가 따로 있는데, 그것은 바로 '좋은 대학에 보내기' 위해서이다. 이는 초·중·고 어느 학부모든 크게 다르지 않다. 이러한 이유로 중고등학생 사교육 시장 못지않게 초등학생 사교육 시장 규모도 점점 커지고 있다. 당장 대학을 보내야 하는 고등학생 학부모뿐만 아니라 자녀를 국제중학교를 보내야 하는 초등학생 학부모들에게도 사교육을 시켜야 하는 이유가 충분해졌다.

2014년 1월 우연히 인터넷 신문기사에서 '돼지엄마'라는 단어를 접했다. 학부모 사이에서 영향력을 행사하는 엄마를 일컫는 말이다. 저학년 때까지는 '누구엄마, 누구엄마'하면서 잘 지내다가 자녀가 5, 6학년쯤 되면 국제중을 준비시키려는 엄마들 사이에서 자녀들 성적을 가지고 공부를 잘하는 자녀를 둔 엄마끼리 네트워크를 만든다. 그래서 지난 몇 년간 잘 지냈던 엄마들에게서 갑자기 연락이 뜸해지고, 알고 보니 내 자녀가 공부를 잘하지 못해 본인이 왕따를 당하고 있음을 알게 된다. 이런 일이 있고 나면 자녀가 시험을 볼 때쯤 되어서는 이번 시험만큼은 반드시 100점을 맞아야 한다면서 자녀에게 스트레스를 준다. 이런 지경에 이르면 자녀가 공부를 잘했으면 하는 것이 엄마인 내가 왕따가 당하지 않으려는 것이기 때문에 공부에 대한 본질은 어디고 찾아볼 수 없고 오직 높은 점수를 받는 것에 혈안이 될 수밖에 없다. 결국 자녀는 점점 힘들어하고 시험 전 신경성 방광 장애 등을 겪으면서 학교생활에 점점 지쳐간다.

학원은 국제중이나 외고, 과학고, 서울대 등에 진학한 자녀를 둔 어머니를 홍보실장으로 모셔와 마케팅 전략을 세운다고 한다. 즉 돼지엄마는 학원 측면에서 볼 때 마케팅 능력과 전문성을 갖춘 멀티플레이어형 인재인 셈이다.

초등학생의 사교육 문제에 초등교사도 결코 자유롭지 못할 것이다. 사교육 문제를 해결하려는 우리 교사만의 노력이 필요하다. 몇 년 전 학교마다 정책으로 시행한 것으로 '사교육절감학교'가 있는데, 교육청에서 예산을 지원해주고 단위 학교에서는 방과 후 교육비를 면제해주거나 정규시간 외에 다양한 수업을 개설함으로써 학원에 가는 것을 줄여보고자 했다. 그러나 반짝 효과만 있었을 뿐 예산이 줄거나 없어지면서 금세 시들해졌다.

이러한 가운데 사교육 시장의 규모는 줄어들기는커녕 점점 커지고, 이에 따른 가계지출 부담도 더욱 커져만 간다. 이런 문제를 한 번에 해결하기는 어렵겠지만, 초등학교 교사의 역할로 국한한다면 모든 문제가 평가에 기인하는 만큼 평가의 변화를 고민해야 한다. 과거 교과서 중심, 단순 암기 위주의 평가에서 교육과정과 수업이 연계된 평가로의 전환이 필요하다.

성적 때문에 스트레스받는 아이들

초등교사로 재직하면서 그간 초등학생들의 표정, 행동, 마음가짐 등을 떠올려보면 10여 년 전과 지금의 모습에서 작은 변화를 감지하게 된다. 무엇보다 학생들이 예전보다 바빠졌다. 청소만 아니면 종례를 하자마자 어디론가 재빨리 발걸음을 옮긴다. 청소당번이어도 다른 친구랑 바꾼다든지 청소를 못 하겠다고 하는 학생이 늘었다. 대부분은 예상하듯이 학원에 가는 아이들이다. 이렇게 학원 공부를 위해 달려가는 모습을 보는 것이 경력이 쌓일수록 더 불편해진다. 교육시스템의 문제라고 할 수도 있지만, 교사인 내가 수업 시간에 제대로 가르쳐주지 못한 탓은 아닌지 스스로 돌아보기도 한다. 이유가 무엇이든 초등학생들의 삶은 고3 못지않게 빡빡하다. 이러한 삶을 살아가는 학생들에게 과연 얼마만큼의 여유가 있을까? 그들은 대답한다.

"우리도 피곤해요."

성인들도 피곤함 속에 스트레스를 받는다. '스트레스가 만병의 근원'이라고 하는데, 보이지 않게 찾아오는 스트레스가 우리의 삶을 지

배하고 있다. 그나마 어른들은 살아오면서 터득한 자신만의 스트레스 해소법이 있어 시간만 주어진다면 나름의 방법으로 스트레스를 푼다. 그런데 아이들은 어른과 달리 살아온 시간도 짧고, 나름의 해결책을 찾아 실행으로 옮기는 데는 한계가 있다. 그렇기에 스트레스를 최소화하는 것이 절대적으로 필요하다.

다음으로 생각해볼 것이 스트레스의 원인이다. 스트레스의 원인은 다양하겠지만, 그중에서는 성적에 관한 부분이 으뜸이다. 학교에서 없어지길 바라는 것으로 시험을 꼽는 것을 보면 확실히 성적은 우리 아이들에게 큰 부담이다. 이는 성적이 좋은 아이나 좋지 못한 아이 모두에게 해당하는데, 성적을 잘 받아도 혹여나 뒤처지지 않을까 하는 불안감이 작용하고 성적이 좋지 않은 학생은 친구와 비교당하는 것과 부모의 질책에 스트레스를 받는다.

다음 그래프처럼 초등학교 고학년에서 고등학생까지인 12~17세보

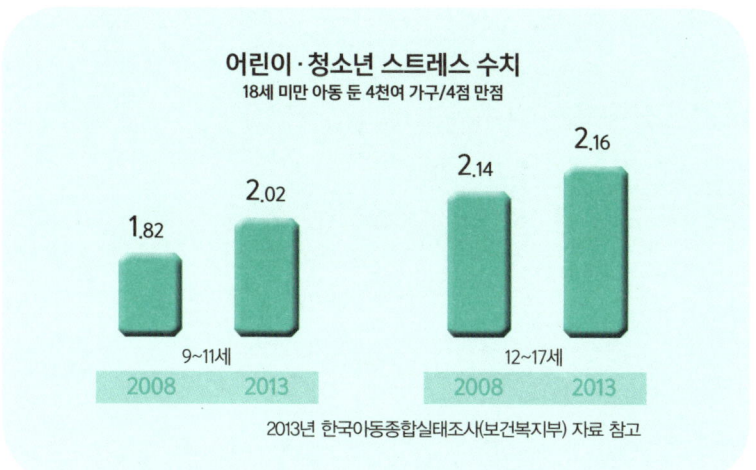

다는 초등학교 2~4학년까지인 9~11세의 스트레스 수치가 좀 더 높아졌다는 것을 알 수 있다. 적은 차이라고 가볍게 넘기기보다는 스트레스를 받는 연령대가 점차 내려오고 있다는 것에 주목할 필요가 있다. 과거 학교폭력 등을 비롯한 여러 문제가 고→중→초로 내려왔듯이 스트레스도 점차 내려오고 있다. 그 원인과 해결책에 대해 좀 더 깊은 고민이 필요하다. 공부와 시험, 성적에 관해 반성적 사고를 가져보고 시험, 성적에 관한 본질을 다시금 상기해봐야 할 것이다.

결국 본질을 바로 알고 이에 맞는 실천적 행동이 뒤따른다면 자연스레 많은 문제가 해결될 것이다. 특히 성적으로부터 스트레스받는 우리 아이들을 위해서라도 평가의 본질이 무엇인지 생각해보아야 한다.

PISA를 통해서 본 우리 교육의 단면

PISA(Programme for International Student Assessment)는 경제협력개발기구(OECD)에서 각 회원국의 교육 체제의 질을 점검하기 위하여 1998년부터 시작한 3년 주기의 국제학업성취도평가이다.

PISA의 목적은 국가별 성적 순위를 매기는 데 있지 않고, 학교 교육의 결과와 그 변화 추이를 국제적인 수준에서 파악하고 비교함으로써 자국 교육의 현재 수준을 바로 알고 이를 통해 교육과정을 개선하고 적합한 교육 정책을 수립하는 데 있다. 그러나 우리나라 언론에서는 우리나라 학생들의 인지적 영역의 우수함을 강조하며, 현재 우리 교육 시스템이 우수하다는 것으로 연결 지어 이야기한다. 그러나 수학의 흥미도, 내적 동기 등을 묻는 정의적 특성 지수를 살펴보면 인지적 영역의 결과에 비해 상당히 낮다는 것을 알 수 있다. 왜 그럴까? 이는 수학 과목의 경우 무조건 문제를 잘 푸는 것이 능사라는 사고방식에서 찾을 수 있다.

교사인 우리도 수학 성적이 좋지 않았다면 교사의 꿈을 이루기는 어려웠을 것이다. 왜냐하면, 수학은 대학을 가는 데 절대적인 과목이었기 때문이다. 그래서 '수포자(수학을 포기한 사람)=대포자(대학을 포기한 사람)'라는 말이 생길 정도였다. 수학을 잘한다는 것은 문제를 잘 푸는 것이고 문제를 잘 풀기 위해서는 원리를 이해하고 접근해야 한다. 그런데 원리를 이해하지 못할 때는 풀이과정을 달달달 외우기라도 해야 한다. 그렇게 해서라도 무조건 답을 맞히고 점수를 얻어야 하기 때문이다. 그래서 과거의 우리나 지금의 학생들 모두가 수학 과목의 흥미도, 즐거움 등의 내적 동기가 낮을 수밖에 없다. 아마도 이런 경험 때문에 수학 시험문제를 내고 채점할 때 풀이과정보다는 정답에 먼저 눈이 가는지도 모르겠다.

지금이야 교사들에게는 PISA 결과가 우리 교육에 큰 파장을 주지 못한다는 의식이 자리 잡혀 있다. 하지만 과거에는 PISA의 인지적 영역에서의 우수한 결과 때문에 궁극적인 방향인 인지적, 심동적, 정의적 영역의 균형 잡힌 교육을 등한시하고, 오랫동안 인지적 영역을 중심으로 교육이 이뤄졌다는 것에 대해서는 반성할 점이 많다.

현재의 시험문제를 보더라도 인지적 능력을 평가하는 문항이 대부분이다. 그리고 문제를 잘 풀게 하기 위해서 노력하는 것에 비해서 교과에 대한 흥미도, 즐거움 등의 내적 동기 그리고 자아효능감, 불안감 등의 자아신념에 대한 관심은 적었다. 앞으로는 인지적 영역뿐 아니라 심동적, 정의적 영역에 관심을 두고 교과교육의 방향을 모색해야 한다.

삶의 만족도와 행복

　　　　　　　　　교사가 되기까지 우리는 수많은 평가를 받아왔다. 아마도 짐작컨대 대부분 좋은 결과로 성취감을 누리며 우수하다는 소리를 들으면서 지내왔을 것이다. 우리나라 교사들이 다른 어느 나라보다도 우수하다는 말도 실제 틀린 말이 아니다. 과거와 달리 많은 교사가 석사나 박사 학위까지 갖추고 있는 것을 보아도 우수한 집단임에는 틀림이 없다.

　교사가 된 후에도 나름의 인정을 받기 위해 여러 자격을 갖추거나 동료 교사보다 더 나은 위치에 있기 위해 노력하는 것을 나쁘다고 볼 수는 없지만, 어쩌면 우리가 무한경쟁 혹은 서열화에 익숙해져 있기 때문은 아닌가 하는 생각이 든다. 그래서 은연중에 협력, 공생, 더불어 함께하는 시스템보다는 누가 더 빨리 과제를 마무리하고 잘했는지를 기준으로 학생들을 평가하는 것은 아닌가 하는 반성을 잠시 해본다.

　서열화와 무한경쟁 구도는 학부모들 인식에서도 쉽게 찾아볼 수 있다. 혹시 '참새 아빠'란 말을 들어보았는가? 들어보지 못했다면, 아마 '기러기 아빠'가 떠올랐을지 모르겠다. 둘 다 비슷한 신조어이긴 한데,

기러기 아빠는 경제력이 좋아 외국으로 자녀를 보내어 가족과 따로 생활하는 경우를 말하며, 참새 아빠는 이보다는 경제력이 좋지 못해 자녀를 강남으로 유학을 보내고 본인은 월세를 사는 아빠를 지칭한다. 노후를 보장받지 못한 채 단란하게 잘 지내다가 갑자기 생이별을 하는 가정이 있다는 것에 안타까움을 느낀다.

한때 '행복이란 무엇인가'에 대해 사회 전반적으로 이슈가 된 적이 있었다. 그런데 선뜻 '당신은 행복하십니까?'라는 질문을 받으면 쉽게 답변하기 어렵다. 가끔 학생들에게 행복한지를 물으면 때에 따라 다르긴 하나 많은 학생이 행복하다는 말 대신 다른 말을 이어간다. 적어도 학생들에게는 행복을 결정하는 데 평가가 큰 비중을 차지한다. 학생들에게 평가에 대해 새로운 인식을 심어주어야 한다. 혹여 시험을 잘 보지 못했더라도 자괴감이나 창피함이 들지 않게 격려해주어야 한다.

적어도 교육을 하는 현장 교사만큼은 학생들의 삶의 만족도를 고려하면 좋겠다. 부탄(Bhutan)은 가난한 나라지만 삶의 만족도와 행복 지수가 우리나라보다 높다는 사실은 우리 교육의 방향을 다시 한 번 되돌아보게 한다.

많은 것을 머리에 담는 교육이 아닌 머릿속에 있는 지식만이라도 끄집어내어 삶의 질을 높이는 역량을 키우는 교육이 필요하지 않을까?

2장

평가에 대한 인식의 변화

교사와 학부모의 인식전환이 필요하다

경기도교육청은 2012년도부터 평가혁신 정책을 입안했다. 이에 단위 학교에서는 싫든 좋든 당장 일부라도 정책을 따라야 했다. 기억을 되짚어보면 연수를 통해 많은 교사와 만났지만, 연수가 끝나면 서로 불편해졌다. 나로서는 정책을 이야기하지 않을 수 없었고, 대다수 교사는 정책 실행 초기였던 만큼 정책을 받아들이기에는 준비가 부족했기 때문이었다.

해보지 않은 것들을 당장 하라고 하니 좋을 리 만무하였을 뿐 아니라 쉽게 혹은 한 번에 해결할 수 있는 것들은 더더욱 아니었기에 정책이 학교 현장으로 반영되기란 녹록지 않았다. 그래서 당시에 평가혁신이 교문 안으로 겨우 진입했을 뿐 교실 안으로는 들어가지 못하고 있다는 자체 평가의 목소리도 있었다.

연수를 진행하는 내 입장에서도 정책을 설명하지만, 정말로 이 정책이 학교 현장의 문제를 대변하고 본질에 가깝게 접근하고 있는 것인가 하는 생각이 들었다. 이때가 어쩌면 평가혁신이 시작된 이후에 평가에 더욱 관심을 갖는 기회가 되었던 것 같다.

교사들이 평가혁신을 거부하거나 어려워한 이유 중의 하나가 아마도 평가에 대한 인식의 전환점을 마련하는 것이 적었기 때문이었을 것이다. 즉 논술형 평가문항의 출제, 일제고사가 아닌 교사별 평가 도입 등 해야 할 것들은 전해 들었지만, 정책의 도입 배경이나 취지에 대해서는 누가 옆에서 자세히 들려주지 않으면 하루에도 업무 공문이 쏟아지고 하루가 멀다고 말썽 피우는 학생들을 생활지도하고 상담해야 하는 상황에서 평가혁신 정책에 관한 맥락이 담긴 총론 부분을 다 읽고 이해하기에는 역부족이었다.
　당시 동학년 교사들에게 평가혁신과 관련해서 여러 번 자세히 구체적으로 나누었더니 다른 분들보다는 이해도가 높아져서 함께 의미 있는 평가를 시행할 수 있었다. 이처럼 정책이 학교 현장에 자리를 잡으려면 정책의 취지나 목적, 즉 철학이 중요하다는 생각을 하게 되었다. 그래서 이후에 교사 연수를 할 때는 정책을 이야기하기에 앞서 '평가 철학'이라는 이름으로 시간을 할애했는데, 이를 통해 교사들의 인식이 조금이나마 바뀌고 나니 정책에 대한 이해도와 함께 실천 의지가 생겨났다.
　여러 연수와 워크숍 등에서 만난 교사들은 타의든 자의든 교사들의 인식은 변화되더라도 학부모의 인식 또한 중요하지 않느냐고 종종 이야기했다. 예를 들어 학부모들은 기존에는 시험지 위에 점수를 써주었는데, 왜 점수를 써주지 않느냐고 묻는다. 이에 점수화, 서열화가 아닌 아이의 성장을 돕기 위해서라고 아무리 이야기해도 다짜고짜 우리 아이만큼은 점수도 써주고 반에서 몇 등 했는지를 알려달라고 해서 무척이나 힘들고 곤란하다고 한다.

그래서 경기도교육청은 평가혁신 도입 시기에 학부모를 위한 홍보 동영상을 만들어 배부했다. 그리고 철저하게 학부모 연수를 하여 학부모 인식의 변화를 위해 노력한 학교도 있지만, 그렇지 않은 학교도 많았다. 그래서 교사의 인식을 바꿀 때처럼 학부모의 인식을 전환하는 데도 어려움이 많았다. 어쩌면 교사보다 학부모 인식의 전환이 먼저 필요했을지도 모른다. 왜냐하면, 교육에서 학부모가 차지하는 비중이 상당한데 사교육 선택 등 최종 의사결정권이 학부모에게 있기 때문이다. 아무리 학교 교육이 좋고 확실하다 해도 학부모가 공교육을 신뢰하지 못하고 사교육을 시키겠다고 하면 현재로써는 교육부 장관이라도 그 선택을 막을 수 없기 때문이다.

이러한 문제 인식 속에 학부모를 위한 평가 관련 책을 먼저 집필했다. 돌아보건대 아무리 좋은 것이라도 순서가 있는 법인데, 그중에서 인식의 전환이 일 순위라고 해도 과언이 아닐 것이다. 이번 2장에서 평가에 관한 인식의 전환이 조금이나마 마련되는 기회가 되길 바란다.

2장 평가에 대한 인식의 변화

평가,
무엇이 문제인가?

교사가 되기 전까지 참 많은 시험이 있었다. 사람마다 차이는 있겠으나 교대를 들어가기 위한 '대학수학능력시험'과 교사가 되기 위해 열심히 공부했을 '임용고시' 이 둘은 교사라면 누구나 기억하는 시험일 것이다. 이외에도 중고등학교 시절 중간, 기말고사와 졸업 후에 봤던 영어시험과 한국사능력시험까지 다양한 평가에서 나름 우수한 성적을 거두면서 지금 이 자리까지 오지 않았나 싶다.

그러나 수많은 평가를 치르면서 평가를 바라보는 우리의 관점은 어떠했을까? 쉽게 말해 평가를 받는 동안 각 평가가 만족스러웠는지 혹은 불만족스러웠는지, 무엇 때문에 만족스러웠고, 무엇 때문에 불만족스러웠는지에 대해 잠시라도 생각해본 적이 있는가 하는 질문이다. 아마도 평가 후 받게 될 성적에 대한 부담감에 스트레스를 받았을 뿐 평가제도 자체에 대해 심각하게 고민해본 적이 없었을 것이다. 그도 그럴 것이 평가를 받는 처지에서 제도를 운운하기에는 처지가 미약하거나 녹록지 않았다.

평가제도는 시험의 목적에 따라 달라질 수 있다. 예를 들어, 운전면허시험의 경우에는 필기시험과 실기시험이 있는데 과락 점수가 의사고시와 비교하면 그리 높은 편이 아니다. 한자시험이나 한국사능력시험은 어떠한가? 이는 운전면허시험보다도 과락 점수가 낮다. 왜냐하면, 어느 수준만 되면 된다는 사회적 통념이 반영되었기 때문이다. 반면 의사국가고시는 생명을 다루는 의사를 선발하는 것인 만큼 시험 내용이 어렵거나 과락 기준이 다른 시험들보다 높다.

이렇듯 시험의 목적에 따라 평가제도가 다양할 수 있는데, '그동안 교사로서 중간, 기말고사의 목적은 무엇이었는가? 그리고 평가제도는 어떠했는가?'에 대한 답도 찾아봐야 하는 시점이 왔다.

우리 교사들도 초·중·고를 거치면서 수없이 많은 평가를 받아왔다. 시험 전날까지 달달달 외우고 시험을 보고 나서는 잊어버리기를 반복하는 가운데 스트레스를 받아왔으면서도, 평가제도에 관해 말할 수 있는 처지가 아니었다. 하지만 교사가 된 지금은 시험 문항 출제자로 자격이 생겼다. 그렇다고 해서 모든 것을 마음대로 할 수 있는 것은 아니었다. 일제고사에 대해 부정적 견해가 있어도, 평가에 대해 의견이 있어도 학교 안에서 이뤄지는 평가시스템을 바꾸기에는 여러모로 한계가 있었다.

그러나 몇 년 전부터 경기도교육청에서 시작된 평가혁신으로 적어도 경기도 내 초등학교에서만큼은 평가의 본질을 이야기하고, 잘못된 제도는 바꿀 수 있는 여지가 생겼다. 이러한 흐름은 비단 경기도 내에만 머무르지 않고 많은 타 시·도교육청에서도 같은 목소리를 내면서 초등학교 내에서 나름 활발하게 논의가 되기에까지 이르렀다.

그렇다면 초등학교에서 시행되고 있는 학업성취도평가에는 어떤 문제점이 있을까? 학업성취도평가는 본래 교사가 가르친 내용을 학생들이 잘 알고 있는지를 확인하고 부족한 부분은 피드백을 통해 다시 알게 하는 것이 목적일 것이다. 이러한 순기능에도 불구하고 때로는 학생들을 서열화하거나 누가 잘하고 못 하는지를 확인하는 기제로만 작동하는 경우가 빈번했다. 또한, 대부분 선택형 문항으로 이뤄진 평가지로 시험을 본 뒤 채점 후에 점수로 피드백 했을 뿐 학생이 정말 알고 풀었는지 혹은 잘 몰라 찍어서 맞았는지를 전혀 파악할 수 없는 한계를 보이기도 했다. 무엇보다 학생과 학부모가 시험을 경쟁의 수단으로 인식하고, 남보다 좋은 성적을 받기 위해 시험 몇 주 전부터 학원에서 밤늦도록 시험대비 특강을 받는 상황이 생겼다. 이는 학생을 평가의 목적에서 멀어지게 만들었고, 평가에 대한 부정적인 인식을 강화했을 뿐이다.

이러한 기존의 평가 패러다임과 평가제도 속에서 학생들의 배움과 성장은 멈추게 되었고 학교에서 학생들이 행복할 수 있으려면 시험이 없어져야 한다는 의견이 학생들에게서 나올 만큼 평가는 골칫거리가 되어 버렸다.

이러한 문제의식 속에서 새로운 평가관을 정립하고, 이어서 평가제도를 바꿔야 한다는 사실을 대부분 공감하고 있다.

평가는 관행이 아니라 교육의 본질이다

교사의 업무는 참으로 많고 다양하다. 그래서 학생들을 가르치려고 교사가 된 건지 아니면 공문처리를 비롯하여 업무를 하려고 교사가 된 건지 모르겠다는 볼멘소리를 하곤 한다. 때로는 업무 하나를 두고 교사가 해결해야 하는 일인지 아니면 행정실에서 해야 하는 일인지 헷갈려 서로 날이 서 티격태격하는 일도 발생한다. 그만큼 교육을 해야 하는 교사들에게는 업무가 상당한 부담인 것은 분명하다. 그런데 업무를 처리하는 양상을 가만히 들여다보면 대다수가 작년 계획서를 바탕으로 거의 비슷하게 혹은 똑같이 날짜만 바꿔 처리하곤 한다. 사실 교육의 본질과 거리가 먼 일이라면 그저 날짜만 바꾼들 얼마나 크게 차이가 나겠으며 또 얼마나 문제가 되겠는가?

그러나 교육의 본질에 가까운 업무라면 무조건 따라 하는 것은 한번쯤 생각해봐야 할 것이다. 평가의 업무가 그렇다. 사실 학교에서 평가 업무는 모두가 꺼리는 일이다. 학년 초 진단평가 계획을 시작으로 중간고사, 기말고사 등 일 년에 4번의 계획 속에 시험지를 수합하고 검토하고 결재를 받아야 하는데 관리자 마음에 들지 않는 부분이 있다면 고스란히 평가 담당 교사가 책임을 져야 하는 등 스트레스를 받는다. 결재 과정에서 문항의 내용 타당도나 내용 요소의 문제점이 발견되었다면 그나마 다행이지만, 줄 간격이나 자간 등을 이유로 교사의 자질까지 운운할 때는 스트레스는 더 커진다. 심지어 글씨체가 마음에 들지 않는다면서 다시 수정하라는 지시에 평가문항의 질은 나중 문제가 되고 관리자 취향에 맞게 수정하다가 기운이 빠져 불만에 가득 차 있는 동료 교사를 보고 있으면 마음이 다 아프다.

어디 이뿐이랴. 교사의 반대에도 불구하고 국가 주도로 시행하는 국가수준학업성취도평가 또한 고스란히 평가계 담당 교사의 몫이다. 이처럼 여러 가지 이유로 평가 업무는 교사 사이에서 인기 없는 업무가 되어 버렸다. 그래서인지 평가가 교육의 본질적 업무임에도 불구하고 학교 현장을 들여다보면 관행으로 진행되고 있다.

예를 들어 보면, 시험 기간이 임박하면 평가계 선생님으로부터 정해진 기한까지 시험지와 이원목적분류표 등을 학년별로 수합해서 보내달라는 메시지를 받는다. 시험이 끝난 후에는 채점을 하고 첨부한 엑셀 파일에 학생별로 국·수·사·과 점수를 넣어서 보내달라는 메시지도 받는다. 이 엑셀 파일은 자동으로 학급별 총점과 평균이 계산되어 평가 담당 선생님께 보내지는데 그렇게 모든 학년 엑셀 파일을 수합해서 내부결재를 통해서 관리자에게 보고된다. 사실 모든 학교에서 이와 비슷한 상황이 몇십 년간 이어지고 있었다.

그런데 만일 A 학교에서 B 학교로 전근을 갔는데, A 학교의 위와 같은 평가 프로세스와 달리 B 학교에서는 학생들의 점수를 엑셀 파일에 기록해서 평가 담당 교사가 수합을 하지 않는다고 가정해보자. 이러면 왜 학생별로 점수를 입력하지 않고 왜 관리자에게 결재를 올리지 않느냐면서 이것이 교육의 본질과 얼마나 중요한 문제인데, 학교의 평가 프로세스가 잘못되었다고 의견을 피력할 교사가 과연 한 명이라도 있을까? 만일 한 명도 없다면 지금까지 몇십 년간 이어진 평가 프로세스를 따르지 않았는데도 왜 가만히 있는 것인가?

대답은 간결하고 명확하다. 조금만 생각해보면 바로 알 수 있다. 학생들의 개개인 점수를 입력하는 것, 특히 반 평균을 산출하는 것이 시험을 보는 이유와는 아무런 상관이 없을 뿐 아니라 교육의 본질과도 맞지 않기 때문이다. 이렇게 조금만 생각해보면 평가 업무를 비롯하여 불필요한 것들이 얼마나 많이 학교 현장에 자리 잡고 있는지를 새삼 알 수 있다.

평가혁신은 이러한 사고에서 출발한 것이다. 평가는 관행이 아니라 교육의 본질이다. 그러므로 지금부터라도 잘못해 온 것은 개선하고 더 좋은 방향으로 제도화하여 학생의 성장을 돕는 평가로 바꾸어야 할 것이다.

평가에 대한 오해

　　　　　　　　　　　　교육이 이뤄진 이래로 수업과 평가는 마치 쌍둥이처럼 늘 함께 해왔다. 그런데 수업에 비해서 평가에 관해서는 제대로 공부하지 않았거나 깊은 고민을 해본 경험이 적다.

　우선 평가라고 하면 선발제도 속의 평가, 즉 상대평가가 먼저 떠오를 것이다. 그도 그럴 것이 수능을 비롯한 대부분이 상대평가식의 서열화, 점수화를 통해 경쟁을 유발하는 시험이었다. 아무리 내가 90점을 맞아도 다른 친구들이 91점 이상을 맞으면 꼴찌가 돼 버리니 90점이라는 점수는 숫자에 불과했다. 성취평가제가 도입되기 전까지만 해도 반 석차와 전교 석차가 고스란히 성적표에 적혀 있었다. 그래서 각 과목의 점수는 그다지 중요하지 않았다. 오로지 내가 몇 등인지가 중요했을 뿐이다. 학부모들도 내 자녀가 무엇을 틀렸는지보다는 우선 점수를 보고, 그러고 나서 반에서 몇 등을 했는지를 확인한다. 그것이 최고의 관심사였다. 특히 친구 자식보다 내 자식의 등수가 낮기라도 하면 공부하느라 수고했다는 말은커녕 비교하기 일쑤였다.

　다음은 『등수 없는 초등학교 이기는 공부법』에 나와 있는 시험지를 보는 학부모의 속마음 단계를 표현한 것이다.

STEP 1. 시험 점수 확인
STEP 2. 반 평균 점수 확인
STEP 3. 경쟁하는 친구의 점수 확인
STEP 4. 이 문제는 왜 틀렸니?
STEP 5. 다음엔 점수를 더 올려라

 이런 학부모의 인식을 올바르게 전환하기 위하여 교사 또한 생각의 변화와 제도의 변화를 고민해야 한다.
 평가의 처지에서 생각해보면 이처럼 억울한 일이 또 있을까 싶기도 하다. 평가의 본질은 서열화, 점수화가 아니라 학생들이 무엇을 모르는지 확인하여 결과에 따라 알맞은 피드백을 하기 위함인데 엉뚱한 양상으로 평가결과가 활용되고 있으니 말이다.
 인간은 경험의 존재이다. 경험은 여러 면에서 유익함을 준다. 그러나 그 경험이라는 울타리 속에서 우리가 거쳐 온 방식대로 적용하고 해석하기도 한다. 교사들은 평가를 치러오면서 자연스레 쌓인 각자의 경험에 따라 평가를 달리 해석한다. 학창시절 시험 때문에 난처함을 겪었거나 한때 성적이 좋지 못해 담임선생님과 부모로부터 혼이 난 경험이 있는 교사와 늘 상위권이었던 교사는 평가결과에 따라 학생들을 대하는 태도가 다르다. 반 평균이 높아 동학년에서 1등이라도 하면 괜히 기분 좋고 시험을 조금 못 본 학생들에게도 좀 더 관대해진다. 반면에 반 평균이 좋지 않으면 반 평균을 깎아 먹은 학생을 졸지에 죄인으로 만들어 버린다.

  평가를 오해하지 말자. 적어도 교사인 우리만이라도 평가는 학생들을 웃고 울게 만드는 것이 아니라 우리 학생들에게 부족한 것이 무엇인지 알게 해주는 하나의 척도임을 인식하자. 그래서 학생들이 말할 때 "우리 선생님은 수업을 할 때는 천사 같아요. 하지만 시험 볼 때는 무서워요"라는 말을 듣지 말자.

평가의 본질은 무엇인가?

　　　　　　　　　그동안 우리가 봐왔던 평가를 잠시 생각해보자. 어떤 평가를 받았나? 사람마다 차이는 있겠으나 보통 교사가 되기 전까지 보통 초, 중, 고, 대학교를 거치면서 학교별로 시행한 학업성취도평가, 자격증 획득을 위한 평가(워드프로세서, 운전면허증 등), 혹은 영어시험 등 언어 관련 공인인증 시험 등 참 다양한 평가를 받아 왔을 것이다.

　이러한 수많은 시험, 즉 평가를 받으면서 '과연 이 평가가 적절한가? 혹은 이 평가는 타당한가?'라고 생각해본 적이 있었는가? 자격증을 위한 평가나 급수를 위한 평가는 기준이 명확하기에 논의의 대상이 아닐 수 있겠으나, 학교에서 치러지는 평가는 과연 제대로 기능이 작동되었는지 한번 생각해보자는 것이다.

　학업성취도평가는 목적이 명확하다. 학생들이 성취기준에 도달했는지와 부족한 부분을 파악하여 피드백을 통해 성취수준을 올리도록 하기 위함이다. 2009 개정 교육과정 이후 성취기준 및 핵심성취기준이 단위 학교에 내려오면서는 그 목적이 더욱 분명해졌다. 그런데도 여전히 학생들의 위치를 알기 위한, 즉 서열화가 목적인 듯하다.

　이는 학부모의 반응에서 쉽게 알 수 있다. 대부분의 부모는 여전히 내 아이의 성적이 반에서 어느 정도인지를 궁금해한다. 이런 모습을 보면 학생들의 성장을 돕기 위한 평가는 시기상조인가 싶을 때가 있다. 성장을 돕기는커녕 학생들의 자존감을 떨어뜨리고 극단의 경우엔 자살까지 이르게 하는 등 평가의 역기능만 존재하는 듯하다.

　다행히 최근 서열화와 변별도가 아닌 성장을 돕기 위한 평가가 필요하다는 패러다임의 변화가 시작되었다. 이러한 변화 가운데 더 확실하고 견고한 평가정책 노선이 생겨났으면 하는 바람이 있다.

　우리 교사는 그동안 평가를 시행하는 입장에서 학생들의 성장을 돕는다는 의미를 얼마나 고민했는지 궁금하다. 또한, '제대로 된 평가를 위해서 얼마만큼 고민했는가?'도 생각해봐야 할 것이다. 과거 평가의 잘못되거나 아쉬운 부분에 대한 반성을 시작으로 바꿔 나가는 노력과 앞으로 학생평가가 나아가야 할 방향 등에 대해 논의가 필요하다.

　학교마다 평가의 본질에 관한 이야기가 꽃을 피우면 좋겠다. 학생의 성장을 돕는 평가는 무엇인지, 이를 위해 우리 학교에서는 어떤 시도를 해야 하는지 뜨거운 논의가 이어지면 좋겠다. 현재의 평가방식을 돌아보고 잘못된 것이 있다면 과감하게 고쳐나가면 좋겠다. 평가와 수업은 오랫동안 함께 존재했지만, 수업에 비해서 평가는 많이 변화하지 못했다. 교수학습에 관한 연수나 논의는 있었지만, 평가의 방향과 방식 등에는 상대적으로 고민이 적었다. 그래서 수업 시간에는 학생들과 활발하게 소통하게 되었지만, 평가 때가 되면 쌓아왔던 관계와 신뢰에 금이 가곤 했다. 그래서 수업 시간에는 좋은 선생님이지만, 평가 시간이 되면 안 좋은 선생님이 된다는 인식을 서로가 갖게 되었는지도 모른다.

처음은 뭐든지 어렵다. 교육과정 재구성이 그랬고, 배움중심수업이 그랬다. 그러나 시간이 해결해 준다고 수많은 논의와 배움 속에서 학교 현장이 달라졌다. 이제는 평가가 변할 차례이다. 평가의 본질이 무엇인지 고민해보자. 그리고 머리를 맞대어 보자. 분명 지금보다 나은 해결책이 마련될 것이다.

평가의 본질을 이야기할 때 학교에서 실시하고 있는 학업성취도평가의 성격만큼은 과거의 서열화, 줄 세우기가 아닌 학업성취수준을 파악하는 동시에 피드백을 통해 학생의 성장을 돕는 데 있음을 기억하면 좋겠다.

평가에도 철학이 필요하다

'평가' 혹은 '시험'이라고 하면 무엇이 가장 먼저 떠오르는가? 다른 직종과 달리 교사는 평가를 해야 하는 자리에 있다 보니 평가에 대한 새로운 패러다임을 갖는 것이 중요하다.

고등학교 시절 학생들이 시험을 보고 나면 등수에 따라 앞자리부터 1등, 2등 식으로 30등까지 자리를 편성하셨던 선생님을 난 지금도 잊을 수 없다. 그래서 시험이 끝나면 그 반으로 가 자리(등수)를 보면서 누가 잘했는지 확인하며 구경하느라 다른 반 친구들이 모여들었던 장면이 지금도 생생하게 기억난다.

잘하는 학생이야 별 문제가 없었겠으나 꼴찌라도 한 학생은 얼마나 창피하고 자존심이 상했을지 쉽게 짐작할 수 있을 것이다. 왜 이런 일이 발생했을까? 그 교사에게도 철학이 있다. 학생들에게 모욕감과 상처를 주더라도 자극을 받게 하여 경쟁심을 유발해서 열심히 공부하게 하려는 뜻이었을 것이다. 그래서 나를 비롯한 많은 학생은 제발 그 선생님을 졸업할 때까지 안 만나는 것이 큰 바람이었다. 반면 그 선생님을 담임으로 만나길 바라는 무리가 있었는데 바로 학부모들이었다. 명문대를 보내고자 하는 그 담임교사와 생각이 같은 학부모 사이에서는 그 선생님이 학생 무리에서와 달리 인기가 없었던 것은 아니었다. 지금과 같은 민주적 토대의 학교문화도 아니었기에 정신적으로 스트레스를 받았을 뿐 누구 하나 그러한 시스템을 바꾸고자 하는 이가 없어 그 반은 일 년 내내 그렇게 지낼 수밖에 없었다.

교사라면 누구나 자기만의 교육관이 있다. 나아가 자기가 살아온 방식에 따라 사고하고 판단하고 정당화한다. 그래서 교사가 살아온 길이 중요하다. 그간 받아온 평가로 형성된 생각, 즉 본인의 철학에 따라 교사마다 평가의 방향에 약간의 차이는 있을 것이다.

평가를 경쟁 위주의 변별을 위한 것으로 인식하는 교사들의 평가관은 바뀌어야 한다. 가르친 내용의 학습 성과를 확인하여 학생의 교육적 성장과 발전을 돕고, 향후 교수학습 과정의 계획을 수립하기 위한 평가관의 정립이 필요하다.

변화를 위한 동력에는 여러 가지 요소가 있지만, 그중 중요한 것이 바로 철학이다. 자신이 믿고 지지하는 철학에 따라 역사가 달라졌다. 히틀러도 자신의 철학대로 살다 보니 제2차 세계대전을 일으킨 것이 아닌가!

평가에 대한 철학은 방향성을 의미하기도 한다. 과거 학생의 능력에 비추어 얼마나 최선을 다했는가에 초점을 둔 '능력참조평가'에서 교육과정을 통하여 얼마나 성장했는가에 관심을 두는 '성장참조평가'로 갈 수 있다. 또한, 평가에 대한 철학을 새롭게 정립하는 것은 평가가 성적을 산출하거나 누가 공부를 잘하고 못하는지 판단하려는 것이 아니라 교육과정을 얼마나 잘 배웠는지 확인하고, 피드백을 하여 학습자의 성장과 발달을 돕는 것이라고 인식을 전환할 수 있게 하므로 큰 의미가 있다.

이번 기회를 통해 나만의 평가 철학을 정립해보자.

평가혁신의 발자취

초등학생의 학습은 '외우고, 시험 보고, 잊어버리는' 것이 순환되는 패턴이었다. 평소 공부를 안 했어도 시험을 앞두고 며칠 죽어라 외우고 공부하면 충분히 좋은 결과를 볼 수 있었다. 일명 벼락치기가 가능했다. 생각을 묻기보다는 단순 암기를 확인하는 문항이 대부분이었기 때문에 무작정 외우기만 하면 높은 점수를 맞는 것은 그다지 어렵지 않았다. 그런데 이렇게 외운 것은 금세 잊어버려 온전한 자기만의 역량이 되지 못했다.

사실 사교육이 통했던 이유는 이런 공부학습법이 통하는 데 있지 않았나 생각한다. 학교에서 단순 암기를 위한 수업이 이뤄지고 결국엔 누가 얼마나 잘 외웠는지에 따라 승부가 나는 패턴이었기에 학원에서도 새로운 방법으로 학생들을 가르치기보다는 더 많은 양을 빨리 외우게 하는 등 소위 스파르타식 공부법을 도입하고 실행했다. 이것이 단기간에 효과를 볼 수 있었기 때문에 성적이 낮은 학생들에게는 도움이 되었던 것도 사실이다. 그러나 한계는 분명히 있었다.

우선 학생들은 공부하는 기계가 아니기에 시간이 흐르면 흐를수록 지쳐갔고, 체력적으로 정신적으로 어려움을 호소했다. 그러다 보니 학교 공부까지 영향을 미쳐 공부 자체에 대한 흥미와 관심이 현저하게 낮아졌다. 단적으로 수업 시간에 몰래 무언가를 보는 학생에게 무얼 하는지 물었더니 '학원에서 영어단어시험을 보는데 틀리면 혼난다'고 대답한다. 그런 학생들을 씁쓸한 마음으로 마주할 때가 종종 있다.

이런 현상을 해결하기 위해서는 사교육과 차별화된 공교육이 필요하다. 교실에서의 수업 방법을 다양화하고 평가 방법을 개선하여 공교육의 변화를 시도해야 한다. 단순히 외우고 시험 보고 잊어버리는 시스템이 아니라 학생들이 배움을 즐거워하고 자기 생각을 확장하는 수업을 통해 공부 그 자체의 앎의 즐거움을 경험한다면, 나아가 무조건 외워야 높은 점수를 받는 평가에서 벗어나 부분 점수를 받더라도 자기 생각으로 성취기준에 맞는 답안을 작성해보는 평가로 바뀐다면 분명 학교 교육에서 작은 변화의 움직임이 시작될 수 있을 것이다. 이런 맥락에서 단순 암기를 묻는 문항이 아닌 고등사고능력을 알아볼 수 있는 논술형 문항의 평가가 대두했다.

또한, 과거에는 동학년 위주로 시험을 내는 방식에서 공동출제를 했다. 그런데 이때 미처 가르치지 않는 내용이 시험으로 출제되면 그 문항을 뺀다거나 교차검토 후 수업 시간에 그 문항과 관련한 내용을 뜬금없이 언급하기도 했다. 이러한 상황을 고려하면서 담임교사마다 학급 환경 및 학생들 수준, 교사의 철학, 수업의 자료 및 강조점 등이 다르므로 자신이 가르친 내용은 자신이 문항을 출제하여 평가를 해보자는 교사별 평가가 정책적으로 도입되었다. 교사별 평가와 발맞추어 한날한시에 치렀던 정기고사에서 한 단원을 마친 후 즉각적인 피드백을 위한 상시평가를 도입하는 등 기존 평가방식에 변화가 시작되었다(평가의 용어에 대한 개념은 뒷장에서 자세히 설명하겠다).

경기도교육청은 논술형 평가 도입을 위해서 2011~2012년도에 시범적으로 희망하는 학교와 학생을 대상으로 일제식 논술형 문항을 제작하여 평가했다. 이를 토대로 문항의 변화를 추구했다. 2013년에는 논술형 평가의 확대를 위해 지필평가에 35% 이상 논술형 문항을 출제하도록 의무화했다. 2014년도는 경기도 초등학교 학업성적관리 시행지침을 개정하여 교사별 평가와 상시평가 체제를 강화하고, 정의적 능력 평가를 시도했다. 그리고 2015년에는 교사의 평가권 강화, 수행평가·논술형 평가 내실화, 평가횟수의 적정화를 추진했다. 2016년에는 2015년도 이어 학생성장중심 평가체제 구축에 목표를 두고 추진 중에 있다.

앞으로의
평가 방향

　　　　　　　　　　　지금까지는 '학습한 것을 평가(assessment of learning)'했다. 즉 과정보다는 결과적으로 무엇을 얼마나 잘 알고 있는지의 관점으로 평가가 이루어졌다. 그러나 최근 들어 우리나라뿐 아니라 국제적으로도 '학습으로써 평가(assessment as learning)', '학습을 돕는 평가(assessment for learning)' 즉 학습결과뿐 아니라 학습 과정을 강조하고 있다. 이는 평가가 학생의 추후 학습에 도움을 주기 위한 도구라는 인식과 함께 평가 그 자체에 목적이 있기보다는 학습 안내자, 수업의 한 형태로 자리매김해야 한다는 목소리에서 시작되었다. 나아가 학생의 성장에 도움을 주며, 교사에게는 교수학습에 유용한 평가가 되어야 한다는 것이다.

　또 하나의 변화는 '수업과 연계된 평가(on-going assessment)'로써의 방향성이다. 이는 학생이 수업 중 얼마나 잘 배우고 있는지에 대한 평가, 즉 형성평가(formative evaluation)를 말한다. 학교 현장에서 선생님들을 만나보면 대체로 총괄평가, 즉 모든 학습이 끝나고 난 뒤에 실시하는 평가에 대한 인식이 강하고 형성평가에 대한 인식은 상당히 낮다. 그래서 수업 중에 학생들이 얼마나 잘 배우고 있는지를 파악하는 시도 자체가 적다. 형성평가를 통해 얻은 정보로 학생들의 배움 정도와 인지적 강·약점 등을 파악하여 피드백을 제공할 뿐 아니라 수업 진도를 결정할 수 있기 때문에 형성평가가 갖는 의미는 크다고 할 수 있다. 인지적 영역뿐만 아니라 수업 중 정의적 영역의 평가를 통해 학습 동기, 자존감 형성, 나아가 자기 주도적 학습 능력의 개발 기회를 제공할 수도 있다. 학습 중에 가능하기 때문에 설명이나 강으로만 이뤄진 기존 수업에 평가 도구를 적절히 활용한다면 그동안 미처 보지 못하고 지나친 부분에 대해 새로운 정보를 얻는 기회가 될 것이다.

다음의 변화로는 '협력적 문제해결력 평가'의 방향이다. 지금까지는 개인의 능력을 평가하고 성적을 부여하는 방식이 대부분이었다. 그러나 최근 도입된 협력적 문제해결력 평가로 수업 방식 또한 바뀌게 되었다. 이는 혼자 문제를 해결하는 것이 아니라 협력하여 공동으로 문제를 해결하고 평가하는 방식이다. 어떤 학생은 모둠원을 탓하거나 원망하며 "그냥 혼자 해결하면 안돼요?"라고 묻기도 한다. 과제를 혼자 해결하는 것에 익숙하기 때문이다. 이 방식이 잘못된 것은 아니지만, 앞으로는 상황에 따라 혼자서 문제를 해결하기보다는 함께 머리를 맞대고 서로 협력하는 것이 필요하다. 미래 사회에는 더불어 사는 능력, 소통능력, 창의력 등 새로운 역량이 요구되기 때문이다. 이를 위해 학교에서는 과제를 공동의 능력으로 함께 해결하는 연습이 중요해질 수 있다. 그리하여 앞으로의 교육은 협력 중심 교육의 실천으로 지적 능력, 의사소통능력, 사회성 발달 추구 등의 능력을 함양하도록 학생들에게 도움을 주려고 한다. 이러한 맥락에서 프로젝트학습, 탐구중심학습 등을 통해 학생 상호 간 적극적인 협력활동을 지향한다.

우리는 현장에서 어떤 준비를 해야 할까? 우선 평가방법을 살펴보면, 기존의 결과지향중심의 측면에서는 신뢰도가 높은 선다형과 단답형 문항을 지필평가 때 주로 출제해 왔다. 그러나 학습지향중심의 측면에서는 수행평가가 강화되므로 다양한 방식의 수행평가 적용이 요구된다. 즉 지필평가에서 수행평가로 방식의 전환이 요구된다.

다음으로 고려해볼 것은 평가 시기로, 단원이나 학기가 끝난 후에 실시한 총괄평가에서 형성평가를 강조하여 수업 중에도 평가가 잘 이뤄져야 한다는 것이다. 이는 좀 더 학생들의 학습능력을 잘 파악하고 학습결손이 없는지 파악하는 데 의의가 있다.

또한, 성적산출의 근거로써가 아니라 학생의 성장을 위한 지속적인 의사소통을 제공하는 피드백 기능을 강화할 필요가 있다. 평가를 통해 학생 스스로 무엇이 부족한지 파악하게 하고 학생 스스로 성장하도록 돕는 데 교사의 역할이 중요해질 수 있다. 다른 학생들과의 경쟁에서 벗어나 자기가 세운 학습 목표를 잘 달성하고 있는지 확인하는 자신과의 경쟁으로 바뀔 수 있도록 피드백 기능을 강화하는 것이다. 이를 위해서라도 지필식 평가 유형에서 수행평가 유형으로의 변화가 또 한 번 강조된다. 아무래도 시험지보다는 실제 수행을 통해 확인할 수 있는 정보가 더 많기 때문이다.

마지막으로 평가가 학생들에게 학습을 촉진할 수 있어야 한다. 일회성 평가보다는 다양한 방식을 통해 좀 더 객관적이고 신뢰도 있는 학생 정보를 다양하게 수집함으로써 학생 스스로 무엇이 부족한지를 깨닫고 이를 보완할 수 있도록 돕는 평가로 바뀌어야 한다.

3장

학교 현장에서의
평가 들여다보기

선배 교사가
후배 교사에게

　　　　　　　　　　최근 임용고시는 10년 전과 비교해 본다면 상당 부분 차이가 있다. 교직경력이 많다고 해서 임용 기출문제를 쉽게 풀 수 있는 것은 아니다. 이런 것을 보면 임용고시에서 높은 점수를 받는 것과 교직 생활의 상관관계는 그리 높아 보이지 않는다. 어찌 되었던 임용고시 1, 2, 3차의 어려운 과정을 통과했어도 신규 교사가 교육과정을 제대로 운영하려면 시간이 필요하며 거기에 다른 여러 능력도 필요하다. 교육과정에 대해 할 이야기는 많지만, 이 책의 성격에 맞게 평가와 관련해서 몇 가지 도움을 주고자 한다.

　먼저 자신이 그동안 받아온 평가로 인해 어떤 인식과 사고를 하고 있는지 잠시 점검해보았으면 한다. 시험 때문에 성취감이나 패배감을 경험한 적이 있었을 것인데, 이제는 출제자의 처지에서 평가를 실시하고 평가 후에 어떤 모습으로 학생들 앞에 서야 할지 고민해보자. 어느 교수의 말에 따르면 '교사는 입시경쟁 교육의 최고의 산출물'이라고 했다. 이는 다른 집단에 비해 교사들이 실패보다는 성공의 경험이 많다는 것으로 시험 때문에 어려움을 겪는 학생들에게 특별한 관심과 의식을 가져야 한다고 주의를 환기해준다.

  한 제자와 있었던 일을 소개하고 싶다. 5학년 학생이었는데 성적은 그다지 좋은 편은 아니었다. 가정형편도 그리 좋지 않았고, 공부보다는 노는 것에 뛰어난 재능이 있었다. 그래도 붙임성이 좋아서 개인적으로 나하고 많은 대화를 나누었는데, 다음 해 초등학교 마지막 시절을 앞둔 5학년인데도 아는 것이 그리 많지 않아 어떤 면에서는 걱정이 많았다. 일 년 동안 시험을 치르고 틀린 문항에 대해서 자존심 상하지 않게 방과 후에 남게 하여 나름 최선을 다해 가르쳤고, 5학년 말에는 조금이나마 성적이 올라 서로 기뻐했었다. 시간이 흘러 헤어지게 되었고 6학년에 올라가서도 수업이 끝나면 가끔 날 찾아와 이런저런 이야기를 나누었다. 그런데 마침 그 날은 시험이 끝난 후였다. 시무룩하게 날 찾아와 하는 첫 말이 "선생님, 저 시험 보기 싫어요! 제가 공부 못하는 것은 우리 선생님도 다 아셨을 텐데, 시험 결과를 보더니 '5학년 때 공부를 얼마나 안 했으면 이것도 틀렸냐'면서 무시하는 말씀을 하는데 선생님도 욕하는 것 같아 더 기분이 나빴어요!"였다.

  이 말을 듣는데, 괜히 미안해졌다. 더 제대로 가르쳐주지 못한 것도 미안했다. 그러나 한편으로 그 선생님이 야속했다. 진단평가를 통해 그 학생의 학업능력 수준을 이미 어느 정도 파악했을 것이고, 시험을 보는 이유는 무엇을 모르는지 파악하고 다시 알려주기 위함이 아니던가! 그리고 시험을 못 본 학생 마음은 오죽할 텐데 심한 말로 그 학생의 자존감을 떨어뜨렸다는 것이 더 속상했다. 뒤에서 말하겠지만, 평가 전문성 중 윤리성에 대한 인식이 부족한 것이 아닌가 싶었다.

  평가는 왜 하는 것인가? 평가를 통해 교사는 무엇을 얻고자 하는가? 평가를 하는데 주체는 엄연히 교사이다. 평가를 볼 때 그 반의 분위기(경직되거나, 경직되지 않거나)나 학생들이 평가를 어떻게 인식하는가는 교사에게 달렸다는 것이다. 만일 교사가 평가시간에 너무 엄격한 나머지 공포스러운 분위기를 연출한다면 학생들에게 평가는 그저 나쁘고 피하고 싶은 것이 돼버린다. 혹은 '높은 점수를 받아야 훌륭한 학생'이라는 인식을 무심코 심어주었다면 시험은 어떤 수단과 방법을 동원해서라도 일단 좋은 점수를 받고 봐야 한다는 잘못된 인식을 갖게 할 것이다. 그만큼 교사에게 많은 것이 달렸다.

선배 교사로서 부끄럽지만, 나도 초임 시절에는 이런 생각을 하지 못했다. 그저 문항을 출제하고 시험을 아무 탈 없이 끝마치는 데 급급했다. 사실 문항 출제도 온라인 사이트에 있는 문제은행에서 몇 개 바꾸는 데 시간을 할애했고, 평가의 목적과 본질 대한 고민보다는 관리자들이 지시하는 자간, 장평, 글꼴을 수정하는 데 시간을 들였던 것 같다.

교직 생활을 시작하는 후배 교사들은 우리의 전철을 밟지 않았으면 한다. 평가에 대한 전문성은 곧 교과에 대한 전문성이다. 다른 것 없이 평가만 할 수 없기에 교과에 대한 이해가 필요하다. 무엇을 어떻게 가르칠지에 대한 고민과 함께 필요한 지식과 기능을 배우는 일 또한 소홀히 하면 안 된다. 그런 다음 내가 가르친 것을 확인하고 피드백을 통해 학생들에게 배움과 성장이 일어나도록 끝까지 관심을 놓지 않고 지도하는 데 평가가 필요하다. 평가를 제대로 하는 데 필요한 전문성이 있다.

우선 평가계획을 수립하기 위해서는 자신이 맡은 학년의 성취기준을 살펴보는 것부터 시작해보자. 6장에서 자세히 다루겠지만, 성취기준은 국가에서 제시한 교육과정의 목표라고 생각하면 좋을 것이다. 교과서 역시 성취기준에 맞춰서 집필했기 때문에 성취기준을 확인한다는 것은 곧 교과서 내용을 파악하는 것이라 할 수 있다. 다음으로 평가계획서를 작성해야 한다. 평가계획서는 학생과 학부모의 알 권리 차원에서도 필요하지만, 교사에게도 교과 내용을 가르치는 데 지도의 역할을 한다. 놓치고 있는 부분은 없는지 확인하게 해준다. 평가계획서를 작성했다면 다음으로 평가문항을 만들고 평가를 실시한 뒤 피드백을 한다. 이를 끝으로 일련의 평가활동을 마무리하게 되는 것이다. 언급한 평가활동에 관해서는 이 책의 많은 부분을 통해 알게 될 것이다.

연구부장은
힘들다

소위 보직교사라고 하는 부장 중에서 연구부장 역할은 다른 부장 못지않게 상당히 중요하다. 특히 교육과정 중심으로 학교가 운영되어야 한다는 점에서는 더욱이 그렇다.

작년 모 교육청 주관 평가 연수에서 관내 연구부장들을 만났다. 이 연수는 기획단계부터 참여했는데 대상자 선정을 고민하다가 연구부장 및 희망자로 정하였다. 아무래도 연구부장이 평가의 주무 부장일 뿐 아니라 평가시스템을 운영하거나 바꾸는 데 중요한 위치에 있다고 판단했기 때문이다. 그래서 '연구부장은 필수참석'으로 하여 연구부장을 비롯해 평가 담당 교사까지 많은 분과 함께 긴 시간 평가에 대해 생각해보는 시간을 가졌다.

당시 연말이기도 했고 평가 변화를 수용하려는 현장 교사 입장에서 상당한 피로를 느끼고 있었으나, 이왕이면 제대로 알고 싶어 하는 의지가 그나마 남아 있어 연수는 나름 뜨거웠다고 생각한다. '당장 새 학년도가 시작되는데 단위 학교에서 연구부장으로서 무엇을 먼저 해야 하는지', '현재 우리 학교가 실행하는 평가 프로세스가 맞는지' 그리고 평소 궁금했던 부분까지 많고 많은 질문이 나왔다. 이 연수에서 나온 이야기를 잠시 나눠보려고 한다.

우선 우리 학교의 학생평가에 대해 동료 교사와 생각 나누기를 해본 경험이 있는가가 중요하다. 이는 시간이 오래 걸리더라도 꼭 필요하다. 왜냐하면, 학업성적관리 시행지침이 하달되면 해석의 차이가 생겨 본래의 목적에서 벗어나 학업성적관리규정이 만들어지는 것을 옆에서 지켜보았기 때문이다. 쉽게 말해 무조건 쉬운 방향, 최대한 지침을 어기지 않는 범위에서 최소한의 변화만을 꾀하는 식의 결과를 보았기 때문이다. 그래서 혼자보다는 여러 명이 함께 머리를 맞대어 이야기를 나누는 것이 상당한 도움이 된다. 평가의 본질을 함께 고민하면, 그래서 그런 과정에서 학교마다 평가에 대한 담론을 마련하면, 비록 교사가 예전보다 힘든 과정이 있을지라도 새로운 평가 방향이 설정되어 실행까지 이어진다.

그리고 학업성적관리 시행지침에 대한 이해가 필요하다. 훈령이 개정되면, 시·도교육청 학업성적관리 시행지침도 당연히 개정된다. 이 말은 학교의 학업성적관리규정 또한 개정되어야 한다는 것이다. 그런데 모든 문서가 그렇듯 해석에서 차이가 생긴다. '내가 보고 싶은 대로 보인다'는 말이 있듯이 지침을 잘못 이해하여 엉뚱한 방향으로 평가 계획이 수립되는 것을 많이 보았다. 예를 들어, 경기도교육청의 경우 2013년도 학업성적관리 시행지침을 보면 '논술형 평가 35% 이상 반영'이라고 되어있던 것이 2014년도에는 35% 이상 반영이란 말 대신에 '논술형 평가문항을 지향한다'고 기술되어 있다. 이는 2013년보다 더 확대한다는 의미이다. 그런데도 지향이라는 말은 보질 않고 35%

란 숫자가 빠진 것에 초점을 두어 어느 학교에서는 "거봐라 초등학생들에게 무슨 논술형 문항이냐?"라는 식으로 해석하는 경우도 보았다. 논술형 문항을 더욱 확대하려는 경기도교육청의 의도에도 불구하고, 연구부장 한 명의 해석으로 그 학교는 중간고사, 기말고사 식의 선택형 문항으로 회귀했다.

 연구부장의 역할은 여기서 그치지 않는다. 새 학기가 시작되기 전 전입 교사를 비롯하여 전 교사에게 학생평가를 안내해주어야 한다. 그것도 친절하게 말이다. 여전히 중간, 기말고사를 실시하는 학교일지라도 단순히 학사 일정에 나와 있는 날짜 정도만 언급하는 것이 아니라 학업성적관리규정을 가지고 학교의 평가계획을 충분히 설명해주어야 한다. 교사별 평가를 실시하는 학교라면 평가계획 수립단계, 평가문항에 대한 방침까지 일러주면 좋을 것이다. 그리고 여력이 된다면 평가에서 무척이나 중요한 피드백 함께 나누어보는 것이 좋다. 이렇게 안내를 하느냐 안 하느냐 따라 일 년의 평가 방향에서 분명 차이가 난다. ○○ 사이트의 문제은행에 의존하여 시험 보기 일보 직전에 사이트 브랜드마크조차 지우지 못하고 부랴부랴 평가를 실시하는 경우까지 있는 것을 보면 교사들이 상대적으로 평가에 안이하게 대처하는 것은 분명하다. 그러나 수업보다는 평가에 대한 민원이 많다는 사실을 상기한다면, 맘 편하게 손 놓고 있을 일은 아니다. 스스로 평가에 대한 인식을 하고 수업 못지않게 열심히 준비하면 좋으련만 학교 사정은 그리 녹록지 않다. 그래서 한 사람의 관심과 열정이 중요하다.

 끝으로 연구부장의 역할은 연말 교육과정 반성회 등을 통해 평가에서 어려운 점, 앞으로 우리 학교가 반영해야 할 점, 함께 생각해 보아야 할 점 등을 진솔하게 나눠보는 시간을 만드는 것이다. 그래서 이러한 반성자료를 학교교육과정에 반영하고 다음 연도에 다시 시도해보는 과정을 거친다면 현재보다 분명 더 나아질 것이다.

또 하나 중요한 것이 학부모에게도 연수가 필요하다는 것이다. 교사별 평가를 실시하고 있는 다수의 타 시도 현장의 목소리 중 하나가 교사들은 어렵고 힘들더라도 방향성에 동의하여 어찌 되었건 조금씩이나마 변화하려고 노력하는데, 오히려 학부모의 인식 변화가 더뎌 변화를 더욱 힘들게 하고 있다는 것이다. 사실 학부모들만의 잘못이라고 하기에는 무리가 있는 것이 그간 학교 현장의 변화를 피부로 잘 느끼지 못했을 수도 있다. 일제고사를 폐지하고 교사별 평가를 실시한다는 정도로 귀동냥으로 들었을 뿐 교사들처럼 연수가 따로 있었던 것도 아니고 주변 학부모 가운데 제대로 이해하고 있는 분이 많지 않음을 생각해보면, 학부모를 위한 연수 또한 분명 필요해 보인다. 경기도의 경우엔 학부모들의 인식 변화를 위해 짧은 동영상이나 팸플릿을 보급했지만, 학부모 총회를 떠올려보면 많고 많은 연수 속에서 평가 관련 연수도 그중 하나에 불과했지 그 이상의 의미를 찾기는 어려웠다. 이번 책을 집필하기 전에 학부모를 대상으로 한 평가 책을 출간한 것도 그런 이유다. 혹시 학부모들에게도 평가와 관련해서 정보제공의 필요성을 느끼는 교사가 있다면 『등수 없는 초등학교 이기는 공부법』을 추천해본다.

이상으로 연구부장의 역할 중 평가와 관련해서 중요한 지점을 짚어 보았다. 평가 업무 말고도 담임교사 업무까지 수행하면서 많고 많은 일을 해내야 하는 연구부장들에게 더 많은 걸 요구한 것 같아 말하고 보니 미안한 마음이다. 또한, 학부모는 그렇다 치더라도 같은 교사들에게도 많은 원망을 듣고 있을 연구부장 교사의 마음을 더욱 무겁게 하리라는 생각이 든다. 하지만 한편으로 제대로 알고 평가의 본질을 이야기할 수 있다면, 그때는 뿌듯함을 느낄 수 있지 않을까 생각한다. 대한민국 초등학교의 수많은 연구부장에게 파이팅을 건네 본다.

3장 학교 현장에서의 평가 들여다보기

평가만 하라면
하겠다

　　　　　　　　　　　교사는 피곤하다. 학생들이 아침에 등교해서 하교할 때까지 주변을 둘러볼 여유도 없다. 수업을 마치고 나면 행정공무원이 되어 교육이라는 교사 본연의 업무가 아니라 공문을 처리하느라 바쁘다. 전에는 수업만 하면 되었는데 이제는 교육과정 재구성, 배움중심수업, 평가혁신 등으로 교육과정 운영, 즉 교사의 전문적 역량을 요구한다.

　배움중심수업은 과거의 수업에서 큰 변화가 없었고 교육과정 재구성, 즉 수업계획서는 동학년 단위에서 함께 고민하고 주변 학교 선생님들과의 공유를 통하여 어느 정도 해결했다. 그런데 평가는 아직도 어렵다. 선다형 문항에 익숙한데 서술형, 논술형 문항으로 바꿀 것을 요구받고 있다. 이런 문항은 학생 때도, 교대에 다닐 때도, 교사가 되어서도 접해보지 못했는데 반드시 하라고 요구한다.

　평가문항을 만들기가 너무 어렵다. 교사 본연의 전문적 영역이라고 하면서 역량을 키울 시간 여유도 없이 막 들어오니 적응하기가 어렵다. 교육청에서 문제은행을 제공해주면 학교 실정에 맞게 문제를 내겠다고 하는데도 지원은 해주지 않고 교사가 해결해야 한다고 한다. 처음에는 옆 반 시험지, 다른 학교 선생님의 문항을 약간 수정해서 출제해보았지만, 문항이 내 수업과 맞지 않다. 그러니 내가 출제해야 한다는 것은 이해가 간다. 하지만 평가문항만 생각하면 아직도 어렵다.

지역에 따라서는 지필평가문항을 가정에 배부하게 되면서 문항의 질이 교사의 질로 등치되어 문항 출제에 더 스트레스를 받게 되었다. 그래도 다행인 것은 동학년 단위 컨설팅을 통해 문항의 질이 점점 좋아지기 시작했다. 과거에 선배 교사의 문항을 교차 검토할 때 하고 싶은 말이 있어도 선뜻 말하기 어려웠고, 막상 좋은 뜻으로 이야기해도 지적하는 것으로 오해를 받아 분위기가 냉랭해진 것도 사실이다. 하지만 지금은 선후배 관계를 뛰어넘어 동료 교사로서 서로에게 도움이 되고자 함께하는 시간이 유익하다는 것을 인식하게 되어 문항 교차검토 시간이 꼭 필요한 시간으로 바뀐 것도 긍정적인 변화임엔 틀림없다.

시험지를 내고 가정에 배부되면서 민원도 많아졌다. 그 대부분은 '이것도 정답일 수 있다'이다. 그래서 채점을 하면서 문항의 조건통제가 제대로 안 되면 교사가 원래 생각한 답이 아니어도 문맥에서 크게 벗어나지 않으면 모두 정답처리를 할 수밖에 없는 상황이 연출되고 있다.

어떤 교사는 '가르치는 게 중요하지 꼭 평가를 해야 하나'라고 억지스러운 말씀을 하곤 한다. 물론 몰라서 그런 것은 아닐 것이다. 과거에 비해 평가가 부담으로 다가오니 괜스레 하는 말일 것이다. 평가는 내가 제대로 잘 가르쳤나를 확인하는 것인데, 그런 확인도 없이 그냥 '내가 잘 가르치면 되는 것이지'라는 생각은 문제가 있다. 배움은 상호작용이다. 교사가 아무리 잘 가르쳐도 아이가 배우지 않았으면 그건 가르친 것이 아니다. 이를 확인하는 것은 아주 중요한 일이다. 그래서 평가가 중요하다.

그런데도 현장에서는 평가 때문에 수업도 교육과정 재구성도 어렵다고 한다. 평가가 어려운 이유는 수업에 비해 함께 고민하고 공부한 시간과 경험이 부족해서는 아닐까 생각한다. 수업을 고민한 것에 반만큼만 평가를 고민했어도 그 이상의 성과를 이루었을 것이다. 어쩌면 평가는 이제 걸음마 단계에 있다. 그런데 내가 달릴 수 있을 때까지 기다려 달라고 말할 수 없는 것이 교육이다. 지금도 교사는 학생을 교육하고 있기 때문이다.

제대로 된 교육과정을 운영하라는 요구에 부정적으로 반응하는 교사는 없다. 하지만 그 과정을 안내해 줄 안내자가 필요하다.

평가 컨설턴트가 본 현장 평가

평가혁신이 경기도 지역의 학교를 휩쓸고, 경기도를 넘어 전국으로 확산되면서 다양한 학교를 둘러볼 기회가 생겼다. 그래서 학교마다 다양한 평가의 모습을 관찰할 수 있었다. 동일한 국가수준 교육과정과 교육부 훈령, 시·도교육청 시행지침이지만 긍정적인 방향으로 변화하는 학교가 있는 반면에 아직도 과거의 평가방법에서 벗어나지 못하는 학교도 제법 있었다. 그 이유가 무엇일까 궁금하여 대화를 나누어보면 공통점이 보였다.

학교에서 평가의 기준을 세우는 사람은 연구부장이었다. 모든 평가의 기준은 연구부장의 말에 따라 결정되었다. 연구부장이 제대로 된 평가의 방향과 역량을 갖춘 학교에서는 평가의 본질에 맞게끔 앞서가고, 해당 학교의 교사들의 만족도도 높았다. 그런데 그렇지 못한 학교의 교사들은 평가 피로를 호소했다. 기존의 평가에서 덜어내야 할 것을 제대로 덜어내지 못하고 새로운 것을 자꾸 넣으려고만 하니 교사들이 담을 만한 공간이 부족하다는 것이다.

평가에 대한 고민은 평가 담당 교사와 관리자의 몫이고 다른 교사는 그저 학교에서 정한 방식을 따르면 된다는 수동적인 생각이 많았다. 학교 구성원 사이에 평가를 공론화하는 것이 필요하다는 것은 앞에서 강조한 바 있다. 학교 구성원은 교사와 학부모, 학생을 의미한다. 평가는 교사의 당연한 권리이고, 누구도 침해해서는 안 된다는 생각에는 동의한다. 하지만 함께 교육과정을 만들어가는 구성원인 학생과 학부모에게 친절하게 안내하여 평가의 방향을 공유해야 좋은 평가시스템을 안착할 수 있다. 학부모 교육은 관리자와 연구부장이 중심이 되어 실시하고 있다. 하지만 정작 시험 당사자인 학생들은 시험이 다가올 즈음 시험 날짜와 과목에 대해서만 통보받을 뿐 시험이 갖는 본래 의미나 시험에 대한 담임교사의 생각 등 시험에 대해 어떠한 안내도 받지 못했다. 만일 평가제도가 바뀌었다면 학생들에게도 변화에 이유를 설명해주어야 한다. 이런 과정이 선행되었을 때 좋은 변화를 이끌 수 있다.

평가문항에 대해 교사가 느끼는 부담감이 크지만, 이를 개선하고자 하는 방법에는 한계가 있다. 대부분은 양질의 문항을 받아 조금 고쳐서 내는 것을 가장 좋은 방법이라고 생각한다. 가끔은 사용할 수 있겠지만, 여전히 문항 출제에 대한 역량을 쌓기보다는 임기응변으로 넘기기에 급급하다. 사회가 교사에게 평가 전문가의 역량을 요구하는 상황에서 교사는 양질의 평가문항을 출제하기 위한 고민이 더 필요하다.

수업은 경력 교사와 신규 교사 간 역량의 차이가 있다. 그런데 평가에서는 차이를 발견하기 쉽지 않다. 오히려 경력 교사는 기존의 평가 방법에 익숙해서 새로운 평가에 대한 거부감과 적응하는 데 어려움이 더 컸고, 신규 교사는 모든 게 새로워서인지 아니면 간섭이 없어서인지 거부감도 없이 잘 적응했다. 그래서 둘 사이에서 역량의 차이를 느끼지 못했다.

　이젠 평가 패러다임의 변화를 받아들여야 한다. 평가 변화의 방향에 동의한다면 전문가의 식견을 바탕으로 제대로 된 평가환경을 조성하도록 앞서나가야 한다. 그러기 위해서는 평가의 본질과 학교에 적용된 규정에 대한 이해가 선행되어야 한다. 이후에 이어질 내용을 바탕으로 사고의 폭을 넓혀가기 바란다.

3장 학교 현장에서의 평가 들여다보기

시험 범위가 아니라 성취기준이다

학교에서 학생들에게 제공하는 시험 정보는 일정과 범위가 전부였다. '이번 시험은 ○○일이고, ××쪽까지야'라고 알림장에 써주는 게 그간 우리 교사의 모습이었다. 이렇게 하는 것이 정당성이 있었던 이유는 국가교육과정을 완벽하게 구현한 것이 교과서라는 믿음이 깔려있었고 학부모 사이에서도 교과서를 덜 가르쳤거나 제대로 가르치지 않으면 무슨 큰일이라도 일어날 것처럼 이야기했던 사회적 분위기 탓도 있었다.

교과서는 많은 지식과 다양한 정보로 가득 차 있다. 그중에는 학생들이 꼭 알아야 할 내용도 있지만, 참고용 자료도 있다. 그런데 그동안의 평가에서는 교과서 구석구석의 모든 내용을 하나도 놓치지 않아야 높은 점수를 받을 수 있었고, 그런 경험이 시험 기간에 학생들을 힘들게 했다.

시험문제를 내는 교사도 마찬가지다. 시험 범위에서 과목당 20~25문항을 출제하라는 학교의 지침을 충족하면서 문항에 대한 학생들의 민원을 최소화하기 위해서 교과서의 내용으로 문제를 내려고 한다. 그러다 보니 문항 수를 채우려면 교과서의 구석에 있는 내용을 가지고 문제를 내야 했다. 필자는 이것을 '숨바꼭질 시험'이라고 이름 붙였다.

변별도를 중요시하는 분위기가 팽배했던 때에는 더욱더 100점 맞는 학생들이 있어서는 안 된다는 생각과 '교과서에 있는 내용이니까' 하고 안심하고 수업 시간에 중요하게 다루지 않았거나 심지어 언급도 하지 않은 부분에서 문제를 냈다. 지금 와서 생각해보면 바람직한 모습은 분명 아니다.

이런 시험은 학생과 교사 모두를 피해자로 만들었다. 교사가 가르쳐야 할 내용과 학생이 꼭 알아야 할 내용은 같다. 그런데 시험이라는 형식에 치중하다 보니 교사는 평가가 추구하는 목적에 맞지 않는 시험지를 만들고, 학생은 그것을 가지고 시험을 치르는 상황에 놓이게 되었다. 평가의 목적은 성취기준의 도달도를 확인하는 것인데 현재의 시험으로는 이를 제대로 확인하지 못하는 경우가 많다.

그런데 국가교육과정이 수차례 개정되면서 교과서를 바라보는 생각이 바뀌었다. '교과서는 국가에서 정한 표준 교육과정을 충실히 반영한 자료'라는 관점으로 변했다. 따라서 학교에서는 교과서 중심이 아닌 학교의 교육환경을 고려하여 학생이 성취기준을 잘 배울 수 있도록 최적의 수업을 계획하고, 실행하고, 이를 확인해야 한다.

이를 제대로 반영하기 위해서는 평가의 범위와 성취기준을 제시해주어야 한다. 교과서에서 제시한 다양한 내용이 무엇에 도달하려는 지를 제시해야 한다. 최근에 단원 도입차시에 학생들에게 단원에서 알아야 할 성취기준을 알려주고, 학생들 수준에서 성취기준을 이해하도록 하여 수업의 목표를 분명히 하는 것도 한 방법이다. 다음으로 수업진

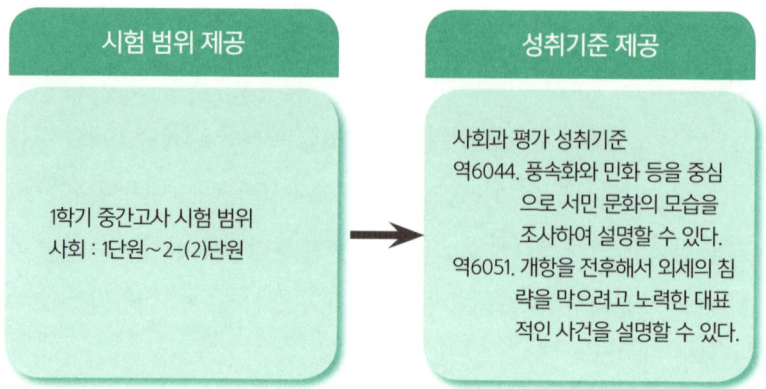

행 방향과 평가방법을 미리 협의하고, 교사의 관점을 공유하는 형태로 수업을 진행한다. 이것은 학생에게 배움의 목표를 제공하여 도구에 현혹되지 않고 본래 배워야 할 내용을 명확하게 제공하기 위함이다.

다시 말하면 학생에게 시험 범위가 아닌 성취기준을 제공해야 하며, 교사는 고정된 시험 문항 수에서 벗어나 성취기준에 따른 문항을 출제할 수 있도록 평가방법을 개선해야 한다. 또한, 학기 초 평가계획단계부터 성취기준을 중심으로 계획을 수립하고, 성취기준의 성격에 따라 수행평가와 지필평가로 구분한 학급별 평가계획을 수립해야 하고, 이를 학생에게 제공해야 한다.

성취기준을 제시하는 것은 학생에게 시험에 대한 힌트를 제공하는 것일 수 있다고 우려하는 교사도 있다. 하지만 성취기준은 국가에서 제시하는 교육목표로 이미 학생들이 배워야 할 내용으로 공개되었기에 문제가 되지 않는다. 오히려 학생들과 함께 성취기준에 대해 이야기하면서 도달해야 할 목표지점을 함께 나누고, 성취기준에 도달하기 위해 열심히 공부한 뒤 제대로 공부했는지 평가를 통해 알아보겠다고 미리 이야기해주는 것도 괜찮은 방법이라고 생각한다. 관심 있는 학부모는 이미 인터넷으로 쉽게 성취기준을 접할 수 있는데, 접하지 못한 학부모와의 정보격차를 생각한다면 오히려 교사 입장에서 먼저 모두에게 공개하는 것이 더 바람직한 것이 아닐까 한다.

4장

평가 파헤치기

목적에 따른 평가 분류
- 진단평가, 형성평가, 총괄평가

　　　　　　　　　　　학교는 교육과정을 운영해야 한다. 교육과정의 범주를 어떻게 설정하느냐에 따라 논의 방향이 조금 다르겠지만, 수업을 해야 하는 교사의 처지에서 본다면 성취기준에 도달하기 위해서 교수학습 설계를 통해 가르치고, 가르친 것을 확인하는 평가를 운영하고 있다. 그중 평가는 목적 및 시기에 따라 다양하게 하고 있다. 평가를 목적에 따라 분류하면 진단평가, 형성평가, 총괄평가로 분류할 수 있다. 각 평가를 실시하는 목적에 대해 알아보자.

진단평가(diagnostic evaluation)
　새 학년이 시작되었을 때 전년도의 학습 내용을 얼마나 잘 배웠는지를 진단해보는 평가로 보통 출발점 행동에서 보이는 특성을 진단한다. 이는 교사에게는 학생들의 학습 실체를 판단하는 기준이 되며, 학습 초기의 학생의 인지적, 정의적 특성을 파악하여 앞으로 학생들을 가르칠 때 교수학습 과정에 반영한다. 진단평가는 전년도 교사들이 문항을 출제하고 학교교육과정에서 날짜를 고정해 새 학기가 시작되면

같은 날짜에 실시한다. 학교마다 조금 차이는 있지만, 보통 학기 초에 국어와 수학 두 과목을 평가하며 국어와 수학, 사회, 과학, 영어 등 모든 과목을 실시하는 경우도 있다.

　진단평가 결과가 기준점수 미달인 학생은 특별보충반 대상자로 선정하여 담임교사가 방과 후에 보충 수업을 하거나 별도의 반을 운영하기도 한다. 이는 진단평가가 학생들의 부족한 부분을 채워주는 데 목적이 있기 때문이다. 과거에는 대부분 학부모와 학생 의사와 상관없이 운영했지만, 지금은 먼저 학부모들에게 학교에서 수업을 받을지, 가정에서 수업을 받을지 의사를 묻는다.

학부모 동의서

특별보충수업 참여 여부에 대한 학부모의 의사를 반영하고자 하오니 해당 사항에 ○표하여 주시기 바랍니다.

1. 특별보충과정에 참여하겠음 (　　)
2. 특별보충과정에 참여하지 않음(가정에서 직접 지도함) (　　)
　※ 사유 (　　　　　　　　　　　　)

　　　　　　　　　　(　)학년 (　)반 (　)번 이름 (　　　)
　　　　　　　　　　학부모 :　　　　(인)

○○ 초등학교장 귀하

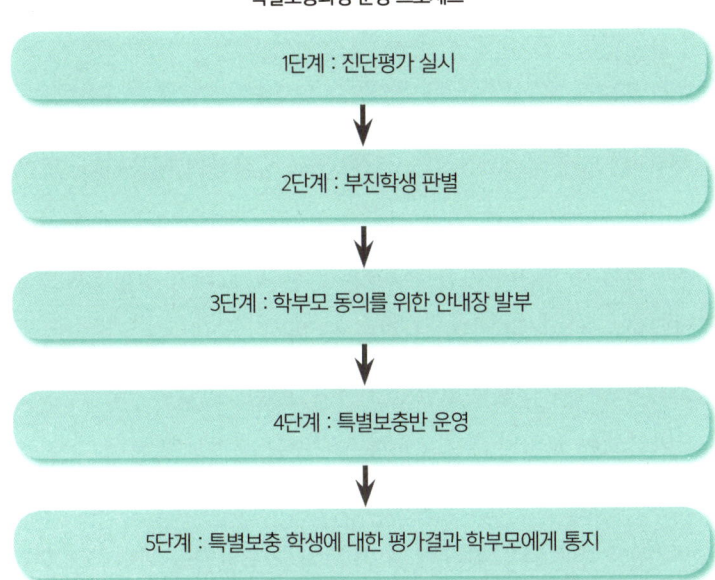

이번에는 진단평가를 바라보는 시각에 대해 생각해보자. 우선 교사 시각이다. 모든 교사가 그렇지는 않지만, 어떤 교사에게는 진단평가를 하는 날은 매년 학기 초에 실시하는 연중행사처럼 수업은 하지 않아도 되기 때문에 다소 가벼운 마음으로 출근하는 날일 수도 있다. 그도 그럴 것이 내가 가르친 것이 아니라 작년에 배운 내용을 확인하는 것이기 때문에 결과에 대한 책임에서 자유로울 수 있다.

그러나 진단평가 결과는 누가 가르쳤는가와 상관없이 학생들 실력의 현주소를 파악해볼 수 있는 귀한 시간이다. 진단평가를 통해 알게 된 각 학생의 결핍요소를 얼마나 보충해주느냐에 따라 올 한해 농사가 결정될 수 있다. 그래서 진단평가의 문항 출제도 중요하지만, 시험결과

4장 평가 파헤치기

를 해석할 수 있는 능력이 필요하다. 각 과목의 점수 속에 담긴 의미를 찾아 학생들의 인지능력과 정의적 능력을 파악하는 것이 중요하다.

반면 학부모에게는 상당히 중요한 날이다. 왜냐하면, 내 자녀가 담임교사에게 첫인상을 심어주는 날이라고 생각하기 때문이다. 또한 총괄평가와는 달리 진단평가는 시험지나 점수 통보가 잘되지 않기 때문에 조바심까지 생긴다고 학부모들은 말한다. 그래서 시험결과를 가지고 자녀와 이야기하다 보면 시험을 못 봐서 속상할 뿐만 아니라 담임선생님이 아이를 어떻게 생각할지 걱정이 든다고 한다. 이처럼 진단평가를 바라보는 교사와 학부모들의 시각차는 생각보다 크다.

아쉬운 것은 진단평가의 결과가 단순히 부진학생을 위한 특별보충과정을 판별하는 데 그친다는 것이다. 의사가 환자를 진단하고 환자에 따라 맞춤형 처방을 내려주듯이, 부진학생만이 아니라 평가에 임한 전체 학생에게 맞춤형 처방이 필요하다. 각 학생의 성장에 도움을 주는 평가의 첫 단계가 진단평가이다. 출발점이 다른 학생들에게 수준에 맞는 처방을 내리는 게 전문가로서의 교사의 역할이라고 생각한다.

올바른 진단평가를 위해 현재 우리에게 부족한 것이 무엇인지 돌아보면서, 조금씩 보완해간다면 새 학년의 공식적인 첫 평가를 산뜻하게 출발할 수 있지 않을까 생각한다.

형성평가(formative evaluation)

형성평가는 수업이 끝날 때쯤에 학습 목표 도달도를 확인하기 위해 실시하는 평가이다. 초등학교의 수업 시간이 40분인 것을 고려하면 진단평가나 총괄평가에 비해 평가시간이 짧다. 그래서 간단한 방식

(OX 퀴즈, 쪽지시험)과 적은 수의 문항으로 평가한다.

형성평가의 기본 목적은 교사에게는 해당 차시의 교수학습 방법을 진단하고 학생에게는 차시 목표를 확인하고 부족한 부분을 확인하는 데 있다. 형성평가는 다른 평가에 비해 피드백이 즉각적이다. 수업 중에 평가를 하기 때문에 질문과 답변 속에서 바로 피드백이 이뤄진다. 학생 대다수의 학생이 어려워하거나 이해를 못 했다고 판단되면 별도의 시간을 마련하여 보충수업을 하거나 진도표를 수정하여 수업을 한 차시 연장하여 학생들의 이해를 돕는다.

이런 근거로 최근에는 형성평가의 중요성이 언급되고 있으며, 미국에서는 형성평가 문제은행을 만들어 일선 교사들에게 안내하고 있다. 현재 우리나라에서는 중요성을 인식하고는 있으나 그 비중이 미비한데, 이는 점수와 결과 위주의 인식에서 벗어나지 못하는 한계가 있기 때문이다.

김진규의 『형성평가 101가지 기법』에서는 형성평가의 중요성과 교실에서 활용할 수 있는 형성평가의 방법을 소개하고 있으며, 궁극적으로 우리가 가야 할 평가의 방향을 형성평가로 소개하고 있다.

총괄평가(summative evaluation)

총괄평가는 교과의 단원이나 영역이 종료된 후에 교육과정 성취기준의 도달 여부를 확인하는 방법이다. 과거 일제고사를 보던 시절에는 중간고사와 기말고사, 수행평가를 의미한다.

앞에서 살펴본 진단평가나 형성평가와 달리 총괄평가는 현재 교육부 훈령과 학업성적관리 시행지침에 기반한 학기 말 성적처리를 위한 대표적인 평가이다. 성취기준에 도달하기 위해 다양한 형태의 수업을 계획하여 실시한 후 단원이나 영역이 끝난 후에 성취기준 도달도를 확인하는 평가이다.

 2009 개정 교육과정이 학교 현장에 뿌리내리면서 국가수준 교육과정에서 평가의 다양화와 평가 본질에 맞는 평가, 즉 학생의 성장을 돕는 평가가 강조되면서 교사별 평가가 현장에 도입되었다. 기존에는 학교에서 같은 날 학년별로 같은 문항을 가지고 일제고사 형태로 실시했다면, 교사별 평가는 학급별로, 수업을 담당한 교사별로 문항을 출제하고, 직접 평가하는 것을 말한다. 현재 시·도교육청에 따라서는 교사별 평가 체제로 총괄평가의 형태가 전환되는 곳도 있다.

일제식 정시평가 vs 교사별 상시평가

학교에서의 평가를 떠올리면 가장 먼저 떠오르는 것이 중간고사와 기말고사이다. 이렇게 특정한 시기를 정해서 보는 평가를 정시평가라고 한다. 현장에서의 정시평가는 시험 기간을 정해서 학기당 배워야 할 분량의 절반가량을 평가 범위로 하여 시험을 보고 있다. 예를 들면 1, 2, 3단원을 중간고사 시험 범위로 하고 4, 5, 6단원을 기말고사 범위로 하여 특정 날짜에 시험을 본다. 보통 동학년에서 똑같은 시험 문항으로 공동출제하여 학년 전체를 대상으로 평가를 하는 일제식 정시평가를 실시한다. 그러나 학년에서 공동출제를 한다고 하지만, 실제로는 각 교사가 한 과목씩 담당하여 문항을 내고 전체 동학년 교사가 함께 검토하여 출제를 마무리하고 있다.

이런 방식은 담임교사가 아닌 옆 반 교사의 언어와 평가 장면으로 시험을 보는 것이어서 학생이나 학부모가 불만을 느끼는 부분이 될 수도 있다. 예를 들면, 평소 담임교사가 중요하다고 강조했는데, 그 부분에서는 출제하지 않고 오히려 큰 비중 없이 넘어간 부분에서 시험문제가 나왔다고 이의를 제기할 수도 있다는 것이다. 이럴 때 교사들은 '모

일제식 정시평가 출제계획

구분	1반 교사	2반 교사	3반 교사	4반 교사	5반 교사	6반 교사
중간고사	국어	수학	사회	과학		
기말고사	사회	과학			국어	수학

교사별 상시평가 출제계획

구분	1반 교사	2반 교사	3반 교사	4반 교사	5반 교사	6반 교사
상시 평가체제	가르친 교사가 출제					

든 게 중요하다'거나 '시험에 나올 문제만 공부하면 되겠느냐'는 식으로 반박할 수도 있을지 모르겠으나, 사실 냉철하게 생각해보면 교사가 시험문제를 출제하지 않아서 발생한 문제라고 인정할 수도 있다.

또한, 채점에서도 담임교사가 하지 않고 공정성과 효율성을 이유로 출제한 교사가 하는 경우, 정작 학생을 가르친 담임교사는 평가에서 소외되거나 제외된다. 채점 후 아이들에게 주는 시험지에는 별다른 첨삭 없이 점수로 모든 피드백을 대신한다. 이런 상황은 대부분 초등학교에서 쉽게 접할 수 있다.

이런 평가시스템이 과연 학생들에게 어떤 의미가 있을까? 학생들에게 평가는 오직 점수로만 판단되고, 옆 친구와의 비교기준일 뿐이다. 실제 평가의 목적은 이런 것이 아니다. 평가는 학생들이 배워야 할 내용(성취기준)을 제대로 배웠는가를 확인하고, 부족한 부분을 찾아서 학생 개별로 피드백을 하거나 학급 전체가 부족한 부분에 대해서는 재학습을 통하여 성취기준에 도달할 수 있게 해주는 것이 본래 목적인데, 이런 방식으로는 평가 본연의 목표에 도달할 수 없다.

평가의 목표에 도달하기 위해서는 어떤 평가시스템이 운영되어야 할까? 그것은 가르친 교사가 평가의 주체가 되는 교사별 평가 체제로의 전환이 필요하다. 교사가 성취기준의 도달을 위하여 해온 수많은 수업 활동과 장면을 평가 장면으로 가져와서 학생들이 쉽게 평가문항에 접근하고 이해할 수 있도록 해야 한다.

또한, 교사별 평가가 도입되면서부터 해당 영역과 단원이 끝날 때마다 반마다 평가 시기를 달리하는 상시평가(수시평가)[1] 체제로 변화해야 한다. 단원과 영역별로 평가를 하면서 교사는 자연스럽게 학생들의 성취수준을 파악하게 되고, 학생들의 시험지에 첨삭지도를 하거나 수업시간을 통하여 재학습을 할 기반을 마련할 수 있다.

또한, 평가에서 피드백 시기는 무척이나 중요하다. 여러 단원을 한꺼번에 시험을 보면 학습의 양이 많고, 학습 후 상당한 시간이 지나기 때문에 학생들이 학습내용을 기억하는 정도가 많지 않다. 그뿐만 아니라 단원이 끝날 때마다 모르는 것을 제대로 배울 기회가 적어서 이것이 누적된 상태에서 3~4개 단원을 몰아서 공부해야 하기 때문에 스트레스도 많을 수밖에 없다. 반면 다음 그림처럼 한 단원이 끝난 후에 바로 평가를 하고 학생이 틀린 문항에 대해 즉각적인 피드백이 이뤄진

---

1   정기고사의 대체 개념으로 특정한 시험 날짜를 정하지 않고 학급별로 평가계획에 따라 단원별, 영역별로 평가하는 것을 말한다. 경기도교육청에서는 '상시평가'라고 하고, 한국교육과정평가원에서는 '수시평가'라고 명하고 있다.

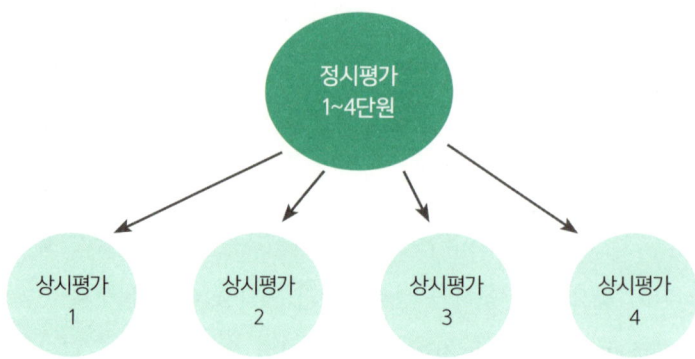

다면 더 큰 효과를 볼 수 있다. 즉 평가의 즉시성이 중요하다.

이제 기존의 정기고사와 일제고사 체제에서의 한계와 학생들의 성취기준의 도달 정도를 제대로 파악하기 어려운 상황을 교사별 평가와 상시평가 체제를 통하여 쉽게 극복할 수 있게 되었다.

이런 평가체제가 아직 현장에서 쉽게 도입되기 어려운 이유는 교사들의 평가에 대한 오해에서 비롯되었다고 본다. 평가는 아이들의 성적을 산출하는 것이고, 평가의 결과는 모두 학생들의 책임이라는 생각이 그것이다. 또한, 교사가 평가가 아닌 교육과정과 수업에만 집중해야 하는 구조의 문제일 수 있다. 교육과정과 수업, 평가는 각각의 영역을 구축하고 있지만, 교실 속에서는 서로 유기적으로 연결될 때 가장 큰 효과가 있는데 교육과정과 수업이 평가와 유리되었던 과거의 평가시스템이 아직도 교사의 머릿속에 남아 있다.

이제 정기고사와 일제고사의 문제점을 인식했다면 교사별 평가와 상시평가로 전환을 시도해야 한다.

지필평가 vs 수행평가

학교에서 시험은 다양한 방법으로 진행된다. 수업 전에 출발점 행동을 보는 진단평가, 수업 중의 수업목표 도달도를 확인하는 형성평가, 단원과 영역이 끝난 후에 성취기준의 도달도를 확인하는 총괄평가로 구분할 수 있다.

총괄평가는 평가의 영역과 방법에 따라서 지필평가와 수행평가로 구분할 수 있다. 지필평가는 현재의 중간성취도평가와 기말성취도평가를 의미하며, 수행평가는 학생의 성취기준 중에서 수행의 과정과 결과를 중심으로 하는 평가를 의미한다.

지필평가라는 용어를 들을 때 가장 혼란을 일으키는 이유는 지필이라는 단어의 표면적인 의미로 인하여 시험지로 보는 모든 평가를 지필평가라고 단정 짓기 때문이다. 그렇다면 평가지를 통한 수행평가는 어떻게 정의해야 할까? 이 경우 평가지로 평가를 하더라도 지필평가가 아니다. 지필평가에서 선택형, 단답형 등의 방법처럼 수행평가 또한 서술형, 논술형, 연구보고서 등의 방법으로 나타내는 것이 옳다.

지필평가와 수행평가를 평가영역으로 구분하면 지필평가는 인지적 능력을 중심으로 하는 평가를 말하며, 수행평가는 인지적, 심동적, 정의적 영역을 평가한다. 평가방법에 따라 구분하면 지필평가는 주로 선택형 평가와 서답형 평가를 중심으로 이루어지며 수행평가에는 서술형, 논술형, 관찰법, 실험실습법, 실기, 구술평가, 포트폴리오, 프로젝트 평가가 있다.

구분	평가영역	평가방법
지필평가	인지적 영역	선택형, 단답형, 서술형, 논술형
수행평가	인지적 영역 정의적 영역 심동적 영역	서술형, 논술형, 관찰법, 실험실습법, 실기평가, 구술평가, 연구보고서법, 프로젝트, 포트폴리오 등

상대평가 vs 절대평가

평가는 평가기준에 따라서 상대평가와 절대평가로 구분한다. 상대평가는 시험 점수를 순서대로 정렬한 후 강제로 일정 비율을 할당하여 순위매기는 방법이며, 절대평가는 평가결과를 일정 성취기준에 따라서 등급을 매기는 방법이다.

과거 전통적인 평가의 목적이 학생들의 성적을 비교하여 석차를 제시하는 것이었다고 하면, 현재의 평가는 학생들이 배워야 할 내용을 제대로 배웠나를 확인하고 피드백 하는 것이 목적이다.

상대평가의 가장 큰 장점은 선발과 배치에 가장 적합하다. 반면에

평가기준에 따른 분류

평가 유형	정의
준거참조평가 (절대평가)	• 학생의 학습 목표 달성 여부를 판단하기 위해서 목표 행동에 대한 '절대적인 수준'을 판단의 기준으로 삼는 평가 • 중등의 성취평가제
규준참조평가 (상대평가)	• 학생의 학습 목표 달성 여부를 판단하기 위해서 학생의 '상대적 서열'을 판단의 기준으로 삼는 평가 • 고교 내신 등급제

가장 큰 단점은 배운 성과가 아닌 상대적 서열에 따라 서로 비교하기 때문에 학생들에게 스트레스를 유발하고, 교우 간의 지나친 경쟁으로 협력을 저해하는 것이다.

그런데 평가의 본래 목적은 상대평가가 지향하는 선발과 배치보다는 배움의 정도를 확인하고, 피드백을 통하여 학생의 성장을 지원하는 것이다. 초등학교에서는 상대평가로 평가하지 않지만, 중등에서는 상대평가가 평가의 주를 이루었다. 그러나 평가에 본질에 대한 성찰이 깊어지면서 패러다임 변화가 있었고 2009 개정 교육과정에서는 중등의 평가방법이 상대평가에서 성취평가제라는 이름의 절대평가로 전환되었다.

성취평가제 이해하기

　　　　　　　　　초등학교의 평가는 등수를 입력하기보다는 성취기준의 도달도를 성취수준(상·중·하)으로 제시하고 과목별로 간략하게 서술하는 방식으로 운영하고 있었으나, 중등에서는 과목별로 반과 학년의 등수로 평가결과를 나타내고 있었다.

　그런데 이런 평가방법은 2009 개정 교육과정의 취지인 창의인성교육의 활성화에 적합하지 않아 창의인성 및 교수학습 방법에 적합하도록 개선이 요구되었다. 이에 따라 학생이 무엇을 얼마만큼 알고 있는지에 대한 정확한 정보를 제공하고, 기존 평가의 한계인 석차에 대한 학생들의 과도한 스트레스와 급우 사이에 지나친 경쟁 유발로 인한 협동학습을 통한 나눔과 배려의 학습 경험 부족, 학생의 적성과 소질과 진로에 따른 다양한 교육과정 선택과 운영의 제약을 극복하기 위해 2012년 중학교부터 성취평가제가 도입되었다.

　기존의 평가가 학년 내에서의 상대적인 서열을 비교하여 일정 비율만큼 등급을 비교했다면 새로 도입된 성취평가제는 성취기준에 도달하는 정도를 개인 성취율에 따라 일반 과목은 5단계(A-B-C-D-E)로, 예

4장 평가 파헤치기

상대평가		
집단 내의 상대적인 서열을 비교		
등급	백분위 비율	등급비율
1	~4%이하	4%
2	4%초과~11%이하	7%
3	11%초과~23%이하	12%
4	23%초과~40%이하	17%
5	40%초과~60%이하	20%
6	60%초과~77%이하	17%
7	77%초과~89%이하	12%
8	89%초과~96%이하	7%
9	96%초과~100%	4%

→

성취평가제		
성취기준의 도달한 정도를 판단		
성취수준	기준 성취율	등급비율
A	90% 이상	없음
B	80% 이상~90% 미만	
C	70% 이상~80% 미만	
D	60% 이상~70% 미만	
E	60% 미만	

체능 과목은 3단계(A-B-C)로 개인의 성적을 나타내고 있다. 기준 성취율에 대한 성취수준은 아래의 표와 같다.

다른 나라들에서는 어떨까? 평가제도의 세계적인 동향을 살펴보

성취수준	기준 성취율	설명
A	90% 이상	한 학기 동안 학생들이 충실한 교수·학습 과정을 통해 성취하기를 기대하는 전체 성취기준에 대한 이해와 수행이 매우 우수한 수준
B	80% 이상~90% 미만	한 학기 동안 학생들이 충실한 교수·학습 과정을 통해 성취하기를 기대하는 전체 성취기준에 대한 이해와 수행이 우수한 수준
C	70% 이상~80% 미만	한 학기 동안 학생들이 충실한 교수·학습 과정을 통해 성취하기를 기대하는 전체 성취기준에 대한 이해와 수행이 보통 수준
D	60% 이상~70% 미만	한 학기 동안 학생들이 충실한 교수·학습 과정을 통해 성취하기를 기대하는 전체 성취기준에 대한 이해와 수행이 다소 미흡한 수준
E	60% 미만	한 학기 동안 학생들이 충실한 교수·학습 과정을 통해 성취하기를 기대하는 전체 성취기준에 대한 이해와 수행이 미흡한 수준

국가	평가기준	평가결과 표시 방법
프랑스	절대평가	점수(학급 평균, 최고점, 최하점 표시)
독일	절대평가	6단계 평가
영국	절대평가	4단계 평가(A, B, C, D)
일본	절대평가	5단계 평가(5, 4, 3, 2, 1)
미국	절대평가	4단계 평가(A, B, C, D)
중국	상대평가	원점수 표시

면, 위의 표에서 볼 수 있듯이 대부분의 나라에서 절대평가를 지향하고 있다.

　중등의 평가 방향이 바뀌고 있는 시점에서 초등의 평가는 더욱 교육 본질에 맞도록 발전되어야 한다. 하지만 작금의 실태는 그러하지 못하다. 초등학교에서 실시하고 있는 평가에 관한 어느 문서에도 점수와 석차를 언급조차 하지 않고 있는데, 상대평가의 인식이 여전하다.

　연수를 하다 보면 초등과 달리 변하지 않은 중고등평가에 답답해하며, 초등학교 평가만 바뀌어서는 의미가 없지 않겠느냐고 하는 교사도 있지만, 실제 성취평가제도를 살펴보면 그렇지 않다. 이는 교육부에서도 평가의 참된 방향은 학생들의 성장을 돕는 방향으로 바뀌어야 한다는 것에 동의하고 있다는 것을 알 수 있다. 다만 대입을 앞둔 고등학교의 경우 제대로 성취평가제가 운용되지 못하고 있는 점이 안타까운데, 이를 토대로 앞으로 고등학교 평가 또한 전 국민적으로 담론을 모아 대대적으로 손볼 때가 빨리 와야 하겠다.

4장 평가 파헤치기

정의적 능력 평가

학교에서 실시하는 평가는 인지적 평가 중심인 지필평가와 인지적 영역과 심동적 영역 중심의 수행평가가 주를 이루고 있었다. 그런데 2012년 PISA 결과에서 우리나라가 학교 만족도와 수학의 흥미도가 하위권을 기록하면서 정의적 능력에 관심을 갖게 되었다. 이에 발맞춰 2013년 경기도교육청에서 정의적 능력 평가문항이 개발되면서 정의적 능력에 관심이 커졌다.

정의적 능력 평가란 자아개념, 가치관, 태도, 흥미, 책임, 협력, 동기 등의 정의적 능력을 교육과정을 통하여 평가함으로써 그동안 인지적 능력에 치우친 평가에서 벗어나 '참된 학력'[2]과 인성교육을 중시하는 평가이다(2015 경기도학업성적관리시행지침. 2015.03.01.).

정의적 능력 평가는 크게 두 가지 관점으로 접근해야 한다. 첫째, 총론과 각론에서 제시하는 교과에 대한 흥미, 호기심, 관심 등의 일반적

---

[2] 학습이나 훈련을 통해 습득한 교과지식, 사고력, 문제해결력, 창의력 등의 지적 능력과 성취 동기, 호기심, 자기 관리 능력, 민주적 시민가치 등의 정의적 능력까지를 포함하는 포괄적이고 총체적인 능력을 의미한다.

인 정의적 능력과 둘째, 성취기준에서 제시하는 교육과정 내용의 가치·태도에 대한 정의적 능력으로 구분 지어 평가를 도입해야 한다. 도입 초기에 이 두 요소가 혼재되어 정의적 능력 평가에 대한 혼란이 야기되었다. 또한, 과거에 교육부에서 생활기록부에 행동발달 및 종합의견란에 인성요소인 '협동', '배려' 등과 같이 몇 자 적으라고 한 것을 정의적 능력 평가라고 생각하는 교사도 있지만, 엄밀히 말해 교과 속의 정의적 능력 평가와는 조금 다르다.

우선 일반적인 정의적 능력에 대해 살펴보자. 학생의 교과에 대한 자아개념, 가치관, 태도, 흥미, 책임, 협력 등은 학생의 성취기준 도달도를 향상하기 위한 참고자료로 활용해야 한다. 교과의 흥미를 평가하여 학생들의 영역별 흥미와 관심도를 확인했다면 추후 부족한 부분에 대하여 학생의 정의적 요소 향상을 위해 교수학습을 개선하는 자료로 활용할 수 있다. 또한, 학생에 대한 이해와 상담 자료로 활용하여 학생의 성장을 도울 수 있다. 평가결과는 성적에 반영되지 않으며, 서열화나 점수화하지 않고 학부모나 학생에게 공개하지 않아야 한다.

몇 년 전 우리 반에 '수학 박사'라는 별명을 얻을 정도로 수학 점수가 높은 학생이 있었다. 심지어 선행교육으로 중학교 수학까지 거의 마스터했다. 그런데 다른 시간과 달리 수학 시간엔 표정이 그다지 좋지 않았다. 처음에는 이미 중학교 수학까지 공부를 해두어 초등학교 5학년 수학과정이 쉽거나 지루한가 싶었으나, 대화를 나눠보니 수학 과목에 대한 거부감이 상당했다. 상담을 하고 알게 된 사실이지만, 아버지가 오랫동안 학원 수학강사로 있으면서 초1 때부터 초등학교 수학 대부분을 가르쳤고, 매일같이 상당 분량의 문제를 풀게 했다는 것이다. 그래서 자신이 수학문제를 푸는 기계 같다고 했다. 어찌 되었던 시험은 자신이 풀었던 수많은 문항 속에서 비슷하게 나온지라 높은 점수를 받았는지 몰라도 수학 과목에 대한 흥미도는 상당히 낮았다. 심지어 수학을 왜 공부해야 하는지 모르겠다고 할 정도로 당시 심각한 상황이었다. 그 이후 어머님과 상담하면서 이런 사실을 말씀드렸는데, 아이가 그런 생각을 하고 있었는지 전혀 몰랐다고 하면서 수학공부에 대해 남편과 다시 얘길 나눠보겠다고 했다. 이처럼 과목에 대한 정의적 능력평가는 앞으로 학생들에게 공부를 지속할 동기를 유발하고 올바른 가치와 태도를 갖게 하는 데 중요한 의미가 있다.

둘째, 교과별 성취기준에서의 가치와 태도 등 내용적 요소에 대한 정의적 능력 평가는 수행평가 영역에서 실시해야 한다. 예를 들어, 사회과 성취기준에는 "사4092. 문화 형성의 특징을 환경적 특성과 관련지어 설명하고 서로 다른 '문화를 존중하려는 자세를 가질 수 있다'"가 있다. 이 성취기준은 정의적 능력에 대한 평가 내용이다. 이 경우에는 수행평가로 평가가 가능하다. 따라서 이 평가결과는 성적에 반영되며 학생과 학부모에게 평가결과를 안내한다.

평가방법

일반적 정의적 능력을 평가하기 위해서는 다양한 평가방법을 활용해야 한다. 기존의 지필평가에서 벗어나 학생들이 직접 자기 마음을 표현할 수 있는 도구의 역할을 해야 한다. 따라서 평가환경 또한 기존의 평가와는 달리 자연스러운 의사 표현이 되도록 유도해야 한다. 정의적 영역을 평가하는 방법은 크게 타인의 관찰에 의한 방법과 스스로 자신을 관찰하고 보고하는 자기보고서법으로 구분할 수 있다. 학생들의 정의적 능력을 평가하는 데 적절한 몇 가지 평가 도구와 방법은 다음과 같다.

첫 번째, 설문방법이다. 대규모 학생의 정의적 능력을 빠르고 쉽게 분석할 수 있다는 점에서 많이 활용된다. 그러나 각 개인의 정의적 능력을 자세히 파악하기는 어렵다는 단점이 있다. 평정법은 질문지로 실시하는 방법으로 정의적인 행동 특성을 측정할 때 가장 많이 쓰인다. 평정법을 위하여 사용된 척도를 리커트 척도(Likert scale)라 하는데, 일반적으로 5단계가 있으나 저학년의 경우에는 3단계를 사용한다.

두 번째는 관찰법으로 정의적 능력을 측정하는 오래된 방법이다. 이 방법은 학생의 정의적 특성을 면밀하게 파악할 수 있다는 장점이 있다. 일반적인 수업 상황에서 교사가 학생의 수업 태도나 반응을 관찰하여 학생의 정의적 능력을 파악할 수 있다. 관찰한 내용을 일화 형태로 기록하는 일화기록법이나 체크리스트, 평정척도표 등을 활용하면 매우 편리하다.

세 번째는 다양한 쓰기 활동을 통한 평가이다. 이를 통해서도 학생들의 정의적 능력을 평가할 수 있다. 학생들은 쓰기 활동을 통해서 자기 생각이나 감정 등을 반성해보는 기회를 가질 수 있다.

교육과정에서의 정의적 능력 평가

2009 개정 교육과정 총론에서는 초등학교 교육목표에서 '우리 문화에 대해 이해하고, 문화를 향유하는 올바른 태도와 자신의 경험과 생각을 다양하게 표현하며 타인과 공감하고 협동하는 태도를 기른다'라

고 정의적 영역에 대한 목표를 제시하고 있다.

또한 초등, 중등 학교급별 공통사항의 평가 활동에서도 정의적, 기능적, 창의적인 면이 특히 중시되는 교과의 평가는 타당한 평정 기준과 척도에 따라 실시하도록 하여 정의적 능력을 강조하고 있다. 이를 실천하기 위하여 각론에서는 교육과정의 목표와 교수학습 방법, 평가를 통하여 정의적 능력을 강조하고 있다.

2009 개정 교육과정 각론에서의 정의적 영역 요소

과목	2. 목표	5. 교수학습방법	6. 평가
국어과	다. 국어의 가치와 중요성을 인식하고 국어 생활을 능동적으로 하는 태도를 기른다.	(3) 학습자의 인성 발달을 위한 교수·학습을 효율적으로 운용하기 위해서는 다음 사항에 유의한다. (다) 학습자가 다양한 모둠 학습 과제에 협력적으로 참여하여 의미 있는 학습 결과물을 도출할 수 있도록 지도한다.	(마) 학습자가 어떤 과정을 거쳐 목표에 도달했는지를 평가하면서 인성의 변화도 함께 고려할 수 있도록 한다.
도덕과	나. 초등학교 단계에서는 유아교육 단계에서 형성된 기초 인성을 바탕으로 일상생활에 필요한 도덕적 가치·덕목과 기본 생활 예절을 알고 기본적인 도덕적 판단력과 실천 의지를 함양하여 공동체 속에서 다른 사람과 공감·소통하며 조화롭게 살아갈 수 있는 도덕적 행동 능력과 습관을 기른다.	다. 도덕적 지식, 판단력과 같은 인지적 측면, 도덕적 감정, 의지 및 태도와 같은 정의적 측면, 그리고 도덕적 실천 능력 및 습관과 같은 행동적 측면이 통합적으로 길러지도록 지도한다. 바. 성취기준에 담긴 가치, 지식, 기능, 태도를 달성하는 효과적인 방법을 선택할 때에는 학생들의 성취수준이 개별적으로 다를 수 있음을 고려하여 수준별로 설정되어 있는 평가 기준을 고려하도록 한다.	나. 도덕성의 인지적, 정의적, 행동적 측면에 대한 통합적 평가를 실시한다. 정의적 측면에서는 도덕적 민감성과 열정, 도덕적 가치·덕목의 내면화 정도 등을 평가한다.
사회과	바. 개인과 사회생활을 민주적으로 운영하고, 우리 사회가 당면한 문제들에 관심을 가지고 민주 국가 발전과 세계의 발전에 적극적으로 이바지하려는 태도를 가진다.	나.(5) 소집단별 협동 학습을 통해 민주 시민의 중요한 자질이라 할 수 있는 집단 구성원으로서의 책무성, 참여 의식, 타인에 대한 존중과 배려, 정의감, 협동심을 함양할 수 있도록 한다.	(9) 가치·태도 영역의 평가에서는 국가, 사회의 요구와 개인적 요구에 비추어 바람직한 가치와 합리적 가치의 내면화 정도, 가치에 대한 분석 및 평가 능력, 공감 능력, 친사회적 행동 실천 능력 등을 평가한다.
수학과	다. 수학에 대하여 관심과 흥미를 가지고, 수학의 가치를 이해하며, 수학 학습자로 바람직한 인성과 태도를 기른다.	타. 수학에 대한 긍정적인 태도를 신장시키기 위하여 교수·학습에서 다음 사항에 유의한다(pp. 35-36) (1)생활 주변 현상, 사회 현상, 자연 현상 등의 여러 가지 현상과 관련지어 수학을 배움으로써, 수학에 대한 가치를 인식하고 수학의 필요성을 알게 한다. (2)수학에 대한 흥미, 관심, 자신감을 갖도록 학습 동기와 의욕을 유발한다.	바. 정의적 영역에 대한 평가에서는 학생의 수학에 대한 긍정적 태도를 신장시키기 위하여 수학 및 수학 학습에 대한 관심, 흥미, 자신감, 가치 인식 등의 정도를 파악한다.
과학과	다. 자연 현상에 대한 흥미와 호기심을 갖고, 문제를 과학적으로 해결하려는 태도를 기른다.	(12) 과학자 이야기, 과학사, 시사성 있는 과학 내용 등을 도입하여 과학에 대한 흥미와 호기심을 유발한다.	(3) 과학에 대한 흥미와 가치 인식, 과학 학습 참여의 적극성, 협동성, 과학적으로 문제를 해결하는 태도, 창의성 등을 평가한다.

학교에서 실시하는 정의적 능력 평가 사례

1. 총론과 각론에서의 평가문항 예시

경기도 정의적 능력 설문지(수학과 예시)

범주		학생들의 수학에 대한 정의적 능력 평가문항	매우 그렇다	그렇다	그렇지 않다	전혀 그렇지 않다
흥미도	1.	나는 수학을 좋아한다.				
	2.	수학에서 배우는 것들에 대해 흥미가 있다.				
	3.	수학은 공부를 할수록 재미있다.				
	4.	나는 다른 과목 수업 시간보다 수학 수업 시간이 더 좋다.				
자신감	5.	나는 수학을 잘하는 과목 중의 하나로 생각한다.				
	6.	나는 처음 보는 수학 문제를 푸는 것이 두렵지 않다.				
	7.	나는 복잡한 수학 문제도 풀 수 있다.				
	8.	나는 수학 시간에 배우는 내용을 이해한다.				
가치인식	9.	수학을 배우면 논리적으로 사고하는 데 도움이 된다.				
	10.	수학을 배우면 장래 여러 직업에서 쓸모 있을 것이다.				
	11.	수학은 일상생활의 문제들을 해결하는 데 도움이 된다.				
	12.	수학은 창의적으로 생각하는 데 도움이 된다.				
학습태도	13.	나는 수업 시간에 집중하는 편이다.				
	14.	나는 수업 시간 중이나 후에 수업 내용과 관련하여 질문한다.				
	15.	나는 수업 시간에 토론, 모둠 활동 등에 적극적으로 참여한다.				
교과태도	16.	수학 시간에 배운 내용을 확실히 알려고 노력한다.				
	17.	나는 쉽게 풀리지 않은 수학 문제를 풀 수 있을 때까지 끝까지 노력한다.				
	18.	나는 수학 시간에 이해하지 못한 내용이 있으면, 수업 시간이 끝난 후에도 그것에 대해 계속 생각한다.				
	19.	수학 문제를 풀 때 내가 알고 있는 방법 중에 어떤 것이 더 적절한지를 생각한다.				
	20.	수학 공부를 시작하면 끝까지 열심히 한다.				

4장 평가 파헤치기

2. 성취기준에서의 평가

성취기준	도413.가정과 학교에서의 성실한 생활의 의미와 중요성을 종합적으로 이해하고 성실한 생활을 실천하려는 적극적인 태도를 지닐 수 있다.
평가목표	학교에서의 자신이 맡은 역할에 대해서 책임감 있고, 성실한 태도를 지닐 수 있다.

<문항사례>

학기 초에 담임선생님은 학생들과 함께 학급에 필요한 1인 1역을 정해 보았다. 시간이 지나면서 많은 친구들이 자신이 맡은 일에 책임 있게 행동을 하였지만, 몇몇 친구가 역할을 다하지 못하여 다른 친구들로부터 불평을 듣게 되었다. 학급회의 시간에 이 문제로 토의가 시작되었다.

1. 자신이 맡은 역할을 하지 못한 친구들에 대한 '나'의 감정을 골라 ✔ 표 하시오.

2. 지금 학교에서 맡은 1인 1역을 쓰고, 그 역할을 잘하고 있는지 나의 상태를 고르시오. 내가 맡고 있는 1인 1역 : (   )

협력적 문제해결능력 평가

지금까지 학교에서 평가는 1인 평가체제였다. 즉 시험지 하나에 한 명이 시험 보는 형태였다. 줄 세우기를 위한 평가이다 보니 둘 이상이 함께 시험 본다는 것은 상상도 하지 못했다. 줄 맞추고, 가림 판으로 가리고 시험 보던 시절을 보낸 사람으로서 '시험은 늘 그런 거야'라는 고정관념이 있었다.

그런데 우리나라 교육이 가야 할 방향을 제시하는 국가교육과정 총론에 따르면 미래를 살아갈 핵심적인 역량으로 초등학교 학생들은 의사소통능력과 대인관계능력, 문제해결능력을 꼽았다. 즉 주위의 친구들과 관계를 맺고, 협력하여 문제를 해결해 나가야 하는데 아직 우리에겐 낯선 풍경이다. 특히나 우리는 경쟁에 익숙한 교육환경 탓에 더욱 요원한 일이다.

2009년 국제교육협의회(IEA)가 OECD 36개국의 중학교 2학년 14만 600여 명을 대상으로 실시한 '국제시민의식 교육연구' 분석 결과에 따르면 한국 학생들은 사회성에서 35위, 협력성에서는 36위를 기록했다. 입시 경쟁 교육과 출세 지향적인 사회 분위기 속에서 친구를 협력의 대상이 아닌 경쟁자로 인식시키고, 협력보다는 내가 남보다 더 나아야 한다는 생각을 심어주니 이런 결과가 나오는 것이 당연하다.

그런데 정보통신기술의 발달로 시공간을 초월하여 타인과 협업해 일을 진행하지 않을 수 없게 되었고, 미래 인재에게 가장 중요한 능력으로 협업능력이 대두하게 되었다. 이를 반영하여 1인 평가와 더불어 2인 이상이 서로 협력하는 능력의 평가가 필요하다는 데 공감하면서 2015년부터 PISA에 소프트웨어를 기반으로 한 '협업 문제해결 능력'(CPS, Collaborative Problem Solving)을 평가 영역에 포함시켰다. 지금까지의 평가 개념에 변화를 가져오는 새로운 평가인 협력적 문제해결능력평가가 등장한 것이다.

지난번 경기도교육청에서 개발한 협력적 문항을 가지고 수업을 진행해보니 학생들에게도 새롭고 신선한 것은 마찬가지였다. 한 학생이 "선생님, 이거 시험 맞아요? 정말 옆 친구랑 얘기해도 돼요?"라고 묻기에 그래도 된다고 대답해주었다. 수업이 끝나고 어땠는지 물었더니 대체로 학생들은 선호했다. '혼자 하는 것보다 함께하니 부담이 적었다.' '내가 미처 몰랐던 것을 옆 친구가 도움을 주어 알게 되었다'는 긍정적 반응이었다. 반면 '예전처럼 혼자 고민하고 혼자 해결하는 것이 좋은 것 같다.' '누군가와 이야기하는 게 불편하다'는 부정적 반응도 있었다.

남아공의 넬슨 만델라 대통령은 '우분투'라는 말을 즐겨 썼다. '우분투(UBUNTU)'는 아프리카 반투(Bantu)족의 말로서 "우리가 함께 있기에, 내가 있다!"라는 뜻이라고 한다. 다음 이야기는 우분투와 관련하여 인류학자와 부족 아이들의 이야기이다.

아프리카 부족을 연구하는 인류학자가 부족 아이들을 모아놓고 게임을 제안했다. 나무 옆에 맛있는 과일 한 바구니를 놓고 "가장 먼저 바구니에 도착한 아이에게 과일을 모두 주겠다"라고 했다. 그런데 예상과 달리 아이들은 미리 약속이라도 한 듯이 서로의 손을 잡고 함께 달리기 시작했다. 과일 바구니에 도착한 아이들은 함께 둘러앉아 과일을 나누어 먹었다. 인류학자는 아이들에게 물었다.

"1등에게 과일을 다 주려고 했는데 왜 손을 잡고 같이 달렸죠?"

아이들은 '우분투'라는 단어를 함께 말했다. 그리고 이렇게 덧붙였다.

"다른 아이들이 다 슬픈데, 어떻게 나만 기분 좋을 수가 있겠어요?"

지금과 같은 경쟁구도에서는 이 이야기에 나오는 행동을 기대하는 것은 아무래도 무리가 있어 보인다. 그러나 분명 아프리카 아이들처럼 문제를 의논하고 다양한 해결방안을 제시하고 가장 최적의 해결방안을 만들어가는 것이 앞으로 필요한 교육의 방향임은 틀림없다.

학교에서 적용되는 평가문항 사례

학교에서는 최근 모둠을 기본 단위로 하는 협력학습이 수업의 주를 이루고 있다. 이런 협력학습은 학생들 스스로 서로 도움이 되는 공부 방법이다. 수업 중에 교사가 제시한 과제를 해결하기 위해 서로 의견을 나누고, 때론 논쟁을 하면서 새로운 과제를 해결하려고 하는 모습이 일상화되어 있다. 이런 수업 상황에서 학생들이 스스로 해결해나갈 수 있는 다양한 평가문항 사례가 개발되었다.

다음은 경기도교육청에서 개발한 협력적 문제해결능력 평가의 예시

4장 평가 파헤치기

문항이다(2014).

〈수학 3학년 1학기〉	2. 평면도형(14/14)
여섯 조각의 육교판 만들기	

( )초등학교 3학년 ( )반 모둠명( )
모둠 구성원 이름 ( ), ( ), ( ), ( )

※ 다음 준비물을 이용하여 모둠 구성원과 협력하여 '조건'에 맞는 육교판을 4가지 만드시오.

모둠별 준비물 : 색종이 4장, 가위 1개, 자 1개

조건

· 색종이 1장에 직각삼각형, 정사각형, 직사각형이 모두 들어가는 여섯 조각의 육교판을 만든다.
  예시) 직각삼각형 2개, 정사각형 2개, 직사각형 2개 / 직각삼각형 1개, 정사각형 2개, 직사각형 3개 등
· 각 도형의 모양이나 크기는 상관없으며, 색종이는 남김없이 사용하여야 한다.
· 육교판 1, 2, 3, 4는 서로 다른 모양이다.

1. '조건'에 맞게 어떤 도형을 몇 개 들어가도록 육교판을 만들 것인지 모둠 구성원들의 생각을 쓰시오.

모둠 구성원	육교판에 들어 가는 도형 및 도형의 개수

2. 모둠 구성원들의 생각이 드러나게 '조건'에 맞는 서로 다른 육교판을 그리시오.

 이처럼 이제 혼자 문제를 해결하는 문항에서 팀원들과 함께 문제를 해결하는 문항으로 변해가고 있다. 이는 혼자만의 탁월한 능력은 모둠 구성원 전체의 능력보다는 떨어지며, 함께하는 방법을 배우지 않으면 능력을 발휘하지 못한다는 것을 알게 해 준다.
 미래 사회에는 경쟁을 통하여 만들어낸 1등 한 명보다 함께하는 다수의 사람이 더 필요하다. 초등학교 때부터 서로 협력하고, 소외된 친구를 다독거리며, 함께 나아가는 '우분투' 교육이 바로 우리가 가야 할 방향이다.

5장

평가 전문성 따라잡기

평가에도 전문성이 필요하다

'초등교사는 전문직인가?' 교사라면 이런 질문을 한번은 들어보았을 것이다. 같은 교사라도 견해 차이가 있어서 어떤 교사는 당연하다고 말하면서 이런 질문을 받았다는 자체에 불쾌감을 보인다. 반면 쉽게 '그렇다'라고 말하지 못하고 잠시 생각에 빠져 머뭇거리다가 '전문직의 기준이 뭔가요?'라고 되묻는 교사도 있다. 그런데 '의사는 전문직인가?'라는 질문에는 대부분이 그렇다고 동의한다. 왜 그럴까? 의사는 흉내조차 내는 게 쉽지 않다는 게 대다수의 생각이다. 어설프게 따라 하다가 큰일이라도 나면 어떡하냐는 것이다.

그러나 초등교사는 교과서 내용의 수준을 보면 너도나도 가르칠 수 있다고 생각하는지 때로는 넘지 말아야 할 선을 넘으며 저경력 교사들을 훈계하는 등 몰지각한 학부모를 마주할 때가 있다. 만일 이런 일을 겪는다면 누구라도 힘겨운 시간을 보낼 것이다. 이럴 때 교사가 전문직인지 잠시 고민하게 된다. 전문성에는 경력이 쌓이면서 자연스럽게 갖추게 되는 것도 있지만, 경력과 상관없이 별도로 갖추어야 할 것도 있다.

  교사로서 학생을 교육하는 데 전문성이 필요하다는 것은 당연하다. 의대를 갓 졸업하고 인턴 기간을 보내고 있는 의사라 할지라도 그들이 내리는 진단과 처방을 의심하지 않는다. 이는 그들에게 최소한의 전문성이 있다는 것을 의미한다. 이처럼 우리 교사에게도 교육과정을 재구성하고 가르치며, 가르친 내용을 확인하는 평가 전문성이 필요하다.

  평가 전문성은 다른 말로 평가소양(assessment literacy)이라고도 한다. 이는 평가의 지식 및 기능에 대한 최소한의 능력을 가리키는 말로 교사에게 꼭 필요하다.

  그렇다면 평가 전문성으로 어떠한 것들이 요구되는지, 또한 어떻게 준비해야 하는지 교사의 학생평가 전문성 신장 연구(Ⅱ)(연구보고 RRE 2005-3)를 바탕으로 교사의 학생평가 전문성 요소 5가지를 알아보고자 한다.

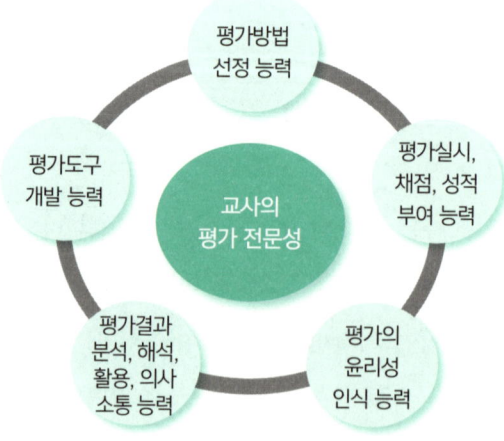

출처 : 2005 한국교육과정 평가원

평가방법 선정 능력

교사는 敎(가르칠 교)자를 쓰듯이 가르치는 사람이다. 그래서 어느 교사라도 잘 가르치기를 소망하여 이를 위해 부단히 노력한다. 그러나 가르치는 것과 더불어 잘 가르쳤는지를 확인하는 평가단계 역시 중요하다. 그러므로 평가방법이 잘못되었거나 부족해서는 안 된다. 평가를 하기에 앞서 평가계획서를 수립하는 것이 중요한데, 평가계획서에는 교과의 성취기준을 분석하여 도달도를 확인하는 데 적합한 평가방법을 선정하여 반영해야 한다.

성취기준의 내용 요소와 행동 요소를 분석한 다음, 인지적 요소가 중심이 되면 지필평가 방법을 선택하고, 인지적 요소를 활용하여 심동적 요소(기능)와 정의적 요소(가치·태도)를 확인하는 데 산출물을 만들어 내거나 실제 수행을 통해 평가하고자 한다면 수행평가 방법을 선택할 수 있을 것이다.

이렇게 수립된 평가방법은 교육과정을 재구성하여 수업계획을 세우는 데 기준이 된다. 이해중심교육과정에서는 성취기준을 분석하여 평가계획을 먼저 수립하고 이를 수행하기 위한 수업계획을 수립하여 학생의 평가와 수업이 일체화될 수 있도록 구성한다. 그래서 보통 백워드 설계방식이라고도 일컫는다.

　현재 NEIS에는 동학년 단위로 동일한 수행평가의 성취기준을 올리게 되어 있다. 학년교과협의회에서 학기 초 성취기준을 분석하여 지필평가와 수행평가 중 어떤 방법으로 할 것인지 협의하여 결정한다. 교사마다 의견이 다를 수 있다. 수행평가도 좋지만, 지필평가로도 성취도를 묻고자 한다면 그 역시 가능하다. 다시 말해 NEIS에 같은 수행평가 성취기준(평가 내용)을 기록하고 그 교사는 별도로 지필평가 형태로 성취도를 평가하면 될 것이다. 이렇게 평가방법을 정했다면 뒤이어 각각의 평가도구(평가유형)를 개발하고 평가를 실시하면 된다. 평가는 학생의 학습상의 문제점을 파악하여 피드백을 주고, 교수학습 과정을 개선하기 위한 평가방법을 선택하는 것이 중요하다.

　교사는 국가교육과정의 총론에 나와 있듯 인지적 영역, 심동적 영역, 정의적 영역을 균형 있게 가르쳐야 하는데, 그동안 우리는 알게 모르게 인지적 영역을 중요시하고 강조해 왔다. 이에 따라 대부분 평가는 인지적 영역을 확인하려는 지필평가였다. 따라서 또 하나 고려해야 할 것이 평가방법을 결정할 때 수업을 통해 단순히 지식을 전달하는 것에 그치는 것이 아니라 높은 수준의 사고능력과 문제해결력을 기르고 정의적 특성의 변화를 도모할 수 있도록 정의적 능력까지 평가할 수 있도록 해야 한다.

　어떤 평가방법을 선정하느냐에 따라서 평가도구가 결정되는 만큼 적절한 평가방법을 선정하는 능력이 필요하다.

평가도구 개발 능력

평가방법이 선정되면 그에 맞는 평가도구를 개발하여야 한다. 그뿐만 아니라 평가도구의 질을 스스로 관리할 수 있는 능력까지 갖추어야 한다.

평가방법을 선정한 후 평가 목적에 알맞은 평가도구를 개발해야 한다. 평가도구 개발은 평가의 타당도, 신뢰도, 실용도에 중요한 의미가 있다. 참치를 잡는데 송사리처럼 작은 고기를 잡을 때 쓰는 어망을 사용한다든지, 반대로 작은 물고기를 잡는데 큰 물고기를 잡는 어망을 쓴다면 목표로 하는 어종을 잡기 힘들 것이다.

평가는 학생들의 학업성취도를 알 수 있는 동시에 학생들의 부족한 점을 알고 이를 보완할 수 있는 기능이 있다. 이때 평가도구는 학생들의 학습결손을 직접 확인할 수 있게 한다. 평가결과는 학생들의 학습에 긍정적으로든 부정적으로든 큰 영향을 미치므로 제대로 평가하는 일은 무척 중요하다. 따라서 교사는 평가도구 개발 능력을 갖추어야 한다.

평가도구를 만드는 기술적인 능력과 더불어 학생에 대한 이해가 필요하다. 아무리 좋은 평가도구도 평가를 치러야 하는 학생들 수준에 따라 가치가 달라질 수 있다. 다시 말해, 학습 목표와 평가의 목적을 명료화하고 나서 만든 평가도구도 그 적절성을 따져보아야 한다는 것이다.

연수 후 종종 교사들에게 평가문항은 어디서 구할 수 있는지, 가지고 있는 평가문항을 줄 수 있는지 질문과 부탁을 받는데 이럴 때 가지고 있는 문항을 드리는 것은 어렵지 않으나, 자신의 수업과 평가문항이 얼마나 밀착되어 있는지, 평가문항이 우리 반 학습 수준을 고려하고 있는지를 반드시 따져봐야 한다. 일제고사처럼 학년 전체가 동일 문항으로 평가하는 경우 평가문항이 다양한 수준의 학생을 고려했는지 다시 한 번 생각해야 한다.

교사들은 다양한 평가도구의 각 특성과 장단점 등을 파악하여 학습 목표를 확인할 수 있는 적절한 평가도구를 만들어 사용해야 한다.

평가도구를 결정할 때는 평가의 목적과 내용(성취기준)을 확인하고 평가도구가 적절한지를 확인하는 단계로 이어진다.

초등학교의 경우에는 선발이 아닌 학업성취도 확인과 수업 개선이 목적이므로 이에 적합한 평가도구를 개발하면 된다. 만일 학생들의 사고과정을 알고자 한다면 선택형 평가보다는 서술형나 논술형 평가도구가 적절하다. 그러나 단순한 사실이나 개념을 알고 있는지를 파악하려 한다면 다른 유형의 평가도구도 가능할 것이다. 최근 학생들이 길러야 할 것으로 강조되는 고등사고력 측정을 위해서는 논술형 평가가 적절한데 논술형 문항 개발을 위한 과정은 뒤에서 다시 구체적으로 살펴보도록 하겠다.

다음으로 필요한 것이 평가도구의 질 관리 능력인데, 기존의 다른 문항을 사용하더라도 그 문항이 평가목적에 맞는지 비추어 타당한지 살펴보고 결과의 신뢰성을 확보할 수 있는지를 검토하는 과정이 반드시 필요하다.

여러 역할을 수행하는 교사 입장에서 늘 새로운 문항을 출제하는 것은 부담이 있다. 그래서 기존 문항을 사용하는 경우가 빈번하다. 하지만 그런 경우에도 과연 이 문항이 확인하고자 하는 평가 요소에 적합한지를 꼼꼼히 따져보고 만일 부족하다면 직접 문항을 수정해보거나 새롭게 출제할 능력을 키우는 것도 중요하다.

5장 평가 전문성 따라잡기

평가 실시 및 채점, 성적부여 능력

평가방법을 결정하고 평가도구를 개발했다면 다음으로 평가 시기를 결정해야 한다. 교육과정 진도를 고려하여 평가 시기를 정할 수 있는데, 진도는 교사마다 교육과정 재구성을 달리하거나 자신이 가르치는 학생의 학습능력에 따라 차이가 있을 수 있다. 이럴 때 평가 시기가 달라질 수 있다. 그러나 지금까지 들여다본 대다수의 학교는 학교평가계획 속에 평가 시기를 정하게 되어 있다. 예를 들어, 중간고사 4월 2일, 기말고사 7월 8일 등 학교에서 평가 시기를 정해놓고 그 날짜에 맞게 진도를 비슷하게 나가게 한 뒤 같은 날짜에 평가를 실시하게 되어 있다.

자 한번 생각해보자. 어떤 반은 진도에 맞춰서 수업을 하고 학생들도 잘 따라와서 정해진 날짜에 시험을 보는 것에 큰 어려움이 없을지 모른다. 하지만 어떤 반은 학습 속도가 느려서 진도를 다 못 나갔을 경우 담임교사는 마음이 급해질 것이다. 더욱이 운동회 등의 큰 학교 행사 때문에 교육과정 운영에 차질이라도 생기면 이러한 문제는 더욱 심각해진다. 그래서 때에 따라 급하게 진도를 빼는 것도 우리네 교실 모습이었다. 물론 지금에야 교육과정 파행을 막기 위해서 교육과정 정상화가 되도록 하고 있지만, 여전히 평가 실시는 담임교사가 아닌 학교에 권한이 있었다. 이러한 문제를 최소화하는 방안이 교사별 평가 및 상시평가의 도입이었다. 교사마다 평가문항을 달리하는 것뿐 아니라 평가 시기를 결정할 수 있도록 자율권을 주었다.

다음으로 필요한 것이 채점 능력이다. 선다형 문항은 채점이 수월하지만, 서답형 문항은 채점이 그리 녹록하지 않다. 그래서 어쩌면 선택형 평가문항을 선호할지도 모른다. 그러나 서답형 문항도 채점을 주관적으로, 아무렇게나 하는 것이 아니라 모범답안, 인정답안, 채점분할 기준 등 평가채점기준표를 잘 마련한다면 채점이 수월해질 것이다. 채점이 끝난 후에는 채점기준표에 정해진 배점에 따라 성취수준을 결정할 수 있다.

논술형 문항의 채점이 어려운 까닭은 모호하거나 예상하지 못한 답안이 나타나기 때문이다. 채점을 정확하게 했는지 걱정된다면 동학년 교사들과 함께 논의해보고 논의 속에서 정답처리로 방향이 결정되었다면 채점기준표를 재작성할 수 있다.

최근 수행평가가 강조되면서 채점에 대한 고민이 필요해졌다. 그동안 초등에서는 교사의 직접 관찰을 통한 평가라는 이유로 수행평가에 크게 문제의식을 갖지 않았다. 반면 중등에서는 수행평가에 대한 객관적 증거자료를 요구하는 민원으로 고민이 많아졌고, 급기야 대부분의 수행평가가 본래의 목적과 유리된 객관성만을 강조하는 평가로 변질되었다. 그만큼 평가에 대한 교사의 권위를 인정받기 어려운 시대이다.

교사의 평가권위를 인정받으려면 성취기준을 분석하여 평가의 관점을 명확하게 하고 평가 관점에 따른 평가기준표를 평가를 하기 전에 학생에게 제시하여 학생들이 준비할 수 있게 해야 한다. 이를 통해 점수에 대한 문제 제기를 원천적으로 차단해야 한다. 또한, 평가결과를 공개하고, 학생이 결과에 이의를 제기하면 불필요한 오해가 발생하지 않도록 설명해주어야 한다.

평가결과의 학부모 민원을 차단하기 위해 명확한 정답이 정해져 있는 정답형, 집계형·누적형(몇 개 중에 몇 개 이상이면 성취수준은 무엇이다)의 평가기준을 제시하는 것은 오히려 교사의 평가권위를 떨어뜨리는 일임을 명심해야 한다.

평가결과 활용 능력
- 피드백

채점을 한 다음 평가결과를 입력하여 관리자에게 보고하고, 학생에게 평가지를 확인시키는 것으로 평가가 마무리되었다고 생각하던 때가 있었다. 이것은 평가를 성적을 산출하는 도구로 인식했기 때문이다.

평가결과는 학생들의 배움의 수준을 알려주며, 평가문항의 질을 확인하고 교사의 교수학습 과정을 점검하는 소중한 정보이다. 이를 위해서는 교사가 평가결과를 정확하게 분석할 수 있는 능력이 있어야 한다. 과거 오지선다형 등의 선택형 문항일 때는 양적 분석 방법이 주로 활용되었다면, 현재 논술형 평가와 수행평가가 주를 이루고 있는 교실에서는 질적 분석을 주로 활용하고 있다.

교실에서의 학생들에게 제시하는 피드백 상황을 보자. 채점이 끝나면 학생들에게 평가지를 나눠주어 학생들로 하여금 무엇이 틀렸는지 생각해보는 시간을 준다. 교사마다 다르겠으나 보통 오답 노트를 통해 틀린 문제를 다시 풀어보게 하여 제대로 이해했는지를 확인하게 한다. 이때 교사에게 필요한 것이 학생들의 다양한 평가결과를 정확하고 타당하게 분석하고 해석하여서 그것을 바탕으로 학생들과 학습 목표에 대해 소통하는 기회를 갖는 것이다.

틀린 문제를 하나하나 수정해주는 것을 포함해서 전체적으로 이 학생에게 어떤 학습결손이 있는지, 나아가 왜 이런 결과가 나왔는지를 분석하여 학생들의 수업 태도, 교과목에 대한 이해도 및 학생들의 강·약점을 파악하고 해석하는 등 다양하게 이야기를 나눌 수 있다.

평가결과는 평가의 목적에 따라 학생과 교사의 교육활동을 되짚어 보는 유용한 정보를 제공한다. 수업이 진행되기 전에 진단평가를 통해 수업에 어려움이 있는 학생을 선발하여 특별교육 대상자로 선정할 수 있다. 형성평가의 경우에는 차시에 대한 학생의 이해도와 교사의 수업방법을 진단할 수 있어 재학습과 수업방법의 오류 확인이 가능하다. 이런 이유로 과정중심평가가 강조되고 있는 현재 가장 중시되는 평가방법이다. 단원이나 영역이 종료된 후에 보는 총괄평가는 성취기준의 도달 정도와 성장을 확인하여 추후 학습활동에 반영할 수 있는 정보를 제시해준다.

또 하나 중요한 것은 평가결과를 통하여 평가도구에 대한 질을 평가할 수 있고, 교수학습 활동과 평가문항을 어떻게 개선해야 할지에 대한 정보도 얻을 수 있다. 이를테면 학생과의 의사소통에서 발문이 어려워 무엇을 묻는지 몰라서 틀렸다는 것을 알게 되었다면 다음번 평가도구 개발 시 이런 문제점을 개선할 수 있을 것이다.

이만큼 평가결과에 대한 피드백은 다양한 기능이 있다.

평가 윤리성 인식 능력

평가의 윤리성 하면 가장 먼저 떠오르는 것은 가끔 뉴스에 등장하는 '성적조작'이다. 이는 교사가 학생의 대학입학을 위하여 학교생활기록부를 임의로 변경하는 것으로, 사회문제로 이슈가 되는 경우가 종종 있다. 하지만 이런 극단적인 경우 외에도 평가의 윤리성은 평가활동의 모든 과정에서 중요하다.

평가를 하다 보면 의도하지 않게 평가결과를 가지고 학생들에게 상처를 줄 때가 가끔 있다. 수업 시간에 애쓴 교사의 노력을 생각하면 이해가 되기도 하지만, 사실 학생 입장에서는 이미 성적 때문에 일차적으로 실망한 상태에서 교사에게 이차적으로 상처를 받는 것이다. 그러므로 교사는 학생의 인격을 존중하는 자세로 평가를 실시해야 한다.

학생 어느 한쪽에 유리하게 평가도구가 개발되거나 채점 시에 공정성을 잃어버릴 때가 있다. 예를 들어, 답안이 모호하면 순간 떠오르는 학생에 대한 인상에 따라 채점 기준이 달라지기도 하고, 자신도 모르게 자신을 잘 따르는 학생이나 평소 예뻐하는 학생의 실수를 덮어주고 결과보다 후한 점수를 주는 경우도 있다. 이는 실수라기보다는 평가에 대한 기본 능력이 부재하여 생기는 현상이다. 이것 또한 평가 윤리성에 해당한다. 문제가 될지 몰랐다거나 의도하지 않았다는 말은 변명이 되지 않는다.

공정성이 모두에게 다 똑같은 환경을 조성해야 한다는 말은 아니다. 특수교육 대상자나 장애가 있는 학생에게는 그에 적합한 평가도구를 제공해야 한다. 시각장애인에게 확대된 문항지나 점자 문항지를 제공한다거나 손을 쓸 수 없는 학생에게 대필을 위한 보조교사를 배치하는 것 등은 반드시 필요한 조치로 평가를 공정하게 진행하고자 하는 윤리성의 덕목이다.

학생들이 시험을 못 보거나 하면 자존심을 꺾으려고 "점수를 게시할 거야"라고 말한 적이 있을 것이다. 말이라도 그렇게 해서는 안 된다. 윤리성 측면에서 학생의 권리를 보호해주고 평가결과의 보안을 유지해야 한다.

평가와 관련해서 교육부의 훈령과 시·도교육청 시행지침, 학교 학업성적관리규정을 이해하는 것도 평가 윤리성과 관련이 있다. 훈령, 시행지침, 규정에서 제시한 평가 관련 내용은 명확하게 숙지하여 평가 과정에 반영해야 한다. 특히 교사별 평가와 지필평가, 수행평가의 병행실시 여부, 시험지의 결재사항, 시험이 끝난 시험지의 관리 등과 같은 상세한 사항까지 명확하게 이해하여 평가를 실시하는 데 참고해야 한다. 교사별 평가를 실시하는 학교에서 일제고사를 실시한다거나 수행평가의 근거를 마련하지 않는 등의 문제가 학교 현장에서 자주 발생하고 있다.

6장

평가에도 룰이 있다

교육부 훈령

　　　　　　　　　　모든 사회에는 다양한 형태의 법령이 존재한다. 학교 또한 초·중등교육법을 비롯하여 다양한 법령에 따라 운영되고 있다. 그러나 대다수의 교사는 법령에 큰 관심이 없다. 교육법을 모두 알기에는 현실적으로 무리가 있지만, 그럼에도 꼭 알아야 할 법령이 있다. 그중 학교에서 이루어지는 평가가 어떤 법령에 따라 운영되고 있는지 알아두는 것도 나쁘지 않을 것이다.

　평가에 관련해서는 초·중등교육법 제25조[3]를 상위법으로 하여 학교생활기록의 작성 및 관리에 관한 규칙(교육부령)을 기반으로 학생들의 생활기록부를 작성하는 방법을 규정한 교육부 훈령 "학교생활기록

---

[3] 제25조 (학교생활기록)
① 학교의 장은 학생의 학업성취도와 인성(人性) 등을 종합적으로 관찰·평가하여 학생지도 및 상급학교("고등교육법」 제2조 각 호에 따른 학교를 포함한다. 이하 같다)의 학생 선발에 활용할 수 있는 다음 각 호의 자료를 교육부령으로 정하는 기준에 따라 작성·관리하여야 한다.〈개정 2013.3.23〉
1. 인적사항. 2. 학적사항. 3. 출결상황. 4. 자격증 및 인증 취득상황
5. 교과학습 발달상황. 6. 행동특성 및 종합의견. 7. 그 밖에 교육목적에 필요한 범위에서 교육부령으로 정하는 사항
② 학교의 장은 제1항에 따른 자료를 제30조의4에 따른 교육정보시스템으로 작성·관리하여야 한다.

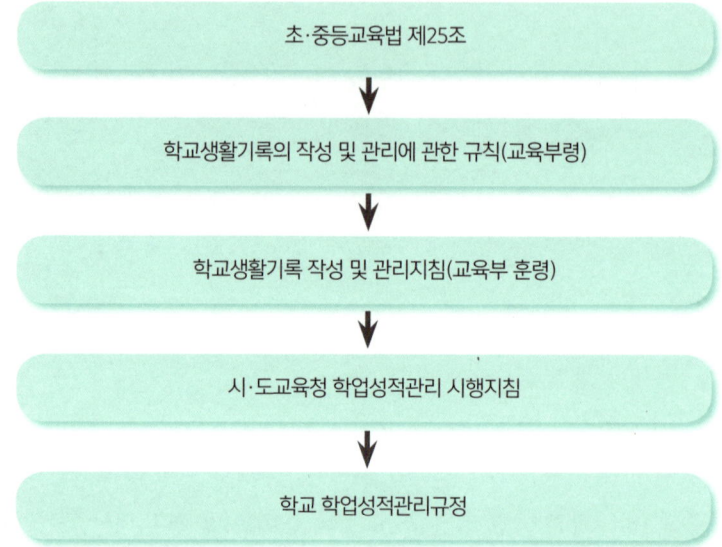

작성 및 관리지침"(이하 훈령)의 제15조[4]와 "별지 9호의 교과학습발달상황 평가 및 관리"에서 모든 내용을 규정하고 있다.

이를 기반으로 하여 각 시·도교육청에서는 학업성적관리 시행지침을 개발하여 각 학교에 보급하고, 학교에서는 시·도교육청의 지침에 근거하여 학교의 학업성적관리규정을 만들어 학교에서 이루어지는 평가에 대한 기준을 마련하고 있다. 학교에서 이루어지는 평가를 규정한 훈령 중에서 초등학교와 관련된 부분에 대해서 알아보자.

---

4   제15조 (교과학습 발달상황)
     ① 교과학습발달상황의 평가는 별지 제9호 '교과학습발달상황 평가 및 관리'에 의거 시행한다.
     ② 초등학교의 교과학습발달상황은 각 교과별 성취기준에 따른 성취수준의 특성 및 학습활동 참여도 등을 '세부능력 및 특기사항'란에 교과별로 문장으로 입력하되, 1, 2학년 '바른생활', '슬기로운 생활', '즐거운 생활' 교과는 통합하여 입력하고, 방과후학교 수강내용(강좌명, 이수시간)을 입력할 수 있다.

시·도교육청 학업성적관리 시행지침 살펴보기

　　　　　　　　　　시·도교육청에서는 훈령에서 제시한 내용 중에서 교육청에 위임한 사항과 교육청의 교육과정 운영 정책을 반영한 시행지침을 만들어야 한다. 중등에서는 평가가 고입과 대입의 내신 성적 자료로 오래전부터 명확한 규정에 따라 관리되고 있었지만, 초등에서는 평가에 대한 시행지침이 최근에 만들어졌다. 그만큼 초등에서 평가에 관한 규정은 걸음마 수준이다.

　시·도교육청의 학업성적관리 시행지침은 초·중등에 따라서 운영하는 방법의 차이로 시행지침을 각각 개발하여 시행하고 있다. 초등학교 학업성적관리 시행지침(이하 시행지침)은 주로 훈령에 기반을 두고 있으며, 훈령에서 위임한 사항과 시·도교육청의 평가에 대한 철학과 특색을 반영하고 있다.

　훈령에서 교육청에 위임한 사항을 살펴보면, 교과 평가에서 수행평가로만 볼 수 있는 과목을 교육청에서 선정하게 했고, 교육청은 수행평가만으로 실시할 수 있는 전문교과 실기 과목을 선정하여 학교에 안내해야 한다. 경기도교육청은 "국어, 수학, 사회, 과학을 제외한 교과목에 대하여 수행평가만으로 실시할 수 있다"는 지침을 훈령 개정(2016.04.05.)에 따라 "전체 과목 중에서 교과의 특성을 고려하여 학교 학업성적관리 규정으로 정하여 실시할 수 있다"로 개정하여 안내하고 있다. 이것은 학교와 교사에게 평가의 선택권을 준 것이다. 따라서 학교에서는 교과의 특성과 학교교육과정의 목표에 맞는 평가방법을 정하여 평가해야 한다.

수행평가만으로 실시할 수 있는 과목을 선정할 때 초등학교 영어에 대한 고민이 가장 많았다. 학교에 따라서는 전체 학년을 수행평가만으로 실시하는 곳도 있고 3~4학년군은 수행평가만 하고, 5~6학년군은 수행평가와 지필평가를 병행하여 실시하는 곳도 있다. 이것 또한 교과

훈령 내용	시행지침에 반영한 내용
교과학습발달상황의 평가는 지필평가와 수행평가로 구분하여 실시한다. 다만, 각 호에 대하여 시·도교육청의 학업성적관리 시행지침에 의거하여 학교별 학업성적관리규정으로 정하여 수행평가만으로 실시할 수 있다. (1) 초등학교와 중학교에서 과목 특성상 수업 활동과 연계한 수행평가만으로 평가가 필요한 경우	교과학습발달상황의 평가는 지필평가와 수행평가로 구분하여 실시한다. 다만 실험·실습·실기 과목 등 교과의 특성상 수업 활동과 연계하여 수행평가만으로 교과학습발달상황의 평가가 필요한 경우는 학교 학업성적관리규정으로 정하여 실시할 수 있다.
성적 처리가 끝난 답안지는 성적 산출의 증빙자료로 졸업 후 1년 이상 당해 학교에 보관한다. 다만, 초등학교의 경우에는 시·도교육청 학업성적관리 시행지침 및 학교 학업성적관리규정에 따라 보관 기간을 달리 정할 수 있다.	성적처리가 끝난 지필평가 답안지 등은 성적 산출의 증빙자료로 학년 진급이 완료된 이후까지 보관하는 것을 원칙으로 하며 진급 완료 이후의 보관 기간은 학교 학업성적관리규정으로 정한다.
초등학교의 경우 수행평가의 중요한 자료는 성적 산출의 증빙자료 및 수행평가 성적을 기록한 성적일람표는 시·도교육청 학업성적관리 시행지침 및 학교 학업성적관리규정에 따라 보관 기간을 달리 정할 수 있다.	초등학교의 경우 수행평가의 중요한 자료는 성적 산출의 증빙자료 및 수행평가 성적을 기록한 성적일람표는 학년 진급이 완료된 이후까지 보관하는 것을 원칙으로 하며 진급 완료 이후의 보관 기간은 학교 학업성적관리규정으로 정한다.

담당교사의 전문적 판단에 의한 결과이다. 그런데 전문적인 판단에는 반드시 합당한 근거가 있어야 하며 충분한 협의가 전제되어야 한다.

또한 훈령에서는 성적처리가 끝난 평가지(지필평가지와 수행평가의 성적을 산출하는 근거 자료)에 대한 보관규정을 교육청에서 정하게 했다. 경기도교육청에서는 초등학교 시험지와 답안지의 학교보관 기간을 진급이 완료될 때까지 보관을 원칙으로 하며 이후는 학교에 위임하여 관리하게 하고 있다.

대부분 초등학교에서는 시험지 보관을 진급 완료 후 폐기를 선택하고 있으며 아직도 3개월, 6개월, 1년 등의 보관 기간을 정하여 교사들이 시험지를 관리하는 경우도 있다. 특별한 필요성이 없이 단순한 규정상에 이유라면 학교에서는 진급 완료 후 폐기할 수 있다.

교육청에서 지향하는 평가의 철학과 방법을 시행지침에 반영하여 학교에서 실천할 수 있도록 하고 있다. 경기도에서 평가혁신을 구현하기 위해 실행된 교사별 평가, 논술형 평가, 상시평가, 정의적 능력 평가도 시행지침을 통하여 명확하게 제시하여 학교에서 시행되도록 강제하고 있다.

경기도의 교육정책을 반영한 초등학교 학업성적관리 시행지침 예시

Ⅴ. 학생 평가 및 관리
1. 평가 방향
  나. 일제식 정기 고사에서 상시평가 체제로 전환하고, 모든 학교에서 학교

여건과 상황을 고려하여 학생중심교육 실현을 위한 교사별 평가를 시행한다.
　다. 교사별 평가의 대상 과목 및 평가영역, 횟수 등은 학교 학업성적관리위원회의 심의를 거쳐 학교장의 결재를 받아 시행한다.
2. 평가의 목표 및 내용
　마. 학기 초에 학생 및 학부모에게 가정통신, 학부모회의, 학교홈페이지 등을 통하여 지필평가 및 수행평가의 영역·방법·횟수·기준·비율 등을 사전에 공개한다.
3. 교과학습발달상황의 평가
　가. 평가 내용
　　1) 교과학습의 평가는 학교별·학년별·교과별 특성을 고려하여 주어진 답을 찾는 선택형·단답형 평가보다는 자신의 생각을 더욱 깊고 넓게 만들어가는 데 기여할 수 있는 논술형 평가[5]를 확대 실시한다.
　　3) 학교·학년 특성을 고려하여 인성교육에 중점을 두는 정의적 능력 평가[6]를 실시하고 그 결과를 교과학습발달상황 항목의 '세부능력 및 특기사항'란에 기록하여 활용할 수 있다.
　나. 평가방법
　　1) 지필평가
　　　다) 교사별 평가를 실시하는 경우, 문항 출제 및 채점을 학교학업성적관리규정으로 정하여 평가자에게 위임할 수 있다.

---

[5] 자신의 의견, 주장을 논리적으로 기술하는 평가를 의미하며 초등학교 단계에서는 논술형 평가를 지향한다는 취지에서 서술형 평가문항 배치도 가능함

[6] 정의적 능력이란 자아개념, 가치관, 태도, 흥미, 책임, 협력, 동기 등을 말한다. 교육과정을 통하여 정의적 능력 평가문항을 반영할 수 있는 평가방법. 인지적 능력에 치우친 평가를 참된 학력과 인성교육에 관심을 두는 평가

바) 학생이 자신의 생각을 더욱 깊고 넓게 만들어 가는데 기여할 수 있도록 모든 교과의 지필평가 및 수행평가에 논술형 평가를 확대 적용한다.
사) 지필평가의 학생 개인별 평가지는 학부모에게 공개하며, 평가지 공개에 관한 세부 사항은 학교 학업성적관리규정으로 정한다.

학교 학업성적관리규정

　　　　　　　　　　학교에서 이루어지는 평가에 관한 모든 근거를 마련해주는 것은 학교 학업성적관리규정이다. 학교 학업성적관리규정은 교육청에서 학교에 위임한 평가에 관한 규정과 학교의 특색 있는 평가의 내용을 포함하여 마련된다.

　학교에서는 교육청에서 마련한 시행지침을 기반으로 학교 학업성적관리규정을 만들어야 한다. 특히 학교의 특징에 맞는 규정을 마련하기 위해 학교 학업성적관리위원회에서 규정에 대하여 제정 및 개정을 논의해야 한다. 또한 교육청에서 위임한 사항을 학교에서 어떻게 결정할 것인가를 규정해야 한다. 경기도교육청에서 학교에 위임한 사항을 살펴보자.

　훈령과 시행지침에서 위임한 수행평가만 실시할 과목에 대한 사항, 성적산출을 위한 평가지(지필평가, 수행평가)의 보관 기간, 교육청의 평가 정책을 위해 제시한 교사별 평가 시행 과목, 평가지에 대한 결재사항, 지필평가지 공개에 대한 사항을 반영하여 제정해야 한다.

　교육과정 운영에서 평가와 관련하여 학교에서 특별하게 강조하는 사항도 규정에 넣어 시행할 수 있다. 학교 자체 기초학력 평가, 한자시험 등을 추가하여 지정할 수 있다.

학교 학업성적관리규정(예시)

시행지침에서 위임한 내용	학교 학업성적관리규정에 반영한 내용
교과학습발달상황의 평가는 지필평가와 수행평가로 구분하여 실시한다. 다만, 각 호에 대하여 시·도교육청의 학업성적관리 시행지침에 의거하여 학교별 학업성적관리규정으로 정하여 수행평가만으로 실시할 수 있다. (1) 초등학교와 중학교에서 과목 특성상 수업활동과 연계한 수행평가만으로 평가가 필요한 경우	도덕, 실과, 체육, 음악, 미술, 영어(4~6년 제외), 바른 생활, 슬기로운 생활, 즐거운 생활은 학교 학업성적관리규정으로 정하여 수행평가만으로 실시한다.
성적처리가 끝난 지필평가 답안지 등은 성적 산출의 증빙자료로 학년 진급이 완료된 이후까지 보관하는 것을 원칙으로 하며 진급 완료 이후의 보관 기간은 학교 학업성적관리규정으로 정한다.	성적처리가 끝난 지필평가 답안지 등은 성적 산출의 증빙자료로 학년 진급이 완료될 때 까지 보관하고 진급이 완료시 폐기한다.
수행평가 성적산출의 증빙자료 및 수행평가 성적을 기록한 성적일람표는 학년 진급이 완료된 이후까지 보관하는 것을 원칙으로 하며 진급 완료 이후의 보관 기간은 학교 학업성적관리규정으로 정한다.	초등학교의 경우 수행평가의 중요한 자료는 성적 산출의 증빙자료 및 수행평가 성적을 기록한 성적일람표는 학년 진급이 완료될 때 까지 보관하고 진급이 완료시 폐기한다.
교사별 평가를 실시하는 경우, 문항 출제 및 채점을 학교 학업성적관리규정으로 정하여 평가자에게 위임할 수 있다.	교사별 평가를 실시하는 경우, 문항 출제 및 채점을 학교 학업성적관리규정으로 정하여 평가자에게 위임한다.
지필평가의 학생 개인별 평가지는 학부모에게 공개하며, 평가지 공개에 관한 세부 사항은 학교 학업성적관리규정으로 정한다.	지필평가의 학생 개인별 평가지는 학부모에게 학기 당 2회 공개한다.
교사별 평가의 대상 과목 및 평가영역, 횟수 등은 학교 학업성적관리위원회의 심의를 거쳐 학교장의 결재를 받아 시행한다.	모든 학년에서 교사별 평가를 실시한다.

6장 평가에도 룰이 있다

학교
학업성적관리위원회

학교 학업성적관리위원회는 시대가 바뀌면서 여러 가지 이름으로 불렸다. 최근 평가의 중요성이 강조되면서 그 역할과 위상이 달라졌다. 학교의 모든 평가에 관한 규정을 심의하게 되면서 형식적, 행정적 기구에서 실질적이고, 중요한 기구로 변신했다.

학교 학업성적관리위원회의 조직구성을 보면, 위원장은 학교장으로 하며, 부위원장은 교감으로 한다. 이하 위원들은 학교 규모에 따라 정하며, 교직원 중에서 교무분장 업무를 고려하여 학교장이 임명하고, 위원은 당해 학교의 학업성적관리 관련 업무에 대하여 심의한다. 이때 학부모 의견 수렴과 학업성적관리의 투명성 등을 확보하기 위하여 학교장은 약간 명의 학부모위원을 위촉할 수 있다. 조직의 구성도를 살펴보면 오른쪽 그림과 같다.

학업성적관리위원회의 개최 요구에 관한 규정은 특별히 마련되어 있지 않다. 일반적으로 교육부 훈령의 개정이나 시·도교육청 시행지침이 변경됨에 따라 학교의 규정을 바꾸어야 할 때 주로 개최된다. 또

학업성적관리위원회 조직도(예시)

한, 학기 초 학년과 학습 단위의 평가계획을 수립하여 위원회에 제출하면 지필평가 및 수행평가의 영역, 방법, 횟수, 기준, 반영비율 등과 성적처리방법 및 결과에 대한 심의를 통하여 평가계획을 확정하는 역할을 한다. 그 외에도 창의적 체험활동 상황의 평가 기준 및 방법과 행동 특성 및 종합의견의 평가 덕목 및 방법, 평가의 기준·방법·결과의 공개방법도 결정해야 한다. 학교생활기록부의 기재 내용 및 방법 등에 관한 사항과 기타 학교의 학업성적관리와 관련된 모든 사항에 대하여 심의한다. 최근에 학교폭력자치위원회의 결정사항에 대한 입력도 학교 학업성정관리위원회에서 심의해야 한다. 심의한 내용은 학교장의 결재를 통하여 시행된다.

 학교 학업성적관리위원회의 주요 심의 내용은 다음과 같으며 학교에서 이루어지는 모든 평가에 관한 규정을 이야기하고 있다.

- 학교 학업성적관리규정 제·개정
- 각 교과협의회(학년협의회)에서 제출한 지필평가 및 수행평가의 영역·방법·횟수·기준·반영비율 등과 성적처리방법 및 결과의 활용
- 창의적 체험활동상황의 평가 기준 및 방법
- 행동특성 및 종합의견의 평가 덕목 및 방법
- 학업성적 평가 및 관리의 객관성·공정성·투명성과 신뢰도 제고 방안 (평가의 기준·방법·결과의 공개 및 홍보 등)
- 학교생활기록부의 기재방법 및 기재내용 등에 관한 사항
- 고등학교의 교과목별 성취도별 기준 성취율(원점수), 성취도별 부여 가능한 비율 등에 관한 사항
- 기타 학교 학업성적관리 관련 업무

최근에 학교 학업성적관리위원회와 관련하여 위원장이 교장이 아니라 교감이었다는 이유로 행정 처리를 받은 일이 큰 이슈가 되었는데, 학업성적관리위원회의 위상을 새삼 느낄 수 있었다. 그런데 위원장이 누구냐가 중요한 것이 아니라 학업성적관리위원회의 역할의 중요성을 강조해야 하는데 행정 처리에만 관심을 두는 현상이 안타깝다.

시·도교육청별로 학교 학업성적관리위원회의 운영에 관심과 인식의 차이가 크고, 부족한 것이 현실이다. 최소한 훈령과 시행지침에서 제시한 사항을 이해하고 최대한 활용하여 학교에서 평가의 재량권을 확보하고, 이를 교사에게 적극적으로 설명하여 평가에 대한 재량권을 부여해주기 위해 노력하는 위원회가 되기를 바란다.

훈령의 개정이 가져온 파장

교육부가 수행평가의 강화를 위하여 2016학년도 훈령을 일부 개정하면서 일선 학교에 엄청난 혼란을 가져왔다. 개정된 내용은 아래 표와 같다.

그동안 모든 학교에서 평가는 수행평가와 지필평가를 구분하여 실시해야 했다. 그런데 교과의 특성상 수업 활동과 연계하여 수행평가만으로 교과학습발달상황의 평가가 필요한 경우 시·도교육청의 시행지침에 따라서 학교 학업성적관리규정으로 정할 수 있다는 훈령 개정

구분	현행	개정안
내용	[별지 제9호] 1. 방침 가.~나. (생략) 다. 교과학습발달상황의 평가는 지필평가와 수행평가로 구분하여 실시한다. 다만 실험·실습·실기 과목 등 교과의 특성상 수업 활동과 연계하여 수행평가만으로 교과학습발달상황의 평가가 필요한 경우는 시·도교육청의 학업성적관리 시행지침에 의거하여 학교별 학교학업성적관리규정으로 정하여 실시할 수 있다.	[별지 제9호] 1. 방침 가.~나. (현행과 같음) 교과학습발달상황의 평가는 지필평가와 수행평가로 구분하여 실시한다. 다만, 각 호에 대하여 시·도교육청의 학업성적관리 시행지침에 의거하여 학교별 학업성적관리규정으로 정하여 수행평가만으로 실시할 수 있다. (1) 초등학교와 중학교에서 과목 특성상 수업활동과 연계한 수행평가만으로 평가가 필요한 경우

이 학교에서는 다양한 해석을 낳고 있다.

이번 발표에 앞서 일부 시·도교육청에서는 평가의 변화를 언론에 발표했다. '지필평가를 폐지하겠다', '학교에서 알아서 할 수 있다' 등의 정제되지 않은 말이 오가면서 급기야 언론에서조차도 수행평가만으로 평가를 실시할 수 있고, 수행평가를 잘 보는 방법 등의 기사를 내보내기 시작했다.

교육부의 훈령 개정과 관련하여 한국교원단체총연합회(이하 교총)에서 실시한 초·중등 교사의 설문조사를 보면 초등 교원은 55.3% 찬성, 중등 교원은 36.8%가 찬성으로 학교급에 따라서 수행평가 확대 실시에 대한 의견이 엇갈리고 있다. 초등은 서열화하는 평가를 지양하여 학생의 학습 부담이 줄어들 거라는 긍정적인 의견을 제시한 반면, 중등에서는 입시에 대한 부담으로 평가결과의 객관성과 공정성에 대한 민원이 증가하여 현장 교사들이 어려움을 겪을 것이라는 부정적 의견을 나타냈다.

그렇다면 교육부에서 제시한 수행평가의 확대 실시가 언론이나 일부 교육청에서 주장하는 것처럼 전 과목에서 수행평가를 100% 실시해야 한다는 의미일까? 개정된 내용에서 보았듯이 '실험, 실습, 실기 과목 등 교과의 특성을 고려하였을 때'로 제한하는 앞의 조건을 무시하고 뒤에 있는 수행평가만으로 실시할 수 있다는 자극적인 문구에만 집중하여 본질을 호도하고 있다. 초등학교 교과의 성취기준을 살펴보면 인지적 요소, 인지적 요소+심동적 요소, 인지적+심동적+정의적 요소의 형태로 제시되고 있다. 이때 인지적 요소만을 측정할 수 있는 성취기준이 존재하여 지필평가가 꼭 필요한데 훈령의 무리한 적용으로 오히려 평가의 본래 목적을 훼손하게 될까 걱정이다.

경기도교육청에서는 이번 훈령이 개정되기 전부터 교과의 특성을 고려하여 국어, 수학, 사회, 과학을 제외한 전 교과에서 수행평가만으로 평가를 실시할 수 있다는 시행지침으로 일선 학교에 선택권을 주었다. 이는 훈령과 다르게 실제 현장에서 주지 교과를 제외한 과목은 지필평가를 실시하지 않고 수행평가만을 실시하는 것을 감안하여 시행지침을 통하여 근거를 마련해준 것이다.

국어, 수학, 사회, 과학 과목에 대해 지필평가와 수행평가를 모두 평가하도록 한 이유는 최소한 이 교과에서는 인지적 요소에 대한 평가가 필요하다고 보았기 때문이다. 물론 다른 과목도 학교에서 지필평가가 필요하다고 판단하면 학업성적관리규정으로 정하여 실시할 수 있다. 교과의 특성에 관한 사항은 성취기준의 내용 요소와 행동 요소를 확인하여 결정하면 별 어려움 없이 판단할 수 있다.

그런데 훈령이 추구하는 방향에 대한 고민 없이 교과학습발달평가를 수행평가만으로 본다거나, 평가 자체를 없애겠다는 것은 교육과정에 대한 생각보다는 정치적 수사라고 생각한다. 교육에 대한 정치적인 접근보다는 교육과정을 본질에 맞게 충실하게 운영하는 것이 더 중요하다고 생각한다. 학교와 교사에 따라 평가에 대한 생각이 다양할 수는 있다. 적어도 평가방법에 대한 것은 교사의 전문적인 판단에 따라 각 교과에 대한 고민이 선행되어 바뀔 부분이지 정책으로 일방적으로 밀어붙일 부분은 아니다.

평가에 대한 부정적 인식은 합리적인 대안을 통하여 불식시켜나가야 한다. 변화가 어렵다고, 힘들다고 덮어놓거나 무시하는 것은 올바른 해결방법이 아니다.

　최근 전국의 교사들이 모인 연수에서 평가에 대한 의견을 나누었다. 현재 학교가 안고 있는 평가 관련 문제를 고민하는 자리였다. 그런데 일부 교사가 학생평가 제도 자체를 부정하고, 교사에게 평가의 자율성을 주는 것이 미래의 평가 방향이라고 주장했다. 하지만 현재 눈앞에 놓인 문제를 해결하지 않고 미래만을 주장하는 것은 어쩌면 모래 위에 성을 쌓는 것과 같다. 물론 그 주장이 현재의 평가에 대한 어려움을 해결하는 데는 어느 정도 도움이 되지만, 제대로 된 평가 방향이라고 말하기는 어렵다. 평가 또한 국가교육과정의 변화에 맞춰 진행되는데 교육과정에 대한 변화 없이 평가만 따라 가는 것은 안 된다. 교육과정에 대한 이해와 평가방법에 대한 고민을 통하여 현재의 문제점을 해결할 수 있는 대안으로서의 재량권이야말로 더욱 의미 있는 일이 아닐까 한다.

국가교육과정이 제시한 평가

국가교육과정에서 평가의 규정은 크게 총론에서 평가 방향과 각론에서 교과별 평가 방향으로 나누어 제시하고 있다. 먼저 현행 2009 개정 교육과정 총론(교육부 제2013-7호)에서는 학교 교육과정 편성과 운영에 대한 평가를 통하여 문제점과 개선점을 추출하여 다음 교육과정에 반영하여 효과적인 교육과정 운영이 되도록 했다. 학교에서는 다음과 같은 사항을 고려해야 한다.

학교에서 실시하는 평가 활동시 고려사항

가) 평가는 모든 학생이 교육 목표를 성공적으로 달성하기 위한 교육의 과정으로 실시한다.
나) 학교는 다양한 평가 도구와 방법으로 성취도를 평가하여 학생의 목표 도달도를 확인하고, 수업의 질 개선을 위한 자료로 활용한다.
다) 교과의 평가는 선택형 평가보다는 서술형이나 논술형 평가 그리고 수행평가의 비중을 늘려서 교과별 특성에 적합한 평가를 실시하도록 한다.

> 라) 실험·실습의 평가는 교과목의 성격을 고려하여 합리적인 세부 평가 기준을 마련하여 실시한다.
> 마) 정의적, 기능적, 창의적인 면이 특히 중시되는 교과의 평가는 타당한 평정 기준과 척도에 의거하여 실시한다.
> 바) 학교와 교사는 학교에서 가르친 내용과 기능을 평가하도록 한다. 학생이 학교에서 배울 기회를 마련해주지 않고, 학교 밖의 교육 수단을 통해서 익힐 수밖에 없는 내용과 기능은 평가하지 않도록 유의한다.
> 사) 창의적 체험활동에 대한 평가는 창의적 체험활동의 내용과 특성을 감안하여 평가의 주안점을 학교에서 작성, 활용한다.

각론(교과교육과정)에서는 총론에서 제시한 고려사항을 참고하여 교과의 특성에 따라 평가 방향, 평가 내용, 평가방법, 평가결과의 활용에 관하여 기술하고 있다. 다음은 사회과에서 제시한 평가 내용이다.

사회과 교육과정에서의 평가[7]

사회과의 평가 방향은 교육과정 내용의 대강화와 교수학습 방법의 자율화에 맞는 다양한 평가방법을 활용할 수 있도록 하며 교육과정에 제시된 목표와 내용, 교수학습 방법과의 일관성을 유지하도록 한다. 교육과정에 제시된 목표를 준거로 하여 추출된 내용 요소에 따라 이루어지도록 하며 개인의 학습 과정과 성취수준을 이해하고 발달을 돕는 차원에서 실시한다. 학습의 과정 및 학습의 수행에 관한 평가가 이루

---

[7] 교육과학기술부 고시 제 2012 – 14 호 [별책 7]

어지도록 하며 지식 영역에만 치우쳐서는 안 되며, 기능과 가치·태도 영역을 균형 있게 선정해야 한다.

지식 영역의 평가에서는 사실적 지식의 습득 여부와 함께 사회 현상의 설명과 문제 해결에 필수적인 기본 개념 및 원리, 일반화에 대한 이해 정도를 측정하는 것에 중점을 둔다. 기능 영역에서는 지식의 습득과 민주적 사회생활을 하는 데 필수적인 정보의 획득 및 활용 기능, 탐구 기능, 의사 결정 기능, 집단 참여 기능을 측정하는 데 초점을 둔다. 가치·태도 영역의 평가에서는 국가, 사회의 요구와 개인적 요구에 비추어 바람직한 가치와 합리적 가치의 내면화 정도, 가치에 대한 분석 및 평가 능력, 공감 능력, 친사회적 행동 실천 능력 등을 평가한다.

사회과의 평가 내용은 사회 현상의 설명과 문제 해결에 필수적인 지리, 역사, 제 사회 과학의 기본 개념 및 원리, 일반화에 대한 이해 정도를 확인하고 지리적 현상, 역사의 흐름, 현대 사회의 현상과 특성에 대한 통합적, 종합적 이해 정도와 사회현상을 탐구하는 데 필요한 각종 정보와 자료를 획득, 조직, 활용하는 능력과 인간 행위와 사회 환경에 대한 다양한 관점의 이해와 수용, 사회적 합의성이 높은 가치의 탐색 및 사회의 기본 가치에 대한 이해와 존중, 공감 능력, 친사회적 행동 실천 능력, 사회, 지역, 국가의 당면 문제 해결과 관련된 의사 결정 능력 및 실천 능력, 사회과의 기본 지식에 대한 이해를 확장시키는 학습자의 흥미, 관심, 학습 동기와 습관이다.

사회과 평가방법에서는 지필평가 외에 면접, 체크리스트, 토론, 논술, 관찰, 활동 보고서, 포트폴리오 등을 통한 다양한 평가가 이루어질 수 있도록 한다. 선택형 평가를 실시하더라도 단순한 결과적 지식 습득의 여부보다는 기본 개념 및 원리의 이해와 아울러 이러한 지식 및 정보의 획득 과정과 활용 능력이 평가되도록 한다. 사고력 신장이나 가치·태도의 변화를 평가하기 위하여 양적 자료와 더불어 질적 자료를 수집하여 평가하도록 한다. 발표, 토론, 역할 놀이, 시뮬레이션 등 개인 및 집단 활동에 대한 관찰이나 면접과 같은 평가방법을 활용하여 문제 및 갈등 해결 능력, 공감 능력, 친사회적 행동 실천 능력 등을 평가한다. 자료를 분석·해석하고, 복합적이고 단계적으로 사고하는 것을 측정할 수 있도록 평가방법을 고안해야 한다.

평가결과의 활용방법으로 학습자들의 학업 성취 수준을 판정하는 데서 더 나아가 학습자의 학습 능력과 교수학습 방법의 적절성을 진단하고 개선하는 데 활용하며 지속적인 교육과정 개선을 위한 참고 자료로 활용되도록 한다.

국가교육과정에서 제시한 평가의 방향과 내용을 토대로 학생평가를 위한 계획을 수립하고 평가도구를 개발하고, 평가를 실시해야 한다. 평가결과에 대한 피드백을 통하여 학생의 성장을 돕는 평가를 위해 교사는 노력해야 한다. 2015 개정 교육과정에서는 성취기준과 더불어 이에 적합한 다양한 평가방법을 함께 안내하고 있는데 이는 너무 과도한 제시라고 볼 수 있다. 물론 평가와 관련하여 따로 분리해 제시할 수는 있지만, 고시로 제시하는 것은 전문직인 교사의 재량권을 침해하는 사항으로 재검토가 필요하다.

7장

학급평가계획 세우기

학급 평가계획서의 의미

　　　　　　　　새 학기가 시작되기 전인 2월, 과거에는 봄방학이라고 며칠간 쉼을 가졌지만, 그것은 이제 옛말이고 인사발표도 앞당겨지면서 교육과정 준비로 교사에게 가장 바쁜 시기가 되었다. 교육과정 준비 외에도 학생들을 맞이하기 위해 환경정리를 하는 등 새 학기를 준비하는 기간이다. 몇몇 교사에게는 가장 스트레스를 받는 시간이기도 하다. 왜냐하면, 교육과정을 만드는 것이 그리 녹록지 않기 때문이다. 보통 교육과정을 준비할 때 학사일정과 창의적 체험활동의 세부 프로그램, 학년에서 공동으로 추진하는 교육활동을 중심으로 국가에서 제시한 과목별 시수를 오차 없이 맞추어야 하기 때문에 많은 교사가 이를 위해서 이지**라는 프로그램을 가장 많이 활용한다. 교육청에서는 교사들이 특정 소프트웨어를 사용함으로써 발생하는 획일화의 문제점을 지적하지만, 교육과정 일정을 맞추는 데 이것보다 더 편리한 것이 없다.

　교육과정의 시수 맞추기가 마무리되면 교육과정 재구성을 비롯하여 평가계획을 수립해야 한다. 교육과정 재구성과 달리 평가계획은 정보공시를 위해서라도 미뤄둘 수 없는 일이다. 이를 위해 동학년 교사들이 모여서 학년 공통인 수행평가 계획을 수립하면 평가계획은 끝이라고 생각하는 경우가 많지만 '수행평가 외에 다른 평가계획은 어디에 있는 것일까?' 하는 의문이 생긴다. 앞 장에서 언급했던 바와 같이 초등학교는 수행평가와 더불어 지필평가도 분명 보게 되어 있는데 그 계획은 누가 수립해주는 것일까? 현재 학년 또는 학교 단위에서 계획한 중간, 기말성취도 평가계획으로 지필평가를 대체하고 있는 것이 대부분이다. 결국은 반쪽짜리 계획서가 되는 것이다.

그렇다면 평가계획서는 누구를 위해 만드는 것일까? 관리자의 요구일까? 학교 공시에 올리기 위해서일까? 학급교육과정에 첨부하기 위해서일까? 분명 이 이유가 다는 아닐 것이다. 평가계획서는 교육 구성원인 교사와 학생, 학부모에게는 어떤 의미일까? 평가계획서는 당연히 교육 당사자인 교사와 학생을 위한 것이다. 교사에게는 평가의 설계도로서 계획에 따라 평가를 운영하기 위해서이며, 학생에게는 평가를 준비하고, 무엇을 평가하는가를 알게 해주는 중요한 도구이다.

그런데 현재 학교에서 수립하고 있는 평가계획서는 과연 그 역할을 충실하게 하고 있는지 살펴봐야 한다. 수행평가는 해당 성취기준이 제시되어 학생들에게 무엇을 측정하고자 하는지를 쉽게 안내하지만 중간, 기말성취도 평가로 불리는 지필평가의 계획에는 무엇을 평가하고자 하는지 구체적인 내용 없이 교과서 범위만을 지정하고 있다. 과연 어떻게 평가계획을 수립하는 것이 평가의 본질에 충실하며, 함께 공유할 구성원들이 만족할 수 있을지 알아보자.

만들어가는 교육과정과 평가계획서

교육과정의 변경 주기가 짧아지면서 교육과정에 대한 현장의 피로도가 높다. 이런 가운데서도 긍정적인 변화가 나타나고 있다. 그것은 바로 '교육과정의 대강화'와 '만들어가는 교육과정'이다. 이 두 가지의 변화로 교사는 '자율성과 전문성 신장'이라는 좋은 기회를 맞이하게 되었다. 학급교육과정을 2월 말에 완성해서 불변하는 것이 아니라 교사가 교육과정을 학급 상황에 따라 유연하게 운영하면서 보다 효과적인 교육활동을 할 수 있게 되었다.

그런데 평가의 변화는 더디다. 학기가 채 시작되기도 전에 평가계획을 제출하라는 담당자의 요구에 많은 교사가 어려움을 호소하면서 나중에 제출하면 안 되냐고 반문하는 경우도 보았다. 학급평가계획은 언제까지 수립해야 하는 것일까? 당연히 학기가 시작하기 전에 교육과정과 더불어서 수립하는 것이 맞을 것이다. 그러나 이때의 평가계획서는 대강화된 평가계획이다. 성취기준, 평가 요소, 평가방법, 시기만으로 계획서를 수립하면 된다. 그런데 어느 학교는 관리자들이 평가계획과 더불어 평가문항까지 제출하라고 한다. 그런데 꼭 문항까지 출제해야 할 필요가 있을까 싶다.

　평가문항은 수업을 하면서 사전에 작성한 평가계획서를 보면서 그 야말로 시간을 내어 출제하면 그만이다. 굳이 바쁜 2월에 평가계획서를 포함하여 문항까지 출제하느라 괜한 고생을 할 필요가 없다. 물론 앞으로 내가 가르쳐야 할 교육과정 분석이 다 되고 수업안까지 마련하고나서 평가문항까지 만들었다면 얼마나 좋을까마는 현실적으로 당장 해내야 하는 일이 적지 않다. 그런데도 평가문항까지 제출하게 하는 학교 이야기를 듣고 있노라면 안타깝기 그지없다. 게다가 그렇게 제출한 문항을 실제 써본 경우는 많지 않다고들 하니 이것이야말로 그 학교에서는 반드시 짚고 넘어가야 할 중요한 사안이다.

　평가계획 제출에 대한 특별한 규정이 없더라도, 학생과 학부모에게는 학기 초에 평가계획을 안내해야 한다. 학생과 학부모가 교육과정의 내용을 파악하는 것은 교과서를 통해 어느 정도 가능하지만, 평가에 대한 계획이 전혀 없다면 사실 말이 안 되는 일이다. 따라서 학기 초에 대강화된 평가계획을 제시하는 것이 바람직하다.

　교육행정적인 측면에서 보더라도 학교 공시에 학교평가계획을 올려야 하기 때문에 필요하다. 학교 공시는 1학기에는 4월 초, 2학기에는 9월 초에 올리게 되어 있다. 따라서 평가계획도 그때까지 마무리해야 한다. 하지만 엄밀히 말해, 4월과 9월 전에도 평가를 실시해야 하는 과목이 있기 때문에 겨울방학과 여름방학을 이용하여 평가계획을 수립하는 것이 맞을 것이다.

　학기 초에 일단 공시한 평가계획은 전혀 변경할 수 없는 것일까? 그건 아니라고 본다. '만들어가는 교육과정'에 따라 재구성하여 순서와 방법이 약간은 변경될 수 있다. 그래서 평가계획의 마지막에는 "학교 사정과 교육과정의 운영에 따라서 변경될 수 있다"라고 제시하고 있다. 물론 변경 사유가 발생하면 학생과 학부모에게 미리 공지해야 할 것이다.

성취기준-교수학습-평가의 관계 이해하기

성취기준-교수학습-평가는 서로 밀접한 관계가 있다. 성취기준이 교육의 목표라고 하면 교수학습은 이 목표에 도달하기 위한 다양한 활동(수업)이며, 평가는 성취기준의 도달도를 확인하는 것이다. 성취기준-교수학습-평가의 관계를 그림으로 나타내면 아래와 같다(한국교육과정평가원, 2013:3).

교사는 국가에서 제시한 성취기준을 바탕으로 학급 구성원이 처한

성취기준-교수학습-평가 간의 상호관계

교육환경에 따라서 학생이 성취기준에 도달할 수 있도록 최적의 교육계획을 수립해야 한다. 바로 교육과정 재구성을 의미한다. 즉 교육과정 재구성의 목표는 학생들이 좀 더 성취기준에 잘 도달하도록 하는 것이다.

이렇게 수립된 교육과정 재구성은 수업계획이 되고, 학생들이 성취기준에 도달할 수 있도록 다양한 방법을 활용하여 수업을 한다. 그리고 수업을 마무리한 후에 평가를 실시한다.

"무엇을 평가해야 할까요?" 교사들에게 이렇게 질문하면, 가르친 내용을 측정하면 된다고 답한다. 물론 맞는 말이다. 교사가 가르친 내용을 측정한다는 데는 동의한다. 하지만 가르쳤다고 다 평가의 대상이 될 수는 없다. 평가의 큰 목적인 성취기준의 도달도를 확인할 수 있어야 한다. 성취기준에 도달했는지 확인할 수 있는 내용 이외에 도구와 수단으로 활용된 내용은 평가 범위에서 배제되어야 한다. 왜냐하면, 초등학교에서 평가는 성취기준의 도달도를 성취수준으로 나타내게 되어 있는데, 성취기준과 분리된 내용은 그 평가결과에 대하여 성취수준의 도달 정도를 측정할 수 없기 때문이다. 즉 문항의 내용 타당도가 떨어지므로 잘못된 평가 내용인 것이다.

성취기준을 확인할 수 있는 내용을 평가하고 난 후에도 다른 것은 평가하면 안 되느냐고 질문할 수 있다. 이에 대한 답은 물론 '그렇지 않다'이다. 다음에 나오는 그림으로 설명하면, 하나의 성취기준에 도달하기 위해 가르친 내용 중에서 가운데 부분의 핵심적인 내용을 가지고 평가를 해야 한다. 하지만 많은 문항이 B, C, D 지점의 내용을 확인하는 정도에 그치고 정작 A 지점을 확인하지 않는다는 데 문제가 있

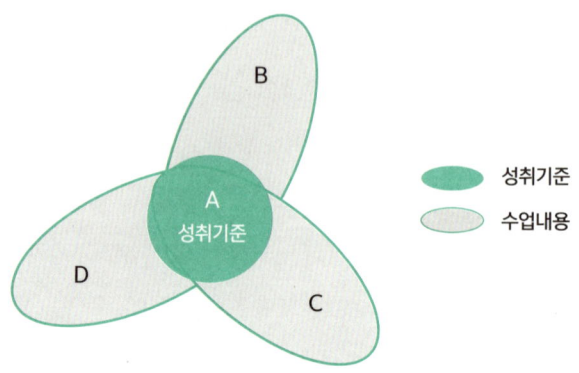

다는 것을 말하려는 것이다.

교육 사이트 문제은행들을 보다 보면 '과연 이 문항으로 평가했을 때 성취기준에 도달했는지를 확인할 수 있을까?' 하는 의문이 드는 문항이 많다. 정리하자면 B, C, D 문항을 내면 안 된다거나 그 문항들이 중요하지 않다는 것이 아니라 적어도 A 문항은 반드시 출제해야 한다는 것이다.

예를 들어, 초등학교 3학년 1학기의 "사4012. 지도는 방위, 기호 등으로 구성되어 있음을 이해하고 지도의 구성요소를 활용하여 우리 지역을 그림지도로 표현할 수 있다"라는 성취기준에 도달하기 위한 수업 차시 계획은 오른쪽의 표와 같다.

1차시에 위치의 개념을 알기 위해서 교실에서 내 앞, 뒤, 좌, 우에 앉은 친구들에 대해 알아보고, 학교에서 각 교실이 어디에 지리 잡고 있는지를 알아본다. 이런 식으로 차시별로 다양한 수업을 통하여 최종 목표에 도달하기 위한 과정을 밟아 나간다. 그런데 1차시에 배운 '교실에서 내 앞, 뒤, 좌, 우의 학생을 그림으로 표시하고 알아보는' 문제

차시	수업 내용
1	위치의 개념알기
2	고장의 위치를 알아보는 여러 가지 방법 살펴보기
3	지도를 이용하여 고장의 위치 찾기
4	동서남북 알아보기
5	그림기호의 쓰임과 그림기호 만들기
6	지도에서 기호가 필요한 이유 알기
7	우리 마을을 그림지도로 표현하기

를 냈다면 이 문항은 평가 목적에 적합할까? 가르친 내용이니 전혀 문제가 되지 않는다고 할지 모르겠지만, 실제 평가의 목적인 성취기준의 도달도 확인과는 거리가 멀다. 1차시의 목표도달도를 확인하는 형성평가로는 적합하지만, 총괄평가 문항으로는 적합하지 않다.

이 예시처럼 평가는 성취기준의 도달도를 확인할 수 있도록 구성해야 한다. 교육은 단순히 배웠다고 해서 끝나는 것이 아니라 제대로 배웠나를 확인하고, 부족한 부분은 재학습을 통해서 성취기준(교육목표)에 도달하도록 해야 한다.

7장 학급평가계획 세우기

성취기준과 성취수준

　　　　　　　　　7차 교육과정이 도입되면서 교육과정 내용과 함께 성취기준이 도입되었다. 제7차 교육과정 이전까지 제시되었던 교육과정 내용이 명확하지 않아 학생들의 학습량 부담이 가중되었는데, 명확한 교육목표 제시를 통해 학습량을 제한하기 위하여 성취기준이 도입된 것이다.

　2009 개정 교육과정과 함께 교육과정 학교 자율화 조치[8]가 취해지면서 학교에서는 과목별로 20% 범위에서 교육과정 시수의 증감이 가능하게 되었고, 감축된 시수에 따른 교과의 학습량 적정화를 위하여 핵심성취기준이 도입되었다. 핵심성취기준은 성취기준 중에서 전체를 포괄할 수 있거나 꼭 알아야 할 내용을 중심으로 구성했으며, 형식은 기존의 성취기준 중에서 취사선택하는 방식이다. 또한, 핵심성취기

---

[8] 교육과학기술부 학교 자율화 추진 방안(2008.04.15). 교육과정의 자율화의 주요 내용은 모든 학교가 국민 공통 교과별로 연간 수업시수의 20% 범위에서 증감 편성할 수 있으며 모든 교과를 대상으로 선택과목 신설이 가능해지고, 일반 선택과목과 심화 선택과목의 구분을 없애 학생의 과목 선택권을 확대했다. 교과별로 학년·학기 단위 집중이수를 확대함으로써 학생의 학습 부담을 경감할 수 있게 되고, 재량 활동과 특별활동을 통합하여 학교 여건에 따른 융통성 있는 수업 시간 편성을 할 수 있다.

5-6학년군 수학 - (2) 여러 가지 단위 핵심성취기준

교육과정 내용	성취기준	핵심성취기준	핵심성취기준 선정 근거
① 실생활에서 무게를 나타내는 새로운 단위의 필요성을 인식하여 1t을 알고, 무게 단위 사이의 관계를 이해한다.	수63021. 실생활에서 매우 무거운 무게 단위의 필요성을 인식하여 1t을 알고, 무게 단위 사이의 단위변환을 할 수 있다.	√	-수63021에서 무거운 무게를 나타내는 단위 t은 실생활에서 유용하게 사용되므로 핵심 성취기준으로 선정한다.
② 실생활에서 넓이를 나타내는 새로운 단위의 필요성을 인식하여 1km², 1a, 1ha를 알고, 그 관계를 이해한다.	수63022. 실생활에서 넓이를 나타내는 새로운 단위의 필요성을 인식하여 1km², 1a, 1ha를 알고, 넓이 단위 사이의 단위변환을 할 수 있다.		-수63022의 1a, 1ha는 실생활에서 사용 빈도가 매우 낮으며, 넓이 사이의 단위변환은 수63012에서 cm²와 m²의 관계를 바탕으로 이루어진 단위변환과 동형이므로 강조하여 다루지 않는다.

준의 선택에 대한 설명을 제시하여 근거를 마련하려고 했다.

하지만 일선 교사들이 핵심성취기준 선택의 문제점을 제기하자 교육부에서는 최초의 의도와 다르게 "핵심성취기준은 예시이므로 선생님께서 학급 여건 및 학생의 능력 특성에 맞게 선정할 수 있어요"라는 내용을 정식 매뉴얼이나 공문이 아닌 선도교사 연수에서 안내하여 현장의 혼란을 가중하는 결과를 가져왔다.

성취기준은 학생들이 학습해야 할 구체적인 학습 내용과 학생들이 보여줄 수 있어야 할 구체적인 행동특성을 결합하여 학생들의 학습을 통해 성취해야 할 지식, 기능, 태도의 특성을 진술하고 있다. 이 성취기준은 교육내용의 범위와 수준을 결정하는 기준이 되고 있다. 성취수준은 교과목의 성취기준에 학생들이 도달한 수준을 나타내는데, 도달 정도를 몇 개의 수준으로 구분하여 수준별 학생들의 지식, 기능, 태도의 특성을 설명하고 있다.

성취수준별 일반적인 특성

성취수준	설명
상	한 학기 동안 학생들이 충실한 교수·학습 과정을 통해 성취하기를 기대하는 전체 성취기준에 대한 이해와 수행이 우수한 수준
중	한 학기 동안 학생들이 충실한 교수·학습 과정을 통해 성취하기를 기대하는 전체 성취기준에 대한 이해와 수행이 보통 수준
하	한 학기 동안 학생들이 충실한 교수·학습 과정을 통해 성취하기를 기대하는 전체 성취기준에 대한 이해와 수행이 미흡한 수준

성취기준별 성취수준 예시(5-6학년군 수학)

성취기준		성취수준
수63021. 실생활에서 매우 무거운 무게 단위의 필요성을 인식하여 1t을 알고, 무게 단위 사이의 단위변환을 할 수 있다.	상	무게 단위 사이의 관계를 이용하여 '몇 t 몇 kg'은 '몇 kg'으로, '몇 kg'은 '몇 t 몇 kg'으로 나타낼 수 있다.
	중	1t과 1kg의 관계를 설명할 수 있다.
	하	실생활에서 무게의 단위 t이 필요한 예를 찾을 수 있다.
수63022. 실생활에서 넓이를 나타내는 새로운 단위의 필요성을 인식하여 1km², 1a, 1ha를 알고, 넓이 단위 사이의 단위변환을 할 수 있다.	상	넓이 단위 사이의 관계를 이용하여 단위를 바꾸어 표현할 수 있다.
	중	1km², 1ha, 1a의 관계를 설명할 수 있다.
	하	여러 가지 단위 중 넓이를 나타내는 단위를 찾을 수 있다.

가끔 학교에서 강의하다 보면 성취수준 단계는 정해져 있는지 묻는다. 학교에서는 학업성적관리규정에 따라서 3단계(상, 중, 하), 4단계(매우 잘함, 잘함, 보통, 미흡), 5단계(매우 잘함, 잘함, 보통, 노력요함, 부진)로 가장 많이 선택하여 평가하고 있다. NEIS상의 성취수준은 3, 4, 5, 7 단계

를 선택할 수 있다. 학생들을 자세히 평가한다는 관점에서 본다면 3단계보다는 4단계가, 4단계보다는 5단계가 좋을 것이다. 그런데 상당수의 교사가 성취수준을 만드는 데도 시간이 많이 걸리며 막상 만들고 보면 4단계나 5단계나 별 차이 없다고 한다. 그렇다면, 우선은 교육부에서 제시한 3단계를 가지고 그 수준에서 제대로 평가를 하는 것이 나을 수도 있다. 사실 평가단계보다 더 중요한 것은 정해진 성취수준을 제대로 파악했느냐 하는 것이다.

또 하나 물음이 '성취기준이 불완전한데 꼭 가르쳐야 하는가'이다. 어떤 성취기준(핵심)은 재고되어야 할 것으로 보인다. 그렇지만 성취기준을 무시하거나 배제하고 자기만의 철학과 소신으로 수업과 평가를 할 수는 없다. 어느 학교에서 한 선생님과 성취기준을 가지고 긴 이야기를 한 적이 있다. 자기 생각과 신념이 철저한 분이어서 성취기준을 중요하게 여기지 않고 자신의 생각에 따라 필요한 내용을 선정하고 수업을 했다. 그래서 평가문항은 당연히 성취기준을 확인하는 것보다는 수업 활동 중 하나의 장면을 가지고 단순 확인하는 것이 많았다.

이런 고민이 모여 국가교육과정에 많은 변화를 가져왔다. 국가교육과정의 성취기준을 제시하는 것이 교사의 교육과정 편성 자율권을 제약하고 교육과정의 대강화에 위배된다는 의견이 많아 성취기준의 선정과 관리 권한을 교사에게 위임하자는 주장이 현재 교육과정 운영의 화두가 되어 정책의 변화가 시도되고 있다. 그렇다 하더라도 현재 상황에서 국가에서 제시한 성취기준 자체를 부정하고 교사 개개인 나름의 성취기준으로 학생을 지도하는 것은 옳은 방법은 아니다.

평가계획 수립하기

2009 개정 교육과정의 도입으로 교사별 평가가 확대 적용되면서 평가계획서를 학급별로 작성하고 있다. 당연한 일이지만, 아직 모든 학교에서 적용되고 있지는 않다. 교육과정이 학급 단위로 운영되니 평가계획을 학급 단위로 수립하는 것 또한 당연하다. 그러니 이에 대해 재론할 필요는 없다.

그런데 학급평가계획을 수립하는 데 한 가지 걸림돌이 있다. NEIS에는 학급 단위 평가계획(수행평가)을 입력할 수 없어서 학년 단위로 수행평가의 성취기준을 선정해야 한다. 이 문제는 현장 교사들의 지속적인 요구로 조만간 변화가 있으리라 믿는다.

학급평가계획을 수립하기 위해 가장 먼저 고민할 것은 '무엇을 평가할 것인가'인데 몇몇 교사는 "가르친 내용은 다 평가해야 하는가?" "교과서를 중심으로 평가해야 하는가?" 등을 고민하는 것 같다.

2007 개정 교육과정 이전에는 국가에서 교육과정 내용을 제시하여 교과서 집필진의 다양한 해석에 따라 학습의 양이 많아져서 어느 내용까지 평가해야 하는지 결정하는 데 어려움이 있었다. 그런데 2007 개

정 교육과정 이후 성취기준이 도입되면서 학생들의 교육목표가 명확해졌다. 평가의 내용과 목적도 성취기준의 도달을 확인할 수 있으면 된다.

초등학교의 평가는 지필평가와 수행평가로 구분하여 실시하고 있다. 성취기준을 보고 지필평가, 수행평가 중 가장 적합한 평가방법을 적용하면 된다. 평가도구를 선정하고, 평가 시기를 결정하면 평가계획은 마무리된다. 평가계획 수립 절차는 다음에 나오는 표에 잘 나타나 있다.

평가유형 결정

국가교육과정은 교과와 학년에서 꼭 배워야 할 목표를 성취기준으로 제시한다. 성취기준은 학습 내용 중심의 내용 요소와 구체적인 행동적 특성을 나타낸 행동 요소로 구분되어 있다. 성취기준 중에서 행동 요소만 분석하면 쉽게 수행평가와 지필평가를 구분할 수 있다. 행동 요소에서 '조사한다', '표현한다' 등 학생들의 활동이 중심이 되는 것은 주로 수행평가로 실시하면 되고, 인지적 요소가 중심인 "설명한다", "이해한다"라는 행동 요소는 지필평가로 실시한다.

평가 내용 선정

성취기준에서 제시한 내용 요소와 행동 요소를 분석하여 꼭 평가해야 할 내용을 추출하여 평가 내용으로 선정해야 한다. 평가 요소에는 성취기준의 도달도를 확인할 수 있는 내용이 반영되어야 한다. 그 후에 평가 내용을 바탕으로 그에 적합한 평가방법을 선정해야 한다.

7장 학급평가계획 세우기

평가계획 수립 절차

단계	내용
성취기준을 분석하여 지필/수행 평가 결정	각 교과에서 제시한 학년별, 교과별 성취기준을 보고 평가유형(지필평가, 수행평가)을 결정한다. 아래는 5학년 사회과의 핵심성취기준에 따른 평가유형 결정 예시이다. -사6031 인간을 둘러싸고 있는 인문환경과 자연환경의 뜻을 알고, 그 특성에 대해 설명할 수 있다. ⇒ 자필평가 -역6034 대표적인 인물과 유적을 통해 임진왜란과 병자호란의 극복과정을 조사할 수 있다. ⇒ 수행평가 ※ 사6031는 지식 관련 성취기준으로 지필평가에 적합하며, 역6034는 지식과 기능이 통합된 보다 고차원적인 수행능력을 요구하므로 수행평가방법이 적합합니다.
평가 내용 선정	성취기준 도달도에 확인하기에 적합한 평가 내용을 선정한다. | 성취기준	평가 내용
-사6031 인간을 둘러싸고 있는 인문환경과 자연환경의 뜻을 알고, 그 특성에 대해 설명할 수 있다.	인간을 둘러싸고 있는 인문환경과 자연환경을 비교하여 설명하기
-역6034 대표적인 인물과 유적을 통해 임진왜란과 병자호란의 극복 과정을 조사할 수 있다.	인물과 유적을 중심으로 양난의 극복과정 조사하기	
평가 방법 선택	선택한 평가(수행, 지필)에 적합한 평가 방법을 선택한다. | 평가 내용	평가 방법
인간을 둘러싸고 있는 인문환경과 자연환경을 비교하여 설명하기	자필평가 논술형평가
인물과 유적을 중심으로 양난의 극복과정 조사하기	수행평가 조사학습	
평가 시기	학급교육과정 진도에 맞춰 평가 시기를 결정한다.

평가방법 선택

평가 요소를 추출한 후에는 평가방법을 선택해야 한다. 지필평가에서는 주로 선택형, 서술형, 논술형 평가를 실시하며, 수행평가는 포트폴리오, 보고서법, 관찰법 등을 통하여 성취기준의 도달도를 확인할 수 있는 가장 좋은 평가방법을 고민해야 한다. 최근에는 수행평가에서 단순히 심동적 영역인 기능 중심에서 정의적 영역인 태도와 흥미, 만족도에 대한 부분에 관해서도 관심을 기울이고 있다.

사회과 평가계획(5학년 2학기)

단원명 (대주제)	영역	성취기준	평가 내용	평가 방법	평가 시기
1. 우리 역사의 시작과 발전	역사	-대표적인 유물과 유적을 통해 선사 시대 사람들의 생활 모습을 설명할 수 있다.	-유물과 유적을 통해 선사 시대 사람들의 생활 모습을 설명하기	수행 구술 평가	9월 2주
		-역사지도와 인물 이야기를 통해 고구려, 백제, 신라의 발전 과정을 설명할 수 있다. -주요 인물을 중심으로 삼국의 통일 과정과 발해의 건국을 설명할 수 있다.	-역사지도와 인물 이야기를 통해 고구려, 백제, 신라의 발전 과정을 설명하기 -인물을 중심으로 삼국의 통일 과정과 발해의 건국을 설명하기	지필 논술형 평가	10월 2주
2. 세계와 활발하게 교류하는 고려	역사	-견훤, 궁예, 왕건 등 인물의 활동을 통해 고려의 성립 과정을 설명할 수 있다.	-인물의 활동을 통해 고려의 성립 과정을 설명하기	지필 논술형 평가	11월 3주
		-고려 시기 주변 국가와 활발한 교역 및 문화 교류가 이루어졌음을 사례를 통해 설명할 수 있다.	-고려와 주변 나라들의 무역관계 조사보고서 작성하기	수행 조사 보고서	11월 4주
3. 유교 문화가 발달한 조선	역사	-조선의 건국 과정을 인물의 활동을 중심으로 설명할 수 있다. -세종 대의 문화, 과학 분야의 여러 성과와 그 의의를 설명할 수 있다.	-조선의 건국 과정을 인물의 활동을 중심으로 설명하기 -세종 대의 문화, 과학 분야의 성과와 의의 설명하기	지필 논술형 평가	12월 2주
		-대표적인 인물과 유적을 통해 임진왜란과 병자호란의 극복 과정을 조사할 수 있다.	-임진왜란과 병자호란의 극복과정 조사하기	수행 조사 보고서	12월 3주

8장

수행평가의 두 얼굴

수행평가의 시작

　　　　　　　　　　초등교육에서 평가 변화는 6차 교육과정의 도입에서 시작되었다. 그 전까지는 단순히 성적을 처리하는 도구로 인식되었다. 6차 교육과정에서 제시한 편성 운영의 기본지침 중 평가지침(교육부고시 제1992-16호)에서 "평가는 선다형 일변도의 지필검사를 지양하고, 서술형 주관식 평가와 표현 및 태도의 관찰평가를 조화롭게 이루어지도록 한다"라고 했다.

　서울시교육청에서는 1997년 초등학교 새 물결 운동을 전개하였고 그 과제 중의 하나로 수행평가를 도입하였다. 그 후 1998년 '중학교 교육 새 물결 운동'으로 이어지면서 문제해결력 및 창의력 신장을 위해 수업방식을 기존의 주입식 일변도에서 학습자 주도의 발표 및 토론 중심으로 전환하는 동시에 평가도 지필고사 중심에서 탈피하여 관찰, 면접, 실험, 실습 등 다양한 방법을 도입한다. 평가에서 지필고사도 논술형 중심으로 전환하고 주관식 문항을 20% 이내에서 30% 이상으로 확대하고 과정 평가에 주안점을 두었다(연합뉴스, '중학생 평가방식 완전히 바뀐다', 1998.01.20).

교육과정 운영지침에서 평가의 변화

구분	교육과정 운영지침의 평가
5차 교육과정	가) 평가는 모든 학생이 교육 목표를 성공적으로 달성하기 위한 교육의 과정으로 실시한다. 나) 평가는 내용과 대상의 특성을 고려하여 다양한 도구와 방법을 활용한다. 다) 학생의 학습을 촉진할 수 있도록 적절한 시기에 학습 정도를 확인하고, 그 결과에 따라 알맞은 지도가 이루어지도록 한다. 라) 1, 2학년의 교과 활동의 평가결과는 학생의 활동 상황과 진보의 정도, 특징 등을 문장으로 기술하도록 한다.
6차 교육과정	(1) 학교는 교과와 특별 활동의 학년별 성취수준을 설정하고, 다양한 평가 도구와 방법으로 성취도를 평가하여, 학생의 목표 도달도를 확인하고 수업의 질 개선을 위한 자료로 활용한다. (2) 교과의 평가는 선다형 일변도의 지필 검사를 지양하고, 서술형 주관식 평가와 표현 및 태도의 관찰 평가가 조화롭게 이루어지도록 한다. (3) 도덕, 체육, 음악, 미술, 실과 등과 같이 정의적, 기능적, 창의적인 면이 특히 중시되는 교과는 선다형 지필 검사를 지양하고, 태도, 표현, 기능 등의 평가에 타당한 평정 기준과 평가방법을 적용한다. (4) 1, 2학년의 교과 활동 평가는 학생의 활동 상황과 특징, 진보의 정도 등을 파악하여, 그 결과를 문장으로 기술한다. (5) 학교는 매년 교육과정 운영 실적을 자체 평가하여, 그 결과를 다음 학년도의 교육과정 편성과 운영에 반영한다.

교육부는 1998년에 발표한 "교육비전 2002: 새 학교 문화 창조"를 통해 수행평가와 관련한 구체적인 내용을 제시하였고, 이듬해 1999년 3월 전국의 모든 초등학교에 일제히 수행평가가 도입되었다. 그러나 학교에서는 교육부에서 제시한 수행평가의 개념의 모호성과 이상적인 목표로 인하여 일대 혼란기를 겪었다.

그 후 교육부 훈령 제587호(1999.04.29.)를 통하여 수행평가의 개념과 원칙을 명시적으로 제공하였다. 그런데 최초 수행평가 목표에 비해 대폭 후퇴하여 학교 여건에 따라 실시하게 했고, 논술형, 완성형, 단답형 등의 낮은 수준의 평가 방법들까지도 수행평가의 범주에 포함하여 제도의 정착에는 성공하였으나 본래 도입 취지를 달성하는 데는 한계가 있었다.

수행평가의 도입으로 선택형과 단순 암기식 평가에서 벗어나 포트폴리오, 토의, 관찰, 실험·실습 등 다양한 방법의 평가를 활용하게 되었다. 이를 통해 학생의 고등사고력과 심동적, 정의적 영역까지 평가가 확대되었다.

교육부의 훈령(제127호, 2015.01.09)에서는 "수행평가(遂行評價, Performance Assessment)는 교과 담당교사가 학습자들의 학습과제 수행 과정 및 결과를 직접 관찰하고, 그 관찰 결과를 전문적으로 판단하는 평가방법이다"라고 정의했다. 이를 위하여 선택형 지필평가 및 단순 지식 암기식의 평가를 지양하고 핵심역량을 기르기 위한 다양한 평가방법을 활용하도록 안내하고 있다.

수행평가는 학생들이 지식을 아는 것도 중요하지만, 지식을 실제로 적용할 수 있는지 기능적인 측면을 파악하는 것도 중요하다. 이를 위해서는 획일적인 표준화 검사에서 벗어나 실제 상황에 적합한 평가가 필요하며, 상시로 평가하여 개별화된 피드백을 주어야 한다. 교육과정 재구성, 수업, 평가의 일체화를 통하여 참된 학력의 신장을 위한 가장 적합한 평가방법이기 때문에 더욱더 강조되고 있다.

수행평가를 실시한 지 17년이 지났지만, 아직도 현장에 제대로 안착되지 못하고 있다. 오랫동안 현장에서 수행평가가 제 역할을 하지 못한 이유에 대해 살펴보고, 실천사례를 통해 앞으로 나갈 방향에 대해 알아보자.

8장 수행평가의 두 얼굴

교실 속의
수행평가

　학기 초 교사들은 학년 교과전담 시간을 참고하여 학급 연간 시간표를 만들고, 학교에서 제시한 학교행사, 학년 공통행사를 반영하여 학급교육과정의 시간 수를 맞추는 것으로 분주하다. 그 후 학년평가계획을 만들기 위해 학년 교사들이 모여서 함께 수행평가에 관하여 협의한 후 반별로 과목을 나누어서 수행평가 기준안 및 문항을 만든다.

　새롭게 맞은 학년의 교육과정(교육내용)을 살펴보고 내용을 분석하기도 전에 학교에서는 학기 전체 수행평가 계획과 평가지를 제출하라고 요구하는데 제대로된 것을 제출하기는 어렵다. 그래서 가장 손쉽게 구할 수 있는 온라인 문제은행 사이트(이지**, 티**, 아이*** 등)에 의지하여 출제한다. 그래서 동일한 평가지와 평가기준으로 측정하는 학교가 전국에 많은 것이다.

　이렇게 만든 수행평가지는 학년 단위로 인쇄되어 학급에 배부되고, 학년 전체가 동일한 수행평가지를 보는 것이 현실이다. 수행평가의 가장 큰 장점인 실제 수행과정에 대한 평가가 중심이 되어야 하는데, 수행평가 과제에 대한 고민의 부족으로 아직도 대부분의 교실에서는 수행평가지에 의존하는 평가가 이루어지고 있다.

예전에 평가 연수 차 찾아가서 들은 이야기가 이를 뒷받침해준다. 아래는 연수 후 질의·응답 때 있었던 내용의 일부이다.

강사 : 평가에 있어서 선생님 학교에서는 어떤 어려움이 있나요?
연수를 받는 선생님들이 한 선생님을 살짝 쳐다본다. 나중에 알고 보니 평가담당자인 연구부장이었고, 대화는 계속 이어졌다.

선생님 : 아무래도 평가계획과 함께 문항지를 한꺼번에 만들고 결재를 득해야 하는 과정이 어려운 것 같습니다.

강사 : 구체적으로 어떤 것을 말씀하시는 거죠?

선생님 : 예를 들면, 평가 외에도 할 게 많은데, 평가계획도 그렇지만 한 한기 모든 문항을 다 만들고 제출해야 하니, 아무래도 문항의 질이 떨어지고, 더 큰 문제는 막상 시험 볼 때는 그때 만든 문항을 사용하지 못하는 경우가 생겨 일을 두 번 해야 하는 게 큰 거 같아요.

강사 : 수행평가지의 경우엔 기준안 마련이 중요하고 과정 평가인 만큼 수업 중에 평가를 실시하는 경우가 많죠? 그래서 문항지를 다 만들어야 하는 경우가 많지 않을 거 같은데요?

선생님 : 사실 선생님께 연수를 받기 전에 지금까지 별생각 없이 초임 때부터 수행평가지조차 말씀하신 것처럼 ○○프로그램에서 내려받고 지필평가마냥 거의 풀게 했기 때문에 지필, 수행할 것 없이 문항지만 계속 만들고 사용했던 것 같아요.

강사 : 그렇죠. 충분히 이해하고 알 것 같습니다. 수행평가는 성취기

준을 비롯하여 수행평가 기준안이 중요하고 방법으로는 다양한 방법이 가능합니다.

선생님 : 네, 우리 학교는 문항지 만드느라 사실 마음고생도 많았고, 아무튼 뭔가 변화의 조치가 필요해 보이네요.

다행히 이 대화를 듣고 있던 연구부장이 학업성적관리위원회를 열어 오늘 연수받은 방향대로 바꿔보도록 하자고 말했고 대화는 그렇게 마무리되었다.

초등학교에 수행평가는 지필평가와 달리 학부모에게 평가 근거 및 산출물을 공개하지 않음으로써[9] 교사에게 가장 부담 없는 평가로 인식되고 있다. 학부모도 초등학교의 수행평가결과가 점수화되지 않는 까닭에 특별한 의미를 부여하지 않고 있어서 현재까지 큰 부담을 느끼지 않고 있다.

국제중학교 입시에 초등학교의 수행평가결과가 성적에 반영되고 있다. 그래서 수행평가결과로 학부모의 민원을 받는 학교가 있다. 교사가 명확한 기준을 가지고 평가했다면 그리 문제가 되지 않는다. 그런데 대부분 현장에서는 교사의 마음속 기준만으로 평가를 한다. 특히나 수행과제물이나 근거가 될 자료 없이 관찰에만 의지했을 경우에는 학부모의 민원에 속수무책일 때가 많다. "우리 반에는 이런 민원이 없어서 다행이다"라고 생각하기보다는 근본적인 해결책을 마련해야 한다.

교사는 모든 수행평가에서 명확한 기준안을 마련해야 한다. 특히 학

---

[9] 학생이 수행평가결과에 대한 근거를 요구 시 교사는 이에 적절한 조치를 취해야 한다고 훈령에서 제시하고 있다. 초등학교에서는 학부모의 요구에도 결과의 근거를 제시해야 한다.

생들에게 평가기준을 사전에 제시할 필요가 있다. 관찰로 평가하는 경우에는 더욱더 그렇다. 분명한 기준안을 가지고 평가한 뒤 학생들에게 공개한다면 이런 문제는 없을 것이다.

또한, 학생과 학부모에게 수행평가결과에 대해 늘 설명할 준비를 해야 한다. 교육부 훈령에 따르면 수행평가결과는 학부모가 요구할 때 늘 공개하게 되어 있다. 이 이유 외에도 교사의 평가권위를 강화하기 위해서라도 수행평가 평가 관점과 그에 따른 채점기준, 채점하는 능력을 향상할 필요가 있다.

교육부 훈령에서는 수행평가의 산출물과 근거자료를 진급 완료 시까지 보관함을 원칙으로 하며, 수행평가도 지필평가와 동일한 위치에서 바라보는데 반해 교사들의 인식은 여기에 미치지 못하고 있다.

따라서 수행평가 내실화를 위해 교사의 평가 역량을 높일 수 있는 장을 마련해야 한다. 마땅한 연수가 없고, 함께 나눌 동료도 없다는 것은 아직 평가가 교사의 교직 생활에 그리 큰 비중을 차지하지 못하고 있다는 방증이다.

> 그때그때 쳤어야 할 수행평가를 미루고 미루다 이제야 치르네
> 그때그때 나가야 할 진도를 빼네! 폭풍 진도를 나쁜 선생님

경상남도 함안의 초등학교 교사로 구성된 수요일밴드의 '나쁜 선생님' 노래의 가사다. 현장의 수행평가에 대한 단면을 보여주고 있다.

8장 수행평가의 두 얼굴

연구부장의 수행평가 제작 지침

아래는 실제 학교 현장에서 평가 담당자가 학년부장과 담임교사에게 수행평가에 대한 학교의 지침을 알리는 내용이다. 당연하게 생각했던 아래 내용에서 혹시 잘못되었다고 생각하는 부분은 없는가? 하나씩 나누어서 문제점을 살펴보자.

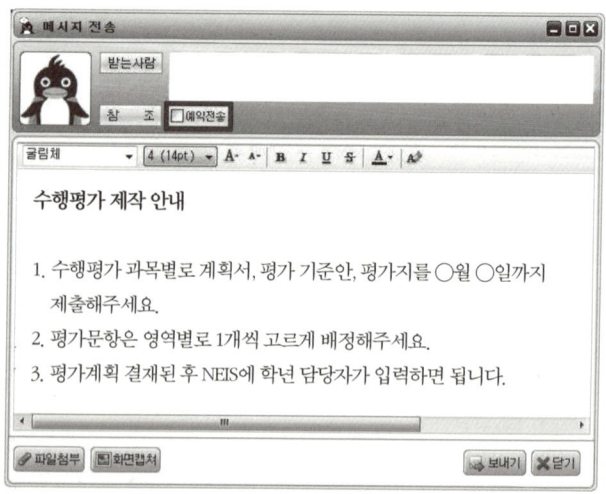

첫 번째, 수행평가계획과 평가지를 함께 제출해야 할까? 평가계획은 학교 공시와 학급의 교육과정 운영을 안내하기 위해서 꼭 필요하다. 그런데 평가지는 왜 필요할까? 아직 교육과정에 대한 고민이 충분하지 않고, 학생들과 학습 상황이 만들어지지 않은 학기 초에 과연 가능한 일일까? 이는 평가에 대한 본질적인 고민이 부족해서 일어나는 일이다. 성취기준에 도달하기 위한 교수학습 활동을 기본으로 교사와 학생이 상호 작용하는 부분에 대하여 평가 장면을 만들고 평가했을 때 가장 좋은 평가를 할 수 있다. 그런데 시작도 하지 않았는데 평가문항을 제출해야 하다 보니 평가의 본질에 맞는 수행평가가 되지 못한다.

두 번째, 평가문항을 영역별로 1개씩 고르게 배정하는 것은 맞는 것일까? 수행평가문항은 성취기준의 행동 요소에 따라서 수행평가와 지필평가 중 어떤 것이 더 적합한 방법인지를 생각한 후에 결정하게 된다. 따라서 영역별로 2개 이상이 될 수도 있고 어떤 영역에서는 수행평가보다 지필평가가 적합하여 평가하지 않는 영역이 있을 수 있다. 그런데 영역별로 1개씩 의무적으로 편성하면서 수행평가에 적합하지 않은 인지적 요소 중심인 지필평가문항이 수행평가로 반영되어 수행평가 본질에 맞지 않는 문항을 학생들이 풀게 된다.

셋째, 평가결과에 대한 승인은 누가 하는 것일까? 학교에서 이루어지는 모든 계획은 담당자가 기안하여 학교장의 결재를 받으면 최종 결정되어 실행하게 된다. 평가는 여기에 한 단계가 더 들어가야 한다. 학교에서 평가, 즉 성적 처리와 관련된 모든 내용은 학교의 학업성적관리위원회의 승인을 거쳐야 한다. 그런데 학교에서 학업성적관리위원회의 역할이 유명무실하여 무시하는데 그것은 규정 위반이다. 학교의

8장 수행평가의 두 얼굴

평가 담당자는 평가계획을 수합하여 학업성적관리위원회에 심의 안건으로 상정하고 심의를 마친 내용을 학교장의 결재를 득하여 시행해야 옳은 과정이다.

학교에서 가장 고생을 많이 하는 담당자의 잘못을 지적하려는 것은 아니다. 단지 우리가 인식하지 못하는 사이에 관행처럼 굳어진 교육환경에 대하여 조금 다른 관점에서 바라보고, 가장 효과적이고 효율적인 평가시스템이 무엇인지 고민해봤으면 하는 마음이다.

좋은 수행평가문항의 조건

모든 평가의 첫 번째 성공 조건은 좋은 문항이다. 좋은 문항의 조건은 그 문항이 가지고 있는 환경에 따라 다양하다. 수행평가에서의 좋은 문항은 다른 지필평가에서 이야기하는 것과 공통점이 많지만, 수행평가라는 새로운 평가환경에서 요구하고 있는 사항이 있다.

다음에서 제시하는 수행평가가 갖춰야 할 조건은 이주호(2014)[10]와 백순근(2000)[11]이 제시한 내용을 참고하여 정리한 것이다.

높은 내용 타당도

첫 번째로는 문항의 내용 타당도가 높아야 한다. 모든 평가문항은 측정하고자 하는 것을 정확하게 측정할 수 있어야 한다. 평가문항을 해결했다면 반드시 성취기준에 도달했다고 할 수 있어야 한다. 그런

10　이주호(2014), 수행평가 문제점과 현장 착근 방안
11　백순근(2000), 수행평가의 원리, 교육과학사.

데 일선 학교에서는 성취기준과 유리된 평가문항이 나타난다. 국어과 글쓰기의 기능을 알아보려면 실제로 다양한 형태의 글을 써서 포트폴리오나 실기형 평가를 해야 하는데, 단순한 선택형 문제로 해결하려는 경우가 있다. '제목을 정하는 방법으로 가장 옳은 것은?', '글의 처음에 쓰면 가장 효과적인 것은?'과 같은 문제로 평가문항을 구성하는 경우가 있다. 이 문항을 해결하면 글을 잘 쓸 수 있지만, 틀렸다고 해서 글쓰기 능력이 없다고 할 수는 없다. 따라서 글쓰기 능력이라면 직접 글을 쓰게 해서 평가하는 것이 가장 좋다.

신뢰도 확보

두 번째로는 평가결과의 신뢰도를 확보할 수 있어야 한다. 수행평가는 산출물이나 논술형 평가와 같이 근거가 명확한 평가 외에도 교사의 전문적인 역량을 발휘해야 하는 구술평가, 관찰평가, 실기평가 등이 있다. 그런데 상황에 따라서 다양한 결과가 나오는 평가문항이라면 바람직하지 않다. 시기와 환경의 변화에도 똑같은 평가결과가 나올 수 있도록 평가문항을 구성해야 한다.

수행 중시

세 번째는 수행을 중시하는 문항이어야 한다. 수행평가는 학생이 알고 있는 것(선언적 지식), 할 수 있는 것(절차적 지식), 수행하는 태도(태도적 지식)를 함께 확인할 수 있어야 한다. 그런데 교실에서는 내용 중심의 선언적 지식을 평가하는 선택형 평가가 주를 이루었고, 수행평가가 도입되었어도 이를 벗어나는 데 어려움을 느끼고 있다. 학생들이 알고 있다고 해서 할 수 있다고 단정할 수는 없다. 그래서 지필평가와 수행평가를 상호 보완적인 입장에서 병행하여 실시하는 것이다. 운동에 대한 지식이 해박하다고 해서 운동 능력이 뛰어나다고 말할 수는 없다. 따라서 수행평가는 지필평가에서 측정할 수 없는, 학생이 할 수 있는 수행과 태도에 중심을 두어야 한다.

정답의 개방성

네 번째는 정답의 개방성이 있어야 한다. 평가는 정해진 답을 외워서 정확하게 적는 암기능력을 확인하는 것이 아니라 문제를 해결하기 위해 자기 생각(지적 능력과 경험)을 정리하여 해결책을 생산해내는 과정이다. 그런데 교실의 평가는 생각을 확장하기보다는 이미 정해진 답을 좇고 있는 게 현실이다. 특히나 수행평가에서는 지필평가에서 측정하기 어려운 다양한 평가방법을 활용하여 사고의 개방성과 확장성을 길러주어야 한다. 프랑스의 대입 시험인 바칼로레아(Baccalaureate)의 철학 문제처럼 자기 생각을 논리적으로 쓸 수 있도록 권장하는 그런 문항이어야 한다.

프랑스 2015 바칼로레아 철학 문제

1. 살아있는 모든 존재를 존중하는 것이 도덕적 의무인가?
2. 나는 내 과거로부터 만들어지는가?

평가권위 확보

 다섯 번째로 교사의 평가권위를 확보할 수 있어야 한다. 교사가 평가문항에 부여한 등급이나 점수에 대해 학생이나 학부모가 가지는 신뢰도를 평가권위라고 한다. 기존의 점수에 따른 평가, 단답형 단위의 평가로 교사의 평가권위가 많이 위축되어 있다. 실제 수행평가는 교사가 학생의 지식, 기능, 가치·태도를 전문적인 판단에 따라 평가하는 방식이다. 따라서 학부모에게 점수에 대한 항의가 들어 왔을 때 명확한 근거를 제시할 수 없는 경우에 교사는 주저하게 된다. 그래서 이런 민원을 피하기 위해 정해진 답을 찾게 하거나, 정답 개수를 통하여 학생들의 평가결과를 주는 경우가 많아 평가권위가 많이 떨어져 있다. 따라서 교사는 수행평가를 실시할 때 명확한 평가 관점에 따른 평가기준(루브릭)을 수립하고 학생들에게 사전에 공개하여 불필요한 논쟁에서 벗어나야 한다.

실용성

 마지막으로 평가 실천을 위해 실용적이어야 한다. 수행평가는 학생 하나하나의 특성을 반영한다. 또한, 과정과 결과를 함께 평가해야 해서 기존의 평가와 비교하여 많은 시간과 노력이 든다. 이런 이유로 교사들이 평가결과를 좀 더 효율적으로 측정할 수 있는 문항의 유혹에 빠지는 경우가 많다. 따라서 평가문항이 구체적이고, 실제 교수학습 활동 안에서 평가가 이루어질 수 있어야 한다. 아무리 좋은 문항도 많은 노력과 시간이 요구된다면 현장에서는 외면받을 수밖에 없다.

 좋은 평가문항은 교사에게는 평가과정과 결과 제시가 효율적이고 효과적이어야 하며, 학생에게는 자기가 알고 있는 것과 할 수 있는 것에 대하여 명확하게 제시할 수 있어야 한다. 이런 평가문항을 제작하기 위해서는 교사의 평가문항에 대한 경험이 선행되어야 한다. 그리고 평가 연수도 좋지만 그보다 더 좋은 방법은 교사들이 모여 학습공동체를 구성하여 집단지성을 모으는 것이다.

수행평가에서 유의할 점

　　　　　　　　　　유사 이래 학교 현장에서는 '평가는 공정하고, 객관적이어야 한다'라는 대명제 하에 평가를 진행해왔다. 왜냐하면, 선발과 분류가 목적이었기 때문이다. 하지만 평가에 대한 본질이 무엇인가에 대한 고민이 커지면서 '평가는 학생의 성장을 지원하여야 한다'라는 명제가 더 크게 자리 잡기 시작했다. 그런데 이 명제 속에 과연 공정하고 객관적이라는 것이 반영되어 있는가를 고민해봐야 한다.

　수행평가는 과거 평가가 가지고 있는 한계를 극복하기 위해서 시작되었다. 그런 만큼 그동안의 평가에 대한 관념에서 벗어날 필요가 있다. 수행평가는 지필평가와 달리 명확한 산출물이 나오지 않는 경우가 많다. 그러므로 교사는 지필평가보다 수행평가에 대한 평가 전문가로서의 역량을 키워야 한다. 특히 정량평가보다는 정성평가가 많은 경우 교사는 명확한 기준을 가지고 평가에 임해야 한다. 그래야 평가에 대한 권위를 확보할 수 있다. 이를 위해 유의할 점을 살펴보면 다음과 같다.

　첫째, 수행평가는 과정과 결과를 함께 평가해야 한다. 과거에는 결과 중심의 평가였다. 그런데 단순히 결과만이 아니라 과제를 수행하는 과정에서의 태도와 변화 과정이 평가의 중요한 요소인데, 이를 누락하게 되어 제대로 된 평가를 하기 어려웠다. 따라서 수행평가는 학생들이 수행하는 과정을 평가하도록 한다. 이를 위해 학생들이 배운 내용을 바탕으로 직접 수행과제를 해낼 수 있는지를 다양한 방법으로 확인하는데, 이때 인지적, 심동적, 정의적 영역을 종합적으로 평가해야 한다. 최근 과정만을 중시하면서 결과를 등한시하는 경우가 있는데 그것은 평가의 본질과 맞지 않다.

둘째, 선택형 평가방법을 지양해야 한다. 수행평가의 가장 큰 장점은 학생의 고등사고력을 측정하는 것이다. 또한, 아는 것과 할 수 있는 것을 함께 평가해야 한다. 선택형 평가와 단순 암기 위주 평가는 이런 취지에 전혀 맞지 않는 방법이다. 또한 학생의 수행을 중심으로 하는 평가에는 적합하지 않다. 지필평가의 연장선상에서 이뤄지는 평가가 되지 않도록 적합한 방법을 선택한다. 또한, 주지 교과에서는 논술형 평가를 가장 많이 사용하는데, 백순근(2000)[12]의 '수행평가 본질을 구현하는 정도에 따른 평가방법의 분류'에 따르면 논술형 평가가 수행성이 가장 낮다는 사실을 알아두어야 한다.

셋째, 정의적 능력을 평가해야 한다. 학생을 평가할 때는 인지적 영역, 심동적 영역, 정의적 영역을 조화롭게 평가해야 한다. 그런데 실제 대부분의 평가가 인지적 영역과 심동적 영역을 중심으로 한다. 수행평가에서는 학생들이 참여하는 태도와 팀원과의 협력 등을 평가해야 한

---

12 백순근(2000). 수행평가의 원리. 교육과학사. p68.

수행평가 본질을 구현하는 정도에 따른 평가방법의 분류

수행평가 본질과의 밀접한 정도	평가방법	비고
높음 ↕ 낮음	실제 상황에서의 평가	널리 사용되고 있는 수행평가방법
	실기시험, 실험실습법, 관찰법	
	면접법, 구두시험, 토론법	
	자기평가 및 동료평가 보고서법	
	포트폴리오	
	연구보고서, 프로젝트법	
	논술형	
	서술형	
	단답형	보통 수행평가방법에 포함시키지 않음
	완성형(괄호형)	
	선다형	
	연결형(줄긋기형)	
	진위형(O, X형)	

다. 특히 협력적 해결능력에 대한 평가가 함께 이루어져야 한다.

넷째, 과제물 중심의 평가를 지양해야 한다. 수행평가의 도입 초기에 '가정 프로젝트'라는 이름으로 가정에서 만든 과제물을 중심으로 평가가 이루어지는 경우가 있었다. 이는 교사가 학생의 수행과정을 지켜보지 못할 뿐만 아니라, 가정에 큰 부담을 준다. 수행평가 결과물이 학생이 아니라 학부모가 한 것이라 '엄마평가'라는 비난을 받았다. 심지어 수행평가 대행업체까지 등장했다. 수행평가 목적에 맞게 학생들의 수행과정을 볼 수 있도록 가능한 한 학교 내에서 평가하도록 한다.

최근 한 사교육업체에서 '자녀의 수행평가를 도와줄 때 한 번에 돕는 시간'이라는 통계조사를 실시했다. 그 결과 1~3시간씩 도와주고 있다는 의견이 가장 많았다. 학교에서는 과제물 중심 평가를 하지 않는다고 하지만, 평가 당사자인 학생과 학부모는 생각이 달랐던 것이다. 이게 수행평가의 현실이다.

　다섯째, 공정하고 신뢰성 있는 평가를 위해 수행평가 기준안이 정교해져야 한다. 수행평가 과제가 학생의 수행과정을 전문적인 관찰 능력을 바탕으로 평가하게 되는 경우가 많아졌다. 수행평가 장면에 따라 정확한 기준의 제시 없이 전체적인 평가를 하면 객관성에 한계가 있게 된다. 이를 보완하기 위해서 정성평가인 경우 구체적인 평가 관점을 학생들에게 미리 제시해야 하며, 평가결과도 평가기준에 의거 실시하여 근거를 마련해야 한다. 이는 수행평가의 신뢰도와 객관도를 확보하기 위해서 꼭 필요하다.

　여섯째, 수행평가 관행에서 탈피해야 한다. 학교에서 관행적으로 내려오고 있는 영역별로 1개씩 꼭 평가하기, 수행평가지 중심의 평가에서 벗어나야 한다. 수행평가는 성취기준의 도달도에 적합한 평가방법으로 접근해야지 성취기준의 도달도와 유리된 평가는 지양해야 한다. 예를 들어, 초등학교 수학과의 도형 영역은 주로 수행평가에 적합한 성취기준임에도 불구하고 이를 지필평가로 보게 하는 것은 가장 먼저 고쳐야 할 문제이다.

8장 수행평가의 두 얼굴

수행평가 평가기준표 만들기

　　　　　　　　　　　　학생의 평가결과를 나타낼 때 가장 익숙한 방법은 점수를 숫자로 기록하는 것이다. 명확하게 정답과 오답으로 딱 나누어지는 경우에는 문제가 없다. 하지만 최근에는 선다형처럼 정답과 오답으로 나누어지는 양적 평가보다는 논술형 평가나 수행평가처럼 가치판단과 기능을 평가하는 등 정오를 명확하게 구분할 수 없는 질적 평가로 전환되고 있다. 따라서 경계에 있는 평가결과나 점수로 환산하기 어려운 부분은 평정 결과를 서술 형태로 나타내는데 이것을 통칭하여 루브릭이라고 한다.

　1990년대 미국에서 수행평가가 등장함에 따라 평가기준표로 개발되면서 루브릭이 대중화되었고, 우리나라에도 평가척도표로 소개되면서 교실에서 사용되고 있다. 교실에서는 총합적 루브릭과 분석적 루브릭을 많이 사용하고 있다. 먼저 총합적 루브릭은 국가교육과정에서 성취기준에 대한 성취수준의 제시처럼 성취기준 전체를 평가하는 형태가 있다. 이것은 학교에서 많이 쓰는 형태이지만, 평가에 대한 명확한 근거를 확보하기 어렵다는 한계가 있다.

평가 목표		일상생활의 문제를 해결하기 위한 토의에 능동적으로 참여할 수 있다.
성취 수준	상	일상생활의 문제를 해결하기 위한 토의에서 의견을 제시하고, 적절성을 평가하여 최선의 해결 방안을 도출할 수 있다.
	중	일상생활의 문제를 해결하기 위한 토의에서 가치 있는 의견을 제시할 수 있다.
	하	일상생활의 문제를 해결하기 위한 토의에서 의견의 적절성을 평가할 수 있다.

분석적 루브릭은 성취기준을 요소별로 분리하여 평가기준을 마련한 후에 평가결과를 합산하여 전체를 평가하는 것이다. 이 방법은 객관적인 근거 확보에는 유리하나, 실제 현장에서 적용할 때 평가자인 교사가 놓치는 요소가 발생할 수 있다. 요소별 평가는 가능하나 자칫 나무만

평가목표	일상생활의 문제를 해결하기 위한 토의에 능동적으로 참여할 수 있다.

평가 요소	평가결과		
	3점	2점	1점
토의 내용 이해도	주제에 대해 정확히 파악하고 논리적으로 입장을 정리함	주제에 대해 정확히 파악하였으나 입장정리가 논리적이지 못함	주제에 대해 정확히 파악하지 못함
	3점	2점	1점
의견의 합리성	토론에서 제시하는 주장과 근거가 매우 합리적임	토론에서 제시하는 주장과 근거가 합리적임	토론에서 주장과 근거가 합리적인지 못함
	6점	4점	2점
토의 참여도	상대방의 주장을 경청하고 존중하는 태도로 매우 우수함	상대방의 주장을 경청하고 존중하는 태도 양호함	상대방의 주장을 경청하지 못한 경우

보고 숲을 보지 못하는 평가가 될 수 있다. 평가 요소별로 측정한 점수를 종합하여 성취수준으로 제시할 때 성취기준 중에서 가장 중요시되는 부분에 대해서는 가중치를 두어 평가의 타당도를 높여야 한다.

 이 두 가지 형태 외에도 다양한 형태의 루브릭을 구안하여 현장에 적용할 수 있다. 교실에서 적용했을 때 학생 전체를 교사 1인이 평가할 수 있는 실용성이 있는 평가도구여야 한다. 또한, 현장의 교사는 수행평가의 다양한 평가방법을 적용하여 평가 역량을 향상시킬 수 있어야 한다.

수행평가문항 개발 절차

수행평가문항은 '수행과제'라고 부르기도 한다. 단순한 시험문제가 아니라 학생들이 활동을 통해 해결해야 하는 과제이기 때문이다. 따라서 수행평가는 교육과정, 수업과 밀접한 관련이 있다.

이해중심교육과정(백워드 교육과정)에서는 교육계획을 세울 때 성취기준에 도달하기 위한 수행과제를 먼저 설정하고, 이를 실천하기 위한 수업계획을 수립하는 방법으로 기존의 수업계획과 평가계획을 바꿔서 계획을 수립하고 있다. 수행평가에서는 학습 과정 중에서 학생들이 수행해야 할 과제들이 평가의 대상이 되는 것이다. 최근 프로젝트 수업에서도 흔하게 될 수 있는 방법이다.

수행평가문항 개발 절차는 크게 평가계획서 수립단계와 수행평가문항(과제) 작성단계로 구분할 수 있다. 평가계획은 수업이 진행되기 전에, 평가문항 작성은 수업 진행 중 또는 완료된 이후에 한다. 프로젝트 학습, 실험실습법 등 수업을 시작하기 전에 문항을 작성하는 경우도 있다. 이것이 일반적인 지필평가의 문항 제작 절차와 다른 점이다.

수행평가 실시 절차 살펴보기

단계	내용
평가계획 수립	○ 교육과정 분석 ○ 성취기준에 적합한 평가 유형 결정 – 성취기준의 내용과 행동 요소 확인 – 수행평가, 지필평가방법 확인 ○ 학급평가계획 수립하기

평가문항 제작	○ 성취기준 분석을 통한 평가 요소 선정
	 – 내용 타당성 확보
	 – 평가 요소의 중복 및 누락 점검
	
	○ 수행평가(과제) 개발
	 – 평가문항 초안 작성
	 – 평가기준표 작성
	  · 예상 답안 작성
	  · 평가기준표(루브릭) 작성하기
	
	○ 수행평가(과제) 검토
	 – 평가기준의 타당도
	 – 수행평가의 적합성
	
	○ 수행평가(과제) 확정

평가 실시	○ 평가 전 평가기준 제시 ○ 실제 상황에서 평가 제시
채점	○ 평가기준표에 적합한 채점 방법 선택 – 평가기준 확인 – 체크리스트, 평정척도법, 일화기록법
평가결과 처리	○ 피드백(재학습) ○ 평가결과 공개

1. 성취기준 분석을 통한 평가 요소 선정

성취기준은 학생들이 학습을 통해 성취해야 할 지식, 기능, 가치·태도의 특성을 진술한 것으로 교사에게는 학생들에게 무엇을 가르쳐야 할 것인지에 대한 목표를 제시한다. 제시된 성취기준에서 측정해야 할 평가 요소를 선정해야 한다. 선정한 요소가 성취기준의 도달을 확인할 수 있는지? 누락된 요소는 없는지를 확인해야 한다. 성취기준과 관련 없는 평가 요소가 포함되거나, 반영되어야 할 중요한 부분이 누락되지 않도록 평가 요소를 선정해야 한다. 이를 통하여 평가의 내용 타당도를 확보하는 것이 중요하다.

2. 수행평가(과제) 개발

추출한 평가 요소에 적합한 평가방법을 선정하고, 평가문항(과제)의 초안을 작성해야 한다. 초안 작성 단계에서는 전체적으로 문항 구성에 필요한 요소들을 빠뜨리지 않아야 한다. 작성한 초안과 함께 평가기준표를 작성해야 한다. 평가방법에 따라 출제한 문항의 기본답안(예상 답안), 인정 답안 등과 분할기준에 따른 부분 점수 및 유의사항 등이 포함되어야 한다.

3. 수행평가(과제) 검토

초안 문항을 제작했다면 다음으로 문항(과제)이 성취기준의 도달도를 확인할 수 있는지, 수행평가에 적합한지, 평가기준표는 균형 있게 제시되었는지를 점검해야 한다. 경험상 한 번에 좋은 문항을 만들기란 쉽지 않다. 따라서 동학년 교사와 함께 검토해야 한다. 이때는 평가 장면, 답안 조건, 평가 요소의 적절성 및 학생들의 다양한 반응 사례, 채점의 용이성을 집중적으로 살펴보도록 한다.

4. 수행평가(과제) 확정

컨설팅 과정에서 발견한 문제점 등을 자세히 따져 본 후 초안 문항에 반영할 것과 반영하지 않을 것을 결정하고 수정 작업에 들어간다. 수정 보완을 마치면 최종으로 인쇄를 해서 수정사항이 최종 문항에 제대로 반영이 되었는지 다시 한 번 검토하고 시험지 유출에 각별히 신경을 쓰는 것으로 마무리한다.

교실 속의 수행평가방법 1
- 기록 방법에 따른 분류

모든 평가방법을 명확하게 구분할 수 있지만, 실제 상황에서는 다양한 방법이 활용되면서 '이 평가방법은 무엇이다'라고 특정하기가 모호한 경우도 많다. 평가방법의 이름이 중요한 것이 아니라 이 방법을 통해 내가 원하고자 하는 평가목적을 달성할 수 있느냐가 중요하다. 따라서 너무 특정 방법과 이름에 제한을 두지 않았으면 한다.

수행평가는 학생의 교육활동에서 교사의 전문적인 판단을 바탕으로

수행평가 분류

분류기준	평가방법	
기록 방법	체크리스트, 평정척도법, 일화기록법	
평가자	자기평가, 상호평가, 교사평가	
평가 장면	구성형	서술형, 논술형, 구술
	산출물형	프로젝트, 보고서(연구, 조사, 탐구), 포트폴리오
	활동요구형	실기평가, 토의·토론
	과정요구형	관찰

다양한 평가방법을 활용하고 있다. 우선 평가 장면에 따라 구술, 면접, 역할놀이, 관찰, 토의, 토론, 연구보고서, 포트폴리오, 실기평가, 프로젝트 등으로 분류할 수 있다. 평가자를 기준으로는 자기평가, 상호평가, 교사평가가 있으며, 기록하는 방법에 따라서는 체크리스트, 평정척도법, 일화기록법 등으로 분류할 수 있다.

체크리스트

체크리스트는 영역별 활동이나 수행 여부를 평정할 수 있는 항목의 모음이다. 평가항목은 주로 이분법적 상황에 관한 내용이 중심이 되며, 정도에 대한 평가에는 적합하지 않은 방법이다. 보통 단순하고, 쉽게 확인이 가능한 내용으로 구체적인 요소가 포함되어야 한다. 이 방법은 학생평가보다는 학생이 할 수 있는 것에 대한 자료를 확보한 후에 학생과 학부모의 상담 자료로 활용하면 좋다. 또한, 동일한 수준의 학생들을 비교하는 데 좋은 방법이다. 학생의 수행 여부를 확인하는 것에 국한하여 사용한다. 예를 들면, 실과 요리 실습에서 학생들의 준비사항을 확인할 때 사용하는 체크리스트가 있다. 각자의 준비물을 가

체크리스트 예시

순	내용	네	아니오
1	손을 씻었나요?		
2	준비물은 다 준비 되었나요?		
3	요리 시 위생복을 착용하였나요?		
4	가스불 주변에 인화성 물질은 없나요?		

져왔는가? 역할 분배를 하고 있는가? 위생 상태는 어떠한가? 등을 확인할 때 합당한 방법이다.

평정척도법

평정척도법은 평가기준에 따라 학생들의 속성이나 반응 등을 평가자의 가치, 판단에 따라 점수를 부여하거나, 몇 개의 범주로 구별하여 만든 평가방법이다. 설문조사에서 많이 쓰는 방법으로 평가기준의 도달정도를 3단계, 4단계, 5단계로 구분하여 결과를 표시한다.

평정척도법은 사용하기에 편리하고 많은 영역을 한꺼번에 평가할 수 있다. 또한, 평가기준에 따른 질적 평가가 가능하고 점수화하여 비교 평가하기에 용이하다. 이에 반해 평가자의 주관이 많이 개입되어 객관적으로 평가하는 데 어려움이 있으며, 요소별 평가로 전체를 반영하지 못한다는 어려움이 있다. 저학년은 주로 3단계 척도법을 사용하며, 고학년일수록 평가척도 단계가 많아진다. 보다 입체적인 평가를 위해서 자유형식 기술과 같은 평가를 혼합하여 사용할 수 있다. 대표적인 예로 교원능력평가를 들 수 있으며 평가방법 또한 동일하다.

평정척도법 예시

순	평가기준	매우 그렇다	그렇다	아니다	전혀 아니다
1	모둠 활동에 적극적으로 참여하였다.				
2	친구들과 협력하며 과제를 해결하였다.				
3	친구들의 설명을 이해할 수 있었다.				
4	다른 사람의 의견도 존중하였다.				

평정척도법 혼합형 예시

순	평가기준	매우 그렇다	그렇다	아니다	전혀 아니다
1	토론의 규칙을 이해하였는가?				
2	토론 주제에 대한 이해도가 높은가?				
3	토론의 적극적으로 참여하였는가?				

토론에 대한 전체적인 생각은?

일화기록법

학교생활에서 학생 개개인을 대상으로 기록할 만한 가치가 있는 것을 구체적 상황이나 행동을 기술하는 방법이다. 교사가 직접 관찰하는 것으로 간단하게 기록할 수 있다. 학생들의 창의적 체험활동과 행동발달사항의 평가 방법으로 많이 활용된다. NEIS에서 교사가 학생의 발달사항을 누적하여 평가결과를 입력할 때 활용하고 있다.

교실 속의 수행평가방법 2
- 평가자에 따른 분류

수행평가는 평가 주체에 따라 자기평가, 동료평가, 교사평가로 구분할 수 있다. 교사평가는 앞에서 언급한 모든 평가에서 주로 사용하는 방법으로 교사의 전문적인 평가 역량을 발휘하여 평가하는 것이다. 자기평가는 학생 스스로 평가하는 것으로 정성평가와 정량평가를 포함한다. 동료평가는 팀을 대상으로 하는 평가방법으로 교사가 관찰하기 어려운 환경에서 학생 상호 간의 평가를 통하여 상호보완적으로 활용할 수 있다.

자기평가

학생 스스로 평가자의 입장이 되어 자신의 교육활동 과정과 결과를 평가하는 방법이다. 지금까지 학교에서 가장 많이 사용했던 자기평가 방법의 유형은 가정통지표상에 자신의 학습태도를 스스로가 체크해 보고 자신의 학교생활을 반성하는 형태였다. 여기에서 말하는 자기평가는 교과의 평가 장면에서 나타나는 상황에 대해 자기 스스로 성찰하는 평가방법이다.

기존의 평가는 교사의 관점에서 평가자가 정해 놓은 답을 향해 가는 것이었다고 하면, 자기평가는 평가 관점은 미리 제공되더라도 스스로 자신을 돌아보는 평가이다. 따라서 학생은 자기를 평가하기 위해 교육활동을 되새김질 해본다. 되새김질은 단순히 교육 장면을 회상하여 자기 행동을 되돌아보는 것에 그치지 않고, 교육활동의 과정과 결과를 확인하면서 복습하는 효과가 있다. 이런 이유로 학생에 의한 평가가 질적 평가에서는 강조되고 있다.

   자기평가에 대한 관점을 수업과 평가를 하기 전에 미리 제시하면 학생들은 스스로 교육활동에서 자신을 통제하고, 자기 조절을 하면서 자기 주도적인 학습환경을 조성한다. 즉 모든 평가 활동의 주체가 학생으로 바뀌면서 평가가 교사의 의도를 파악하기 위한 수동적인 활동에서 학생이 주도하는 능동적인 활동으로 바뀌게 된다.

   자기평가는 오른쪽의 예시처럼 학생의 수준에 따라서 다양한 형태로 제시할 수 있다. 저학년의 경우는 요소별로 체크리스트 형태로 제공할 수 있다. 중학년은 체크리스트와 기록법이 융합된 평가도구를 사용하며, 고학년은 평가요목만 주고 그에 따라서 스스로 평가할 수 있도록 한다.

동료평가

   자기평가가 학생 스스로 특정 주제나 교수학습 영역에 대하여 학습과정이나 학습 결과를 평가한다면, 동료평가는 함께 과제를 수행한 동료를 평가하는 것이다. 예를 들어, 프로젝트를 수행하는 과정에서 팀원들의 역할과 학습 준비도, 학습 동기, 성실성, 만족도, 다른 학습자

초등학교 저학년

우리 학교를 소개하는 책을 만들고 나서 나의 활동 모습과 비슷한 만큼 ♡에 색칠하시오.

순	내용	아니오
1	나는 활동에 적극적으로 참여했나요?	♡♡♡
2	나는 활동을 하면서 친구들의 의견을 존중했나요?	♡♡♡
3	내가 맡은 부분을 잘 했나요?	♡♡♡

매우 잘함 ♥♥♥　잘함 ♥♥　보통임 ♥

초등학교 중학년

이번 프로젝트에 참여하면서 나에 참여에 대한 정도를 나타내 봅시다.

순	내용	상	중	하
1	나는 계획을 세울 때 다른 친구들이 말할 때 주의 깊게 잘 들었나요?			
2	나는 친구들과 이야기를 나눌 때 내 의견만 내세우지 않았나요?			
3	나는 내가 맡은 역할을 이해하고 잘 표현했나요?			
4	나는 역할극을 발표할 때 적극적으로 활동에 참여했나요?			

초등학교 고학년

이번 프로젝트에 참여하면서 조건을 포함하여 자기평가를 해 봅시다.

조건	– 프로젝트 계획에 참여 정도 – 프로젝트 실제에서 나의 역할 – 팀 구성원과의 관계 – 프로젝트 수행 후 평가 및 수정 방법

다음 기준에 해당되는 모둠의 친구의 이름을 써 봅시다.(상호평가)

기준	친구이름			
도움이 되는 아이디어와 조언을 제공했나요?				
다른 친구들의 의견을 듣고 주의 집중했나요?				
다른 친구들이 참여하도록 격려했나요?				
생각을 분명하고 이해하기 쉽게 말했나요?				

들과의 관계 등을 생각해보고 동료를 평가함과 동시에 자신을 되돌아보는 효과를 가질 수 있다. 평가방법은 자기평가와 형태가 비슷하다.

여기에 소개한 수행평가 사례는 현장에서 가장 빈번하게 사용되고 있는 방법을 중심으로 제시했다. 특히 현장에서 활용되기 쉽도록 루브릭을 평가 본질과 현장 적용성을 최대한 반영하여 제시했다. 여기에 제시한 사례를 재구성하여 활용하면 좋을 것이다.

교실 속의 수행평가방법 3
- 평가 장면에 따른 분류

이번에는 평가 장면에 따라 어떤 평가방법이 있는지 살펴보자.

서술형 및 논술형 평가

평가의 변화가 시작되면서 가장 많이 듣는 것이 논술형, 서술형 평가방법이다. 그동안의 평가가 학생이 자기 생각을 표현하는 것이 아니라 평가자의 생각을 읽어서 평가자가 원하는 정답을 선택하게 하여 학생들의 고등사고력을 측정하기 어렵다는 문제가 제기되었다. 서술형·논술형 평가는 이런 문제를 가장 쉽게 해결해 줄 것이라는 확신이 있었고 기존 평가 환경과 유사하여 현장에서 쉽게 시행될 수 있으리라 생각되어 도입되었다.

서술형 평가는 요약, 개념, 이해, 설명, 풀이 과정 등 사실을 바탕으로 기술하는 평가이며, 논술형 평가는 자기의 의견, 주장을 논리적으로 기술하는 평가로 정의하고 있다(경기도교육청, 2014).

교사들이 문항을 제작할 때 서술형 평가문항과 논술형 평가문항을 구분하기 모호한 경우도 있고 구별이 특별한 의미가 없는 경우가 많다. 따라서 특별한 경우를 제외하고는 서로 구별하지 않고 '서술형 및 논술형 평가'와 같이 묶어서 사용한다(백순근, 2000). 경기도교육청은 논술형 평가와 서술형 평가를 통칭하여 논술형 평가로 부르고 있다. 최근 서술형 및 논술형 평가는 수행평가의 본질과 밀접도가 낮아 수행평가로 보지 않고, 지필평가에서 주로 활용하고 있다. 논술형 평가에 대한 보다 자세한 내용은 9장에서 다루고자 한다.

구술시험

구술시험은 인류 역사상 가장 오래된 평가방법이다. 평가자가 학생에게 주제를 제시하고, 생각할 시간을 준 후 평가자가 직접 학생을 평가하는 방법이다. 논술형 평가가 평가지에 생각을 쓰는 것이라면 구술평가는 말로 표현한다. 우리나라 과거시험에서도 최종 시험에서 '책문策問'으로 임금이 직접 나라의 현안에 대하여 물어서 평가했는데 이 또한 구술시험이었다. 이런 방법은 평가의 효율성이 강조되면서 사용되지 않다가 최근 의사소통능력의 중요성이 대두되면서 다시 국어, 영어과에서 사용되고 있다.

독일에서는 아비투어(Abitur)[13]에서 구술시험을 시행하고 있다. 학생에게 문제지를 주고 20~30분 정도의 준비시간을 준다. 그 시간 동안 간단히 생각을 정리한 후 시험장에서 생각을 발표한다. 이때 공정한

---

13 논술과 구술로 이루어진 독일의 대입자격시험이다. 고등학교 졸업자격고사라고 할 수 있다. 시험에 합격하면 'Zeugnis der allgemeinen Hochschulreife'이란 문서가 발행되며 여기에 등급이 적혀 있어서 대학에 배치될 때 사용된다.

채점을 위해 2명의 평가자가 동시에 평가하며 결과에 대해서는 1년 안에 이의를 제기할 수 있다. 우리나라의 학위논문 심사와 비슷하다.

구술시험은 학생에게 특정 교육 내용이나 주제에 대해 의견과 생각을 발표하게 하여 준비도, 이해력, 표현력, 판단력, 의사소통능력 등을 직접 평가한다. 학교에서 구술시험을 보기 위해서는 구체적인 평가기준표(루브릭)를 작성하여 활용해야 한다. 주제에 대한 이해능력, 판단력, 표현력, 의사소통능력 등을 평가 요소에 반영해야 한다. 평가 요소를 평가 장면과 주제에 따라 구체적으로 진술함으로써 타당성과 신뢰성을 확보해야 한다. 구술시험은 교사와 학생이 일대일로 진행되어 많은 시간이 소요되고, 다른 학생들의 관리 면에서 어려움이 있어 사전에 동학년 교사, 교과전담 교사와의 협력이 필요하다.

토의·토론법

토론은 어떤 주제에 대하여 의견이 서로 다른 사람들이 상대방에게 근거를 들어 주장하고, 반박하며, 설득하는 것을 말한다. 정문성(2008)은 '토론은 어떤 주제에 대해 서로 다른 주장을 하는 사람들이 논증과 실증을 통해 규칙에 따라 자기주장을 정당화하여 다른 사람을 설득하려는 말하기, 듣기 활동'이라고 정의하고 있다.

이런 이유로 국어과 교육과정에서는 다양한 토론 방법과 규칙, 유의점 등을 배우고, 실제 토론을 통하여 토론의 기능을 익히도록 하고 있다. 국어과에서 배운 토론 기능을 바탕으로, 다른 교과에서도 평가기준이 가치판단 및 문제해결을 위한 경우에 여러 가지 토론 방법을 사용한다. 학년의 위계에 맞는 토론 방법을 활용하여 타 교과의 내용 지

문항설계

과목	국어	학년	5학년 2학기	평가방법	토론법
관련단원	3. 토론을 해요.				
성취기준	국1615-1 토론의 절차와 방법을 설명할 수 있다. 국1615-2 토론에서 참여자의 역할을 적절히 수행할 수 있다. 국1615-3 토론의 논제에 대하여 입장을 일관되게 유지하며 토론할 수 있다.				
평가 요소	토론의 절차와 방법을 알고, 토론의 참여자가 되어 논제에 맞게 토론에 참여하기				

수행평가 과제

아래와 같이 토론주제를 제시하고, 실제 토론을 진행하면서 평가한다. 본 수행평가의 성취기준은 토론의 절차와 방법을 알고, 실제 토론에 참여하여 논제에 맞게 토론을 하는 것이다. 따라서 토론과정을 모둠별로 동시에 평가하기보다는 시차를 두어 교사가 전체를 평가하여야 한다.

> 토론주제 : 학교에서 학생들의 휴대폰 사용을 허락해야 한다.
> 교사 : 학교에서 학생들의 휴대폰 사용에 대한 토론을 실시하려고 합니다. 토론 형식은 찬반 대립토론입니다. 모둠별로 역할을 정하고, 개인별 입장정리 시간은 5분이며, 팀별 입장 정리 시간은 5분입니다. 토론은 20분에 걸쳐 이루어지며 토론이 종료된 후 자신의 입장을 재정리하는 시간을 갖습니다.
> 학생 : 학교에서 학생들의 휴대폰 사용을 허락해야 한다. 자신의 입장을 정리한 후 토론에 참여한다.

자기 평가표

평가 영역	평가기준	평가		
		상	중	하
주장 펼치기	주장이 설득력 있고, 근거가 타당하고 믿을 만한가?			
반론하기	상대편의 주장과 근거의 문제점을 찾아 반박하는 주장을 펼쳤는가?			
	상대편이 제시한 반론에 대하여 적절히 반박하였는가?			
주장 다지기	주장과 근거를 다시 정리하여 주장을 분명히 하였는가?			
태도	토론의 규칙을 잘 지켰는가?			
	상대편의 말을 경청하며 예의바른 태도로 참여하였는가?			

수행평가 기준안

평가 영역	평가 요소	배점 상	배점 중	배점 하
토론의 준비	토론의 주제에 맞는 준비를 철저하게 하였는가?	3	2	1
주제에 대한 이해도	주제에 대해 정확히 파악하고 논리적으로 입장을 정리하는가?	3	2	1
토론 규칙과 방법	토론의 절차와 방법에 대한 이해도가 우수하며 주장과 근거가 논리적인가?	6	4	2
토론 태도	상대방의 주장을 경청하고 존중하려고 하는가?	3	2	1

성취수준

점수		
12점 이상	토론의 절차와 방법을 잘 알고, 토론의 참여자가 되어 논제에 맞게 토론하는 능력이 우수함	상
6~11점	토론의 절차와 방법을 알고, 토론의 참여자가 되어 논제에 맞게 토론에 참여함	중
5점 이하	토론의 절차와 방법을 모르며, 토론의 참여자가 되어 논제에 맞게 토론 참여가 미흡함	하

식을 해결하는 도구로 활용하고 있는 것이다.

실제 교실에서 가장 많이 사용하는 것은 찬반 토론법이다. 논술형 검사와 구술시험을 통해 얻는 정보를 모두 얻을 수 있는 장점이 있지만, 학생 수가 많은 경우 개별 학생들이 충분한 발언 기회를 얻지 못하는 단점도 있다. 찬반 토론법을 시행할 때도 구술시험과 비슷하게 평가기준표를 이용하여 특정 학생의 준비도, 이해도, 조직력, 표현력, 판단력, 의사소통능력, 토론 태도 등을 평가할 수 있다(백순근, 2000).

수행평가에서는 찬반 토론법을 많이 활용하고 있다. 찬반 토론법에서는 역할에 따라 하는 일이 달라 평가에 어려움이 있다. 따라서 사회자, 찬성 측과 반대 측 토론자, 판정인이 서로 역할을 바꿔가면서 토론하는 것을 평가해야 한다. 이때 자기평가와 동료평가가 함께 이루어지면 더욱 체계적인 평가를 할 수 있다.

토론법을 통한 수행평가는 명확한 평가기준이 마련되어야 한다. 그리고 그 기준을 사전에 학생들에게 제시해야 한다. 토론에서 주로 살펴야 할 평가 요소로는 주제에 대한 이해와 토론의 규칙, 토론의 임하는 태도 등 지식과 기능, 가치·태도를 종합적으로 평가해야 한다. 토론은 단순히 이기는 것이 아니라 상대방을 설득하여 최선의 결론에 도달하려는 것이므로 좋은 토론을 위하여 올바른 평가방법을 학생들에게 지도해야 한다.

토론을 통한 평가는 목적에 따라 가중치를 두어야 한다. 국어과에서 토론 규칙과 방법이 주요 성취기준이라면 토론의 운영에 가중치를 두어야 하며, 다른 교과에서 가치판단이나 문제해결이 평가의 중심이라면 이 부분에 가중치를 두어야 한다.

실기시험

실기시험은 수행평가가 도입되기 이전부터 예체능 및 실과 교과에서 사용하던 방법이다. 과거의 실기평가가 주로 기능에 관한 결과 중점의 평가였다면, 수행평가에서는 실제 상황에서의 지식, 기능, 태도를 함께 평가하여 실제 잘할 수 있는가에 중점을 둔다. 다음 표에서 제시하는 체육의 경쟁 영역에서 발야구의 평가를 비교하면 쉽게 그 변화

구분		과거의 실기평가	수행평가에서 실기평가
평가 장면		인위적으로 조성	실제 경기에서 평가
평가 요소	지식	(없음)	발야구 규칙 이해
	기능	공을 멀리 차기 공을 정확하게 던지기 공을 정확하게 받기	공격수로서 전략적인 공차기 수비수로서 공을 잡아서 원하는 곳에 던지고 받기
	태도	(없음)	게임에 적극적으로 참여하기 게임에서 동료 배려하기

를 이해할 수 있다.

발야구 수업을 살펴보면, 먼저 학생에게 발야구의 기본 기능을 익히게 한 후 실제 경기를 해보면서 규칙을 이해하고, 이기기 위해서 다양한 작전을 세워본다. 수업은 과거나 현재 모두 동일하게 진행되고 있다. 그런데 수행평가 상황을 살펴보면 과거에는 공격수로서의 능력을 평가하기 위해 인위적인 평가 장면을 설정하고 한 명씩 나와서 공을 놓고 차게 했다. 이때 공을 멀리 차는 학생에게 높은 점수를 주었다. 수비수로서의 능력을 평가하기 위해 공을 상대방에게 정확하게 던지고 받는 것을 측정했다. 그리고 이 둘을 종합하여 평가를 마무리했다.

과연 이 평가 결과가 내용 타당도가 높다고 할 수 있을까? 아무리 높이 멀리 찼다고 하더라도 플라이 아웃이 되었다면 공격수로서의 능력은 없는 것이다. 수비수가 되어 정확하게 볼을 던졌는데 늘 상대방 공격수를 아웃시키지 못했다면 수비수로서의 능력이 높다고 할 수 없다. 그래서 좋은 평가는 실제상황에서 평가라고 하는 것이다. 아래 제시한 평가방법은 초등학교 5학년의 체육과 수행평가 사례이다.

8장 수행평가의 두 얼굴

문항설계

과 목	체육	학년	5학년 1학기	평가방법	실기평가
관련단원	3. 발야구				
성취기준	체6313. 필드형 경쟁 활동을 하며 전략을 창의적으로 적용할 수 있다.				
평가 요소	발야구의 규칙을 이해하여 게임에 승리하기 위해 전략을 수립하여 참여하기				

수행평가 과제

발야구의 기본 기능을 익히고, 경기하는 방법을 배운 후에 실제 발야구 게임을 한다. 학생들은 자연스럽게 발야구 게임을 하고, 교사는 심판을 보면서 학생들이 참여하는 모습과 공격과 수비하는 모습, 협력하는 모습, 발야구 게임에 대한 이해에 대하여 평가한다.

> 교사 : 평가 관점에 따른 평정척도표, 채점기준표
> 학생 : 팀별로 발야구 참여, 팀을 다양하게 구성하여 발야구 경기 실시

수행평가 기준안

평가 영역	평가 요소	배점		
발야구 규칙 이해	발야구의 규칙을 이해하고 있는가?	3	2	1
	게임 상황에 알맞은 전략을 이해하고 이를 게임에 창의적으로 적용할 수 있는가?	3	2	1
공격	수비수의 위치를 확인하여 공을 보낼 위치를 선정하고, 공격을 할 수 있다.	3	2	1
수비	게임 상황에 따라 수비의 위치와 역할을 수행하고 있는가?	3	2	1
참여도	필드형 게임을 하며 자신에게 주어진 역할을 알고 자기 책임감을 적극적으로 실천할 수 있다.	3	2	1

성취수준

점수	성취수준	
12점 이상	발야구의 규칙을 잘 이해하고, 게임 상황에 맞는 전략을 수립하여 게임에 책임감을 가지고, 적극적으로 참여하였다.	상
6~11점	발야구의 규칙을 이해하고, 게임 상황에 맞는 전략을 수립하여 게임에 책임감을 가지고 참여하였다.	중
5점 이하	발야구의 규칙에 대한 이해가 부족하고, 게임에 소극적으로 참여하였다.	하

    발야구 수행평가를 위하여 교사는 실제 아이들의 경기를 여러 번 관찰한다. 경기를 관람하면서 경기 중에 적용되는 발야구의 규칙에 대한 학생들의 이해도를 평가해야 한다. 공격수의 능력은 플라이 아웃이 되더라도 공을 멀리 차는 것이 잘한 것이 아니라 안타를 치기 위해서 수비수의 위치를 파악해서 원하는 위치에 공을 보내는 것을 평가해야 한다. 수비수는 상대방의 공을 잡아서 무조건 1루에 던져서 아웃시키는 것이 아니라 주자 상황을 고려하여 수비하는지를 평가의 근거로 삼아야 한다. 여기에 적극적인 참여 정도와 경기 중에 친구를 격려하고 배려하는 태도 영역까지 종합하여 평가하는 것이 수행평가에서의 실기평가이다.
    실기평가는 과거엔 예체능 교과와 실과에서 주로 사용했으나 최근에는 국어과의 쓰기, 듣기, 말하기 영역과 수학, 사회 등 다양한 영역으로 확장되어 사용되고 있다.

관찰법

 관찰은 학생을 이해하고 평가하는 데 가장 보편적인 방법의 하나이다. 교사는 늘 학생들을 접하며 개별 학생 단위나 집단 단위로 항상 관찰할 수 있다. 개인 간 또는 소집단 간의 역동적 능력이 낮은 학생들을 평가하기 위해서 평가 상황을 의도적으로 마련할 수 없기 때문에 자연스러운 상황에서의 관찰법을 자주 사용한다. 객관적이고 정확한 관찰을 위해서는 관찰 대상을 있는 그대로 기술하는 일화기록법이나, 체크리스트나 평정 척도 등을 이용하기도 하고, 경우에 따라서는 동영상을 찍어 분석하기도 한다. 참고로 국어 수업 시간에 수시로 학생들에게 '읽기'를 시킨 후에 개별 학생의 읽기 능력을 자연스러운 관찰을 통하여 평가할 수 있다.

보고서법

 수업의 형태 변화로 학생의 사고력을 보고서 형태로 평가하는 수행평가가 많아졌다. 보고서법에는 연구보고서, 실험실습법, 조사보고서법 등이 있다.

연구보고서

 연구보고서는 대학생의 리포트나 과학영재 학생들의 산출물에서 주로 볼 수 있었던 과제였다. 2007 개정 교육과정이 도입되면서 자유탐구영역이 학년마다 6시간씩 배정되면서 교내 자유탐구대회가 활성화되었고, 학생들이 보고서에 익숙해질 수 있었다.

 과학과의 자유탐구에서는 학생들이 관심 있는 주변의 과학적 현상이나 사실을 바탕으로 주제를 설정하고 이를 과학적인 방법으로 문제를 해결하는 과정을 다양한 형태의 보고서를 통하여 나타내고, 이를 바탕으로 평가한다. 이때 단순히 보고서를 평가하는 데 그치지 않고, 학생들과 평가위원들 앞에서 발표하는 과정을 통하여 과학적 탐구능력에 대한 공유와 사고력을 확장하는 계기로 활용하고 있다.

교사는 단순한 평가자의 역할이 아니라 과정 중간에 개입하여 현재 상황에 대한 진단과 조언을 통하여 학생들의 연구수행을 점검하고 잘못된 부분에 대한 피드백을 통하여 바른 방향으로 진행하도록 도움을 주어야 한다.

연구보고서 기간은 사전에 학생에게 안내하여 주제 선정에 참고하도록 해야 한다. 주제에 따라서 소요기간이 다양하므로 1학기에 계획하여, 방학 동안에 다양한 탐구활동이 이루어질 수 있도록 시간을 보장해주고, 2학기에 보고서 발표대회를 진행하는 것이 일반적이다. 초등학생들은 연구보고서를 작성하는 것이 어려울 수 있으므로 보고서에 들어갈 요소에 대한 설명과 보고서 작성에 들어갈 일정한 형식을 미리 제공한다. 그러나 보고서 형식은 개인에 따라 다양하게 구현될 수 있으므로 특정 형식을 강요해서는 안 된다.

수행평가의 요소는 단순히 보고서의 형식과 내용에 그치지 않고, 발표와 겸하고 있으며 이때 발표하는 태도는 물론 연구수행 중간의 과정에 대한 질의, 응답을 통하여 과학적 사고력과 문제해결력도 평가해야 한다.

실험실습법

　실험실습법은 초등학교 과학과에서 주로 실시하는 방법이다. 과학 수업 시간에 실험을 하게 한 다음 실험 과정과 결과를 보고서로 제출하게 하여 평가한다. 실험 주제와 규모에 따라서 개인별 실험이나 모둠별 공동 실험을 하게 할 수도 있다.

　평가자는 실험보고서에 대한 평가와 함께 실험 과정에서의 태도, 실험기구 다루기, 모둠별 협력관계를 직접 관찰하여 평가한다. 이러한 방법은 실험실습을 위한 기자재의 조작 능력뿐만 아니라, 지식을 적용하는 능력이나 문제 해결 과정을 포괄적이면서도 종합적으로 평가할 수 있다. 또한, 모둠별 평가에서 무임승차를 방지하기 위해 자기평가와 동료평가를 함께 실시해야 한다.

조사보고서

　조사학습은 초등학교 고학년에서 빈번한 수업진행 방법이다. 특히 숙제로 가정에서 인터넷을 활용하여 조사한 자료를 바탕으로 수업을 진행하는 경우가 많다. 미래 인재 핵심역량인 자기 주도적 학습능력을 기반한 수업 형태이다.

　2009 개정 교육과정의 '자료를 조사할 수 있다'라는 성취기준을 측정하기 위해서 활용하는 평가방법이다. 가정에서 숙제로 조사한 내용을 바탕으로 정리하게 하는 것과 학교 도서관과 컴퓨터실을 이용하여 자료를 조사하게 한 후에 정리하게 하는 것 중에서 어떤 것이 더 효과적일지 굳이 말로 하지 않아도 된다.

　하지만 학교 현장에서 평가는 그런 모습이 아니다. 가정학습으로 대체하여 평가하는 경우가 대부분이다. 그렇게 되면 학생들 간의 평가환경의 차이로 인하여 평가결과의 신뢰도와 공정성에 시비거리가 된다.

성취기준의 도달 정도를 알아보기 위한 조사학습을 한다. 조사한 내용을 주제에 맞게 취사선택하여 보고서로 제작하여 평가한다. 모둠별 조사보고서 형태로 진행하면 모둠원 간의 동료평가와 함께 실시한다. 이는 팀별 과제에서 가장 경계해야 할 무임승차에 대한 고민을 해결해 줄 수 있다.

다음의 조사보고서는 초등학교 6학년 1학기의 역사에서 인물을 조사하는 성취기준에 도달하기 위해 역사적 위인 선정을 위한 추천서를 쓰는 것으로 조사보고서 형태를 변형한 것이다. 물론 성취기준의 평가 요소인 인물의 업적, 의미, 후세에 남긴 의미 등을 포함하여 작성하도록 조건을 제시했다. 조사보고서를 특정 형식에 끼워 맞추기보다는 다양한 아이디어와 결합하여 평가하는 것이 좋다.

문항설계

교과	학년-학기	내용·행동 영역	수행평가 유형	난이도
사회	6-1	역사·적용	조사보고서	중

관련단원	1-2. 새로운 문물을 받아들인 조선
성취기준	역6043. 새로운 문물의 전래 모습을 알고 정조의 화성 건설과 정약용의 업적을 조사할 수 있다.
평가 요소	역사적인 인물(정약용, 정조)에 대한 추천서 작성하기

8장 수행평가의 두 얼굴

수행평가 과제

'한국역사재단에서는 한국을 빛낸 역사적 인물을 선정하기 위한 추천서를 받는다'라는 안내문이 학교홈페이지에 올라왔습니다. 아래 조건을 잘 읽고 추천서를 작성해 봅시다.

구분	내용
인물	정약용, 정조 중 1명 선택
내용 포함	– 추천 동기 – 인물의 업적 – 후손에게 남긴 의미

수행평가 관점표

1. 인물의 업적에 대한 자료를 수집하고 활용하였는가?
2. 인물의 업적과 인물이 후대에 남긴 의미가 잘 드러났는가?
3. 추천서의 형식과 내용이 적절한가?

채점기준

순	평가 요소	점수 상	점수 중	점수 하
1	인물의 업적에 대한 자료를 수집하고 활용하였는가?	6	4	2
2	인물의 업적과 인물이 후대에 남긴 의미가 잘 드러났는가?	6	4	2
3	추천서의 형식과 내용이 적절한가?	3	2	1

성취수준

점수	성취수준	
11점 이상	새로운 문물의 전래 모습을 알고, 정조의 화성 건설과 정약용의 업적을 조사하여 그 의의를 매우 잘 설명할 수 있다.	상
6~11점	새로운 문물의 전래와 관련하여 정조의 화성 건설과 정약용의 업적을 조사할 수 있다	중
5점 이하	새로운 문물의 전래와 관련된 정조와 정약용의 업적을 조사하지 못한다.	하

프로젝트법

  '프로젝트'는 학교보다는 일반 회사에서 먼저 사용한 용어로, 새롭게 시도되는 연구계획이나 사업계획을 부르는 말이다. 학교에서는 학생이 과제를 해결하기 위하여 개인이나 모둠이 학습계획을 수립하고, 다양한 교육활동의 실천을 통하여 성과물이나 활동을 제시하고 전시하는 수업방법을 의미한다.

  특히 2007 개정 교육과정 이후 교육과정 재구성이 활발해지면서 교과 내 재구성과 교과 간 재구성이 학교에서 많이 활용되었고, 재구성을 통한 교육활동의 주체가 교사에서 학생으로 바뀌면서 학생들이 교사가 준비한 재구성 주제를 통째로 운영하는 프로젝트가 일상화되고 있다.

  프로젝트 운영에서 교사는 단순한 방관자로만 머무는 것이 아니라 학생의 수준에 따라서는 주도적 리더에서 관찰자에 이르기까지 다양한 역할을 수행한다. 교사는 학생의 활동을 다양한 평가도구를 활용하여 평가할 수 있어야 한다. 앞에서 언급했던 여러 가지 방법 중에서 활동에 가장 최적인 평가방법을 확인하고, 사전에 프로젝트 속에서 평가요소가 도출될 수 있도록 안내해야 한다.

  프로젝트가 팀별 과제가 되면서 늘 걱정스러운 부분은 무임승차이다. 프로젝트가 수업 시간을 넘어 방과 후 활동에 이어지면서 모둠원 간의 팀 역할을 관찰할 수 없을 때가 많다. 따라서 동료평가와 자기평가를 활용하여 평가에 대한 동기를 부여해야 한다.

  다음은 초등학교 5학년을 대상으로 실시한 '우리 모두가 소중한 인권'이라는 과제를 해결하기 위한 과정이다.

8장 수행평가의 두 얼굴

프로젝트 과제

우리의 소중한 인권에 대하여 알아보고, 우리 학교 학생들에게 인권의 소중함을 알릴 수 있도록 캠페인 활동 및 홍보자료를 제작한다. 팀 구성은 4명이 한 팀이 되며, 남학생 2명, 여학생 2명으로 한다.

미션 1. 인권 홍보자료 제작하기
미션 2. 인권 캠페인 하기
미션 3. 소중한 인권을 위한 전시회 참여하기

단계	수업 내용	평가방법
준비하기	- 우리의 소중한 인권에 대한 과제 안내 - 과제를 해결하기 위한 팀 구성 - 팀별 과제 수행을 위한 계획 수립하기	
실천하기	- 팀별 과제 수행을 위한 준비 - 미션 수행을 위한 연습	
발표하기	- 팀별 미션 수행(전시활동, 캠페인활동, 보고서 발표)	관찰평가, 작품분석법
평가하기	- 프로젝트 활동 평가하기 - 자기평가 및 동료평가 하기	자기평가 동료평가

관찰평가(캠페인 활동)

구분	평가 내용	상	중	하
캠페인 준비	캠페인 준비를 위하여 맡은 역할을 충실하게 수행하였는가?			
캠페인 내용	캠페인 과정과 내용이 목적에 적합한가?			
캠페인 참여태도	캠페인 활동에 적극적으로 참여하였는가?			

작품 평가(인권 전시회)

구분	평가 내용	상	중	하
주제의 전달력	전시회 작품이 인권의 주제를 잘 전달하고 있는가?			
표현의 참신성	주제의 특징과 느낌을 구체적이고 독창적으로 표현하였는가?			
작품의 구성력	주제를 알리기 위해 다양한 형식의 작품으로 구성하였는가?			

자기평가

- 이번 프로젝트에 참여하면서 나에 참여에 대한 정도를 나타내 봅시다.

순	평가 내용	상	중	하
1	나는 계획을 세울 때 다른 친구들이 말할 때 주의 깊게 잘 들었어.			
2	나는 친구들과 이야기를 나눌 때 내 의견만 내세우지 않았어.			
3	나는 내가 맡은 역할을 이해하고 실감나게 잘 표현했어.			
4	나는 역할극을 발표할 때 적극적으로 활동에 참여했어.			

동료평가

- 이번 프로젝트에 참여하면서 함께한 친구들의 참여한 정도를 나타내 봅시다.

(우수: 3점, 보통: 2점, 미흡: 1점)

순	평가 내용	친구 이름		
1	나는 계획을 세울 때 적극적으로 참여하였는가?			
2	캠페인과 전시회 활동 시 역할을 충실히 하였는가?			
3	프로젝트 동안 친구를 배려하고 협력하였는가?			

포트폴리오법

'포트폴리오'라는 용어가 회자되기 시작한 것은 취업을 위해서 자신이 그동안 쌓은 경력과 제작한 작품 등을 모아서 회사에 제출했던 것에서부터였다. 회사에서 직원을 채용하기 위해 여러 작품을 모아 보았던 이유는 우수한 인재를 선발하기 위해서일 것이다. 하나의 작품이나 평가결과로는 제대로 평가가 되지 않았고, 회사에서 필요한 인재를 놓치지 않기 위해서는 다양한 근거가 필요했는데 그 근거의 모음이 바로 포트폴리오였다.

포트폴리오의 사전적 의미는 자신의 실력을 보여줄 수 있는 작품이나 관련 내용 등을 집약한 자료수집철 또는 작품집이다(두산백과). 최근에는 그림이나 사집첩 외에도 다양한 영역에서 포트폴리오가 활용되고 있다. 대입에서 입시사정관제가 실시되면서 평가방법 외에도 자신의 역량을 표현하는 스펙의 모음으로도 불린다.

포트폴리오의 특징은 내용 선택에 있어 교사와 학생의 의견과 학생의 목표설정이 포함되며 평가의 증거자료에는 반성적 진술을 포함해야 한다. 대표적이고 지속적으로 개선할 수 있는 내용을 선택하여 수집하고 학생의 성취에 관하여 타인과 의사소통할 것을 촉진하며 학생의 약점보다는 장점을 파악할 수 있게 해준다(김영천, 2007:456).[14]

포트폴리오는 단편적이고 일회성이라는 기존 평가의 문제점을 극복하고, 학생의 성장 과정을 볼 수 있는 평가도구로 활용되면서 국어과에서의 쓰기 능력과 미술과에서의 표현 능력, 과학과에서의 실험 능력 등을 평가할 때 많이 활용되고 있다.

국어과에서의 글쓰기는 편지글 쓰기, 기사문 쓰기, 주장하는 글쓰기, 감상문 쓰기, 시 쓰기, 대본 쓰기 등의 다양한 형태로 학년에 따라서 존재한다. 그런데 한 편의 글로 학생의 모든 글을 평가하기는 어렵다. 따라서 각 학년에 존재하는 글쓰기의 영역에 따라서 주제를 다르게 하거나 형식을 달리하여 글을 쓰게 하고 학기 말에 모음집을 평가하면 학생에 대해 좀 더 정확한 평가를 할 수 있다. 또한, 글쓰기 중간중간 교사의 피드백은 학생의 다음 글쓰기에 반영되어 보다 좋은 글쓰기가 될 수

---

14 김영천(2007). 현장교사를 위한 교육평가

있다. 학생의 쓰기 능력은 시간이 흐름에 따라 변화하는데, 그 변화를 평가에 반영하는 것이 수행평가의 본질에 더 부합할 것이다.

 과학과에서의 실험보고서 평가에서도 하나의 실험을 평가하기보다는 학기나 학년 단위의 보고서 모음을 평가하는 것이 학생의 수준을 제대로 평가할 수 있는 척도표일 것이다. 평가척도표는 실험보고서의 평가척도표를 누적하여 평가하면 된다. 전체 실험보고서에 대한 결과를 평균하여 학생을 평가하는 것보다는 실험보고서의 질적 변화를 살펴서 발전 과정을 확인하면서 반영하는 것이 보다 효과적이다.

 미술과에서 표현활동은 가장 대표적인 수업이다. 여러 가지 재료를 활용하여 다양한 주제를 표현하는 것은 이미 학교에서 자주 실시하고 있다. 최근에는 미술과 포트폴리오라고 해서 미술 시간에 활동했던 모든 작품을 모아서 평가하는 방법이 많이 사용되고 있다. 다양한 설치미술과 찰흙을 이용한 조소 활동 결과물 등은 교실에 모아두기가 곤란할 경우에는 촬영하여 자료로 남겨두면 효과적으로 평가할 수 있다.

 다음에 소개하는 것은 국어과에서 5~6학년군의 성취기준인 '1631-4.쓰기의 과정에 따라 한 편의 글을 쓸 수 있다'를 평가하기 위한 과정이다.

 다양한 형식의 글쓰기를 포트폴리오 방법을 활용하여 일회성의 글쓰기가 아닌 학생의 글쓰기 과정의 성장을 확인하고, 성장 과정에 대하여 평가할 수 있다. 수행과제를 학기 말에 통합하여 한꺼번에 평가하는 것이 아니라 글쓰기 단계마다 평가를 실시하여 학생에게 피드백을 제시하여야 한다. 글쓰기의 평가관점과 채점기준표는 글쓰기 형식과 교과의 내용을 중심으로 따라 마련되어야 한다. 그런데 위의 성취

8장 수행평가의 두 얼굴

기준을 확인하기 위해 한 편 또는 하나의 형식의 글로만 평가한다면 평가의 타당성을 확보하는 데 문제가 될 수 있다. 따라서 이 성취기준의 적합한 평가방법은 포트폴리오 형태의 글쓰기를 하는 것이 좋다.

문항설계

과목	국어	학년	5학년 2학기	평가방법	포트폴리오
관련단원	10. 글쓰기의 과정				
성취기준	1631-4.쓰기의 과정에 따라 한 편의 글을 쓸 수 있다.				
평가 요소	쓰기의 과정에 따라 다양한 형식의 글쓰기				

수행평가 과제

이번 학기에는 다양한 글쓰기 과정을 배우게 됩니다. 아래에 제시한 일정에 따라서 글쓰기를 하며, 수행과제에 대한 평가는 여러분이 글쓰기 한 모든 형식의 글쓰기를 통합하여 평가합니다.

번호	글쓰기 주제	형식	
1	학년 운동회 기사문 쓰기	기사문	
2	인상 깊게 읽은 책 소개하는 글쓰기	독서감상문	
3	학급규칙 제안하는 글쓰기	논설문	
4	토론에서 입장에 따른 입론 글쓰기	토론문	
5	현장체험학습을 다녀 온 후 견학기록문 쓰기	견학기록문	
6	비유적인 표현을 사용하여 시 쓰기	시	

9장

논술형 문항 개발을 위한 노하우

왜 논술형 평가인가?

지식 정보화 사회의 교육에서는 단순한 사실이나 정보를 암기하여 재생하는 평가방식을 뛰어넘어 비판적, 창의적으로 사고하며 탐구하고 의사를 결정할 수 있는 능력, 즉 고급 사고력에 대한 평가를 강조하고 있다.

그런데 선다형과 단답형 평가는 학생들에게 사고하고 판단하고 비판할 필요성을 제기하지 못하고, 단순히 지식을 나열하고 암기하게 하고 있다. 수업 또한 이에 발맞춰 문제 푸는 방법을 알려주는 것으로 전락했다. 돌이켜보면 지식 전달자로서의 역할을 중요한 개념을 알려주고 외우게 하는 것으로 오해한 것에서 비롯되지 않았을까 한다. 과거 유명 개그 프로그램에서의 "밑줄 쫙"이란 유행어처럼 교실에서도 별표 혹은 밑줄을 그어가게 하며 암기를 강조했다. 수업방식이 이러다 보니 평가문항 또한 단순 지식을 묻는 것이 대다수였고, 사고를 통해 해결하는 학생보다는 단순 암기를 잘하는 학생들에게 유리한 문항이 많이 출제되었다. 그렇다고 단순 암기를 통한 지식의 습득이 잘못되었다거나 불필요하다는 것은 아니다.

블룸은 인지적 영역을 지식, 이해, 적용, 분석, 종합, 평가로 분류했고, 학습 위계를 지적 활동이 낮은 수준에서 높은 수준으로 분류하여 체계화했다. 단원의 성취기준이 6가지 인지적 영역이 모두 포함된다고 했을 때 인지적 영역의 위계가 하위인 '지식' 영역이 꼭 충족되어야 상위 위계인 '평가' 영역이 충족된다고 인식하고 있으나 꼭 그렇지만은 않을 수 있다. 이는 단순 지식을 토대로 고등사고능력 함양으로 나가야 한다는 것을 의미하며, 동시에 꼭 하위 능력이 충족되지 않아도 상위 능력은 발휘될 수 있기에 수업의 변화에 따라 고등사고능력을 키우는 것이 가능하다. 이는 곧 평가문항의 변화를 가져올 수 있다는 것을 시사한다.

2009 개정 교육과정에서는 학생의 지나친 학습 부담을 덜어주고, 학습 흥미를 유발하며, 단편적 지식·이해 교육이 아닌 학습하는 능력을 기르도록 하고, 지나친 암기 중심 교육에서 배려와 나눔을 실천하는 창의 인재를 육성하는 교육을 추구하고 있다(2009 개정 교육과정 총론 해설서).

이젠 학교 현장의 평가방법이 변해야 한다. 학습자의 학습 동기를 유발하고, 사회현상에 관심을 가지며, 스스로 문제를 해결해 나갈 수 있는 고차원적 사고력[15]을 증진시킬 수 있는 방법으로 변화가 필요하다.

따라서 학생들의 사고력과 창의력, 문제해결능력을 평가하기 위해서는 평가방법을 혁신해야 한다. 이를 위하여 최근 논술형 평가가 좋

---

15 현상이나 문제를 과학적으로 이해하고 문제를 합리적으로 해결할 때 작용하는 보다 복잡하고 고차원적인 사고력이다. 1980년대 후반부터 사회과에서 강조되기 시작했다.

은 방안으로 제시되고 있고, 학교 현장에서도 조금의 변화가 시작되고 있다.

평가방법이 고등사고력을 평가함으로써 수업 또한 학생들의 일차적 지식의 획득을 뛰어넘어 지식을 확대 생산하고 이해, 적용, 분석, 종합, 평가할 수 있는 능력을 기르는 방향으로 변화를 가져올 것이다.

9장 논술형 문항 개발을 위한 노하우

좋은 논술형 문항의 조건

　　　　　　　　　　문항이라고 해서 다 같은 문항은 아닐 것이다. 우리말에 '아' 다르고 '어' 다르다는 말이 있듯이 한 글자 차이로도 발문의 의미가 달라질 수 있고, 학생마다 해석 능력에 차이가 있어 아는 답안도 엉뚱하게 반응하는 경우도 발생한다. 이처럼 문항을 제작할 때는 몇 가지 살펴봐야 할 조건이 있다.

　첫째, 평가문항을 통해 확인하려고 하는 것을 제대로 측정할 수 있는지 생각해 보아야 한다. 다시 말해 평가문항 내용과 측정 목적의 일치성이다. 아무리 좋은 문항도 확인하고자 하는 내용의 문항이 아니라면 타당도가 낮은 것이다. 어떤 형태의 문항이든 정답 여부로 학생들의 성취도를 측정할 수 있어야 한다.

　둘째, 평가 요소가 발문 속에 명확하게 제시되어야 한다. 과거 교사들은 학생들이 틀린 것을 가지고 "선생님이 얼마나 중요하다고 강조했는데, 이 문항을 틀릴 수 있니?"라고 하소연하듯 나무랄 때가 있었다. 그런데 이 문항을 한두 명이 아니라 여러 명이 틀렸다면 한 번쯤 문항을 살펴볼 필요가 있다. 즉 문항 속의 평가 요소가 학생들이 이해한 것과 다를 수 있다는 것이다. 평가 요소란 '수험생이 응답하기를 요구하는 내용 요소'를 말하는데 내용 요소가 명확하지 않아 헷갈릴 수 있다는 것이다.

셋째, 문항의 참신성이다. 그동안 늘 봐왔던 진부한 형태에서 벗어나 새로운 형태를 제시한다면, 학생들의 흥미를 비롯하여 평가에 임하는 태도에 동기를 부여하게 되어 좀 더 적극적으로 시험을 치를 것이다. 예를 들면, 줄글로 가득한 문항에서 대화 글로 바꾼다거나 만화 형태로 제시한다면 학생들이 좀 더 쉽게 이해할 수 있다. 그러나 참신하고 새로운 것을 위해 너무 많은 에너지를 쏟다 보면 다른 부분에서 누수 현상을 보일 수 있다. "새로운 것은 사람들에게 환영받지만, 익숙하고 편안한 것은 사람들에게 오랫동안 사랑받는다"라는 말이 있듯이 문항에 필요한 자료 등이 수업 시간에 다룬 내용이거나 학생들이 친숙하다면 반드시 참신할 필요는 없다.

넷째, 문항이 구조화되어야 한다. 논술형 문항은 '평가 요소+반응 지시어+배점'의 기본 구조에 따라 문항에 대한 구조화를 명확하게 하여 무엇을 묻는 문항인지 학생들이 이해가 되도록 제작해야 한다. 또한 문항 속 어휘를 비롯하여 학생 수준에 벗어난 것은 없는지 살펴보고 답안을 작성해야 하는 곳도 좀 더 명확하게 구조화하여 제시하는 것이 좋다. 예를 들면, '답안지에 주장과 이유를 쓰라'고 하기보다는 저·중학년이라면 '저는 _____라고 생각합니다. 왜냐하면, _____하기 때문입니다' 식으로 바꿔볼 수 있을 것이다.

다섯째, 문제 해결에 도움이 되지 않는 어휘는 삭제하는 것이 좋다. 예를 들면, 보통 '다음의 자료를 읽고 물음에 답하시오' 같은 지시문으로 간단하게 물어볼 수 있는 것을 '다음의 글은 환경오염의 문제점과 실태에 대한 신문자료 중 일부를 스크랩한 자료이다. 이 자료를 읽고 물음에 답하시오'라는 형태로 제시하는 경우가 많다. 자료를 읽어보면 환경오염의 문제점과 실태를 말하고 있다는 것을 쉽게 알 수 있는데도 문항 발문에서도 '위 신문 글에서 환경오염의 문제점은 무엇인지 찾아 쓰시오'라고 묻는다. 이런 경우 지시문을 굳이 길게 작성할 필요가 없다. 그뿐만 아니라 사족과 같은 내용은 생략하고 될 수 있으면 명확한 발문을 위해 간단명료한 문항이 좋다.

여섯째, 학생들이 이해할 수 있는 용어가 좋다. 즉 학생들의 어휘 수준이나 발달 수준을 고려하여 평가문항을 만들어야 한다. 예를 들어보자.

문항) 비 피해를 받은 수재민들에게 어떤 말로 위로하면 좋을지 쓰시오.
답안) 재민아 비록 지금 어려운 시기를 보내고 있지만 조금만 더 힘내 앞으로는 좋은 일들이 가득할 거야.

이 학생은 위로하는 글을 잘 작성했지만, '수재민'이라는 단어를 모른다. 이 경우에 수재민이라는 말 대신에 '친구에게', '철수에게'로 바꾼다든지 '※수재민이란 홍수나 장마 따위로 재해를 당한 사람'이라고 문항 밑에 친절하게 명시해줄 수 있을 것이다. 아무리 훌륭한 문항이라도 국어능력이 부족하여 문제를 해결하지 못한다면 제대로 된 문항이라고 보기는 어렵다.

일곱 번째, 특정 집단에 유리한 문항이 되지 않도록 한다. 어느 지역의 선생님이 6학년 가격경쟁과 관련한 문항에 많이 알려진 빵집(P사와 T사)을 제시하면서 '더 좋은 빵집'으로 P사를 답안 처리했다. 그런데 일이 생기려고 했는지 마침 그 반 학생 어머니가 T사 빵집을 운영하고 있었다. 자녀의 시험문제를 보고 왜 우리 빵집이 P사보다 못하냐는 항의 전화를 받았다는 이야기를 들으면서 좀 더 세심한 주의를 기울여야겠다는 생각이 들었다.

여덟 번째, 학생들의 답안을 예상해보면서 문항을 제작한다. 예를 들어, 다음 문항을 보자.

> 문항) 세 글자로 '끝말잇기 놀이'를 할 때, 빈칸에 들어갈 알맞은 낱말을 쓰시오.
>
> 신문지 → 지우개 → (   ) → 식용유
>
> 답안 : 개자식

위 문항에서 학생들이 답안으로 '개자식'이라고 적었다면, 틀리다고 말하기는 어려울 것이다. 그런데 찝찝함은 지울 수 없다. 평가문항 또한 어디까지나 교육적이어야 한다. 최대한 학생들의 답안을 예상해보고 엉뚱한 답안이 예상된다면 다른 문항으로 바꾸어야 한다.

아홉 번째, 문항 내용의 수준이다. 단순 사실만을 확인하는 정도에서 벗어나 블룸이 말하는 적용, 종합, 분석할 수 있는 문항을 출제하는 것이다. 물론 이는 어떤 성취기준을 확인하느냐에 따라 달라질 수 있다. 논술형 문항의 경우 세트로 3개의 하위 문항을 출제한다면 1)번에서 3)번으로 갈수록 깊이 있는 문항을 출제할 수 있다.

 열 번째, '꼭 필요한 내용을 확인하고 있는가'이다. 이는 문항의 난이도보다 더 중요하다. 과거에는 모든 학생이 100점을 맞으면 안 된다는 생각에 어려운 문항을 일부러 몇 문항 출제했었다. 그래서 수업 시간에 그다지 중요하게 다루지 않았는데도 교과서 구석에 있는 몇 개의 사실을 가지고 억지스러운 문항을 내기도 했다. 아마도 이러한 인식은 변별도 때문일 텐데 서열화를 위해서라면 인정받을 수 있을지 모르겠지만, 지금과 같이 성취도를 확인하고자 할 때는 모든 학생이 꼭 알아야 하는 내용을 묻고 확인하는 것이 중요하다. 대신 아홉 번째에서 이야기한 것처럼 문항 내용의 수준을 달리하여 성취도를 확인하면 좋을 것이다.

문항 출제자의 조건

　　　　　　　　　　　문항 출제를 위해서 출제자가 갖추어야 할 몇 가지 요건이 있다. 안타깝게도 교사가 되기 전에 문항을 출제하는 경험이 부족한 것이 사실이다. 과거에는 문제은행이라고 해서 이미 만들어진 것을 가지고 조금씩 바꾸는 수준에서 출제했지만, 교사별 평가나 그 외에 문제를 처음부터 출제를 해야 한다면 그리 녹록지 않음을 알 수 있다.

　이 책을 집필하고 있는 우리 둘은 경기도교육청 논술형 문항 개발위원으로 처음 만났고, 많은 문항을 직접 만들거나 다른 선생님들의 문항을 검토하면서 점차 문항개발의 노하우를 갖게 되었다. 참고도서를 찾아 읽으면서 새롭게 알게 된 것도 많았고, 특히 초등 1정 연수 때 문항개발시간이 편성되어 1정 연수를 받는 교사들의 문항을 컨설팅하며 많은 교사가 공통으로 실수하거나 모르는 것들을 확인할 수 있었다. 이러한 경험을 바탕으로 출제자들이 갖춰야 할 조건을 몇 가지 이야기해보려 한다.

　첫째는 출제하려는 과목의 충분한 이해가 필요하다. 전 교과를 가르치는 초등교사는 하루에도 몇 과목을 가르쳐야 하는데 각 과목에 대한 이해도가 생각보다 깊지 않다. 임용고시를 준비할 때가 교과목에 대한 이해도가 가장 깊었고 관심이 왕성했다고 해도 과언이 아닐 것이다. 현장에 발령받은 후에는 과중한 업무나 생활지도 등의 이유로 내일 수업을 준비하는 것조차도 쉽지 않은 상황에서 각 교과의 교육과정을 별도로 공부한다는 것은 생각만큼 쉽지 않다. 그렇다고 해서 손 놓고 있기에는 여러모로 불편함이 생긴다. 교과교육과정에 대한 이해도는 수업을 비롯하여 평가문항 제작에 영향을 끼치기 때문이다. 문항을 검토하다 보면 정작 알아야 할 내용보다는 그 밖의 내용 요소를 수업 시간에 강조했다는 것을 알 수 있게 된다. 이를 최소화하기 위해서라도 교과목에 대한 이해가 꼭 필요하다.

둘째는 평가를 받는 대상인 아이들에 대한 충분한 이해가 필요하다. 이는 아무리 훌륭한 수업안을 가지고 수업해도 반드시 학습 목표에 도달한다고 단정할 수 없는 이유와 같다. 다른 교사의 수업 지도안을 가지고 한마디도 다르지 않게 수업해도 학생들의 수준과 형편이 다르다면 내 의도와 다르게 수업이 진행된다. 이와 마찬가지로 아무리 좋은 문항이라도 우리 반 학생들의 언어 수준과 이해도 등을 고려하지 않고 시험을 치른다면 그 결과는 다르게 나올 것이 뻔하다. 과거 한 선생님으로부터 이와 관련된 이야기를 들은 적이 있다. 농어촌 6학급에 근무하는 저경력 선생님이셨는데, 분명 수업 시간에 강조한 내용을 가지고 논술형 문항구조에 적합하게 출제했는데, 생각보다 결과가 좋지 않아 속상했다고 한다. 그런데 학생들에게 피드백하는 과정에서 제시된 자료 속에 어휘가 어렵고, 문맥이 이해가 안 되어 정작 무엇을 묻는지를 몰라 답안을 제대로 작성하지 못했다는 사실을 알게 되었다고 한다. 이처럼 학생들의 수준을 고려하여 자료의 선정과 질문 등을 달리하는 것이 문항의 내용 타당도 못지않게 중요하다.

셋째는 문항 제작에 필요한 최소한의 앎이 있어야 한다. 무작정 문항을 내는 것이 아니라 문항이 갖추어야 할 기본 구조를 알고 출제해야 한다. 기본 구조 이외에도 자료와 조건 유무에 따라 문항 형식이 달라지고 질문이 달라질 수 있다. 문항을 검토하다 보면 질문, 진술문이 두세 줄 되지만 정작 묻는 것이 무엇인지 헷갈리거나 진술문 가운데서도 평가 요소가 두 개가 되는 경우도 발견되는 등 언어구사력과 문장력이 필요해 보인다. 이는 실제 문항 제작에서 아주 중요한 요소이므로 별도로 다시 다루겠다.

넷째는 당연한 이야기처럼 들리겠지만 '고기도 먹어본 사람이 잘 먹고, 싸움도 해 본 사람이 잘 싸운다' 말이 있듯이 출제 경험이 많을수록 좋다. 단순하게 출제 경험이 많은 것보다는 문항검토를 경험해보면서 좋은 문항과 좋지 못한 문항을 분별해내는 능력을 갖추는 것이 좋다. 이는 혼자서 쌓을 수 있는 경험은 아니다. 그래서 동학년 교사들과 함께 교차 검토를 해볼 것을 제안한다. 내가 미처 발견하지 못한 것을 서로의 눈을 통해 알게 된다거나, 만일 모두가 모른다면 이를 알기 위해 책을 찾거나 또 다른 주변 교사들과 상의하는 과정이 결국엔 나중에 문항을 출제하는 데 큰 밑천이 될 수 있다. 상대방의 문항을 교차 검토할 때 수용적인 태도가 중요하다. 필자들이 경기도교육청 논술형 문항을 개발할 당시 교과별로 문항을 제작하고 그 안에서 일차 검토한 뒤 다른 과목 교사들과 전체적으로 검토하는 과정을 가졌다. 이때 다른 선생님들이 내가 출제한 문항에 대해서 이러쿵저러쿵 하면, 사실 사람이기에 기분이 썩 좋지 않았다. 하지만 이를 경청하고 받아들이며 수정할 때 더 좋은 문항이 만들어진다. 자신도 모르게 이 문항을 낸 이유에 대해 방어적으로 이야기하다 보면 다른 선생님도 더 말하지 못하게 되고 서로 불편해지기까지 한다. 좋은 문항을 만들기 위해 서로 열린 마음으로 함께 동지애를 발휘한다면 동반 성장할 가능성은 더욱 커진다.

논술형 평가의 장단점과 문항구조

평가문항은 학생의 반응 양식에 따라 선택형과 서답형으로 구분된다. 선택형은 말 그대로 주어진 보기에서 학생들이 답을 골라 표기하게 하는 형태로 대표적으로 진위형, 연결형, 선다형이 있다. 선다형은 과거 사지선다형에서 요즘에는 오지선다형을 실시하고 있다. 서답형은 답안 내용을 간단한 단어, 구 혹은 문장으로 쓰게 하는 형태로 이번 장에서 이야기하는 논술형 문항이 여기에 포함이 된다. 경기도교육청에서는 서술형·논술형 평가를 그냥 논

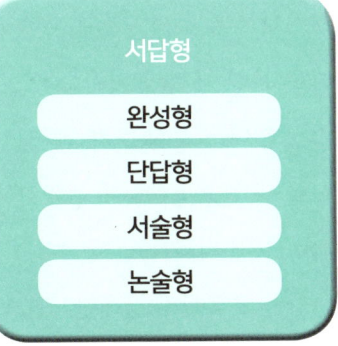

술형 평가로 명명한 바 있는데, 이는 서답형 문항 중 상대적으로 학생의 답안 반응의 자유도가 높거나, 서술형에 비해서 글자 수가 많은 것이 논술형 문항이 된다. 무엇을 묻고 있느냐에 따라서 얼마든지 문항의 형태는 달리할 수 있다.

논술형 평가의 장점

첫째, 학생들의 사고과정과 결과를 평가할 수 있다. 선택형 평가에서 살펴볼 수 없는 인지 과정을 좀 더 면밀히 살펴볼 수 있다. 학생들의 답안 내용을 가지고 이야기를 나누다 보면 학생들의 사고과정을 들여다볼 수 있다.

둘째, 문항 제작이 선다형에 비해 오히려 수월하다. 많은 교사가 논술형 문항 제작에 어려움을 호소하지만, 이는 선다형 평가문항 제작의 경험이 많지 않았기 때문일 것이다. 우리끼리 하는 이야기지만 초임 시절 평가문항을 제작하는 데 막막해 할 때, 선배 교사가 당시 ○나라 등 온라인 사이트를 알려주며 문제가 많이 올라와 있으니 조금 수정해서 만들면 된다고 알려주었던 기억이 있다. 물론 고맙게 평가문항을 무난하게 만들고 시험을 치렀다. 이후에도 새롭게 문항을 제작하기보다는 누군가 만들어 놓은 것을 그대로 쓰다시피 하다 보니 선다형 문항 제작의 어려움을 느낄 기회가 적었을지 모르겠다. 하지만 막상 선다형 문항을 제작해보면 의외로 어렵다. 5개의 보기에서 각각 사실 관계를 명확하게 파악하는 것뿐 아니라 오답의 매력도까지 고려하다 보면 의외로 쉽지 않다. 이에 반해서 논술형 문항은 구조를 알고, 문항을 조금만 수정해간다면 오히려 선다형 문항에 비해서 쉽게 출제할 수 있다.

 셋째, 학생들의 고등사고능력을 측정하는 데 유용하다.

 넷째, 선다형 평가에서는 답이 1개일 경우 정확히 모른다면 찍어서 맞지 않는 이상 부분 점수를 받을 수 없지만 논술형 문항은 자신이 아는 것을 조금이라도 기술하면 부분 점수라도 받을 수 있기 때문에 학생들에게는 오히려 긍정적으로 평가받을 수 있다.

논술형 평가의 단점

 물론 단점도 있긴 하다. 첫째, 대표적으로 채점에 시간이 오래 걸릴 뿐 아니라 명확성이 떨어져 채점하기가 어렵다. 이를 보완하기 위해서는 평가 채점표를 꼼꼼히 만드는 것이 최선의 방법일 것이다. 둘째, 선다형 문항에 비해서 적은 수의 문항으로 평가를 실시하다 보니 아무래도 학습 내용의 내용 타당도를 확보하기 어려울 수 있다. 그러므로 한 문항보다는 하위 문항 몇 개를 가지고 평가하는 것이 바람직하다. 셋째, 평가문항을 제작하는 데 아무래도 경험이 필요하다. 이러한 단점에도 불구하고 장점을 생각해보면 논술형 문항이 갖는 의의는 있다.

논술형 평가문항의 구조

 이번에는 논술형 평가문항의 구조를 살펴보자. '평가 요소＋반응 지시어＋배점'의 기본 구조와 여기에 '조건'이 추가된 확장 구조가 있다.

 평가 요소는 학생이 응답하기를 요구하는 내용 요소이며, 반응 지시어는 학생이 문제를 해결한 결과를 어떤 형태로 작성해야 하는지 지시하는 일종의 형식 요소이다. 그리고 배점은 해당 문항을 해결했을 때

취득할 수 있는 점수이다.

기본 구조는 다음과 같다.

기본 구조

평가 요소 + 반응 지시어 + 배점

삼국통일의 의의를 쓰시오. [4점]
(평가 요소)   (반응 지시어) (배점)

확장 구조는 기본 구조에 문항에 대한 학생의 반응 폭을 줄이기 위해 '조건'을 제시하거나 교사가 설정한 문제 장면을 구체화하기 위해 '자료'를 더한 것이다. 조건은 학생이 응답 시 답안에 반드시 포함되어야 하는 내용 요소와 작성 방법 형태 등의 형식 요소를 추가한 것이다. 이는 다시 조건 통합형과 조건 분리형으로 나눌 수 있다. 저학년은 조건 통합형이, 고학년은 조건 분리형이 적합해 보인다.

확장 구조 - 조건 통합형

평가 요소 + 조건 + 반응 지시어 + 배점

고려의 후삼국 통일의 의의를 신라의 삼국통일과 비교하여 쓰시오. [4점]
(평가 요소)   (조건)   (반응 지시어) (배점)

확장 구조 – 조건 분리형

평가 요소 + 조건 + 반응 지시어 + 배점

사라진 고조선 8조법을 상상하여 〈조건〉에 맞게 쓰시오. [4점]
　(평가 요소)　　　　　　　(조건)　　(반응 지시어) (배점)

〈조건〉

· 위의 상황에 어울리는 내용으로 8조법을 만들어야 함.
· 고조선 8조법에 제시되어 있는 사형, 노비, 곡식 등의 내용 제외

다음은 조건에 자료를 추가한 형태이다. 이때는 학생이 평가 요소를 보다 쉽게 이해할 수 있도록 제시문이나 그래프, 그림, 표, 지도 등을 제시하는 것으로, 문항당 해결 시간을 고려하여 문제 해결에 반드시 필요한 자료만 정제하여 제시해야 한다.

평가 요소 + 조건 + 반응 지시어 + 배점 + 자료

다음 글을 읽고 환경오염을 줄이기 위한 주장을 두 가지 적절한 근거를 들어
　(자료)　　　　　(평가 요소)　　　　　　(조건)

쓰시오. [4점]
(반응 지시어) (배점)

9장 논술형 문항 개발을 위한 노하우

논술형 문항의 개발 절차

평가문항을 개발하는 절차가 꼭 정해져 있는 것은 아니다. 다만 오랜 시간 문항을 개발하고, 다양한 연수에서 문항개발 워크숍을 진행하면서 쌓인 경험과 현장 교사라는 처지에서 평가문항 절차를 살펴보려 한다. 논술형 평가문항 개발과 시행의 전 과정은 전체적으로 볼 때 순환적이며 반복적이어야 한다.

평가 요소 선정
- 1단계 : 평가 목적 확인
- 2단계 : 성취기준(핵심성취기준) 확인
- 3단계 : 평가 요소의 선정

문항 제작
- 4단계 : 문제 장면의 선정
- 5단계 : 이원목적분류표 작성
- 6단계 : 문안 초안 작성

문항 검토
- 7단계 : 문항 검토
- 8단계 : 문항 수정 보완
- 9단계 : 최종 문항 작성

평가 목적 확인

평가문항을 출제하기 앞서서 평가의 목적을 분명히 하는 것이 중요하다. 왜냐하면, 평가의 목적에 따라 출제의 방향과 기법이 달라질 수 있기 때문이다. 진단평가는 학생들의 선수학습 수준과 요소를 진단하는 것이므로 본 학년의 교육과정을 이해하는 데 어떤 어려움이 있는지를 파악하기 위해 기초학습 수준에서 출제할 수 있을 것이다. 수업 진행과정에서 수업 내용과 방향을 조절하는 형성평가의 경우에는 차시 목표의 도달을 측정하는 차원에서 진위형이나 완성형 등 간단하지만 다음 차시로 넘어가기에 충분한지를 평가할 수 있는 문항이면 좋을 것이다. 다음으로 수업 종결 단계에서 성취기준의 도달 정도를 파악하는 총괄평가의 경우에는 선택형 문항을 비롯하여 고등사고능력을 평가할 수 있는 문항으로 출제할 수 있다. 이처럼 평가의 목적에 따라 문항 출제에 대한 방향을 결정한다.

평가의 방향을 결정하는 주요 요소

진단평가 : 단원 시작 전 학생들의 선수학습 수준과 요소 파악

형성평가 : 이해 및 성취 정도 파악·수업 내용과 방향을 조절

총괄평가 : 교육목표 도달 정도 파악

성취기준(핵심성취기준) 확인

평가의 목적을 확인했다면 다음으로 살펴봐야 할 것이 성취기준이다. 성취기준이 고시된 후 학교 현장에서는 너무 많은 성취기준 때문에 가르쳐야 할 내용 요소가 너무 많다는 의견이 나오기 시작했고, 이

에 교육부에서는 2014년 초에 핵심성취기준을 제시했다. 핵심성취기준이라고 명시된 것들이 과연 일반 성취기준을 아우르고 있는지 의문이지만 어찌 되었건 핵심성취기준이 주어졌다. 핵심성취기준이 과거 필수 학습요소라고 본다면 평가문항을 작성하는 데 적어도 핵심성취기준 도달도를 파악할 수 있어야겠다.

평가 요소의 선정

필수 학습요소 중에서 평가 요소를 선정해야 한다. 중요하게 다루지 않은 것을 평가 요소로 선정할 경우 문항의 내용 타당도는 떨어지게 된다. 이 지점을 교사들에게 연수를 하다 보면 간혹 듣는 질문이 있다. NEIS 상에서 평가 내용을 입력하라고 되어있는데, 이곳에 적는 것이 평가 요소랑 같은 것이냐는 것이다. 여기에는 두 가지 답변이 가능할 것으로 보인다.

첫 번째는 '그렇다'이다. 수행평가로 실시해야 하는 성취기준 중에서 내용 타당도가 높은 평가 요소를 추출하여 문항 개발을 하였다면 NEIS에 평가 요소를 적는 것이 맞을 수 있다. 또 하나의 답변으로는 평가 내용이 아니라 성취기준을 입력하는 것이 맞을 수도 있다. NEIS에는 성취기준을 입력하고 문항 개발에 있어서 평가 요소(평가 내용)를 추출하여 평가를 실시하면 된다. 따라서 NEIS에 명시된 평가 내용을 성취기준으로 바꿔보는 것도 하나의 방법이다.

문제 장면 설정

논술형 문항은 선택형, 단답형과 달리 문제 장면 혹은 평가 장면이 중요하다. 이 경우 평가 장면의 설정은 성취기준 도달을 확인할 수 있는 발문이어야 하며, 만일 자료 제시형 문항일 경우 적절한 자료를 함께 제시한다. 이때 각 과목 특성에 따라 자료 제시가 달라질 수 있다. 예를 들면, 사회과의 경우 실생활 주변의 자료를 활용하여 신문기사나 도표 형태의 문항으로 구성할 수 있다. 또한, 평가 목표와 평가자의 평가관에 따라 무한히 확대될 수 있다.

이원목적분류표 작성(답안 및 채점기준표 포함)

평가문항을 작성했으면 다음으로 준비할 것이 이원목적분류표 또는 채점기준표이다. 이 단계에서는 출제한 문항에 기본답안(예상답안), 인정답안 등을 포함하여 분할기준에 따른 부분 점수 및 유의사항 등을 문항 다음 페이지에 첨부한다.

문항 초안 작성

앞에서의 단계대로 성취기준을 확인하고 교사마다 선정한 평가 요소와 문항 장면이 마련되었다면 이제 문항을 직접 출제해본다. 초안을 작성하는 단계인 만큼 문항 구성에 필요한 요소들을 빠뜨리지 않는다. 이때 문제 장면, 답안 조건, 평가 요소는 무엇보다 중요하다. 문제 장면이 명확하지 않으면 논리적인 오류가 발생할 가능성이 커진다. 그리고 답안 조건이 너무 개방되면 학생들이 예상 밖의 답안을 작성하게 되어서 채점에 어려움을 겪게 되므로 어느 정도의 조건을 제시하는 것이 좋다. 예를 들면, '몇 자 이내'나 '2가지를 쓰시오' 등이 가능하다. 마지막으로 평가 요소가 불분명할 경우 채점을 하다 보면 다양한 인정답안이 발생하므로 하나의 평가 요소를 가지고 문항을 제작하는 것이 좋다.

문항 검토

　초안을 제작했다면 다음으로 문항을 검토하면서 부족한 부분이나 잘못된 것이 있는지 확인한다. 필자의 경험으로는 한 번에 좋은 문항을 만들기란 쉽지 않다. 그래서 동료 교사와 함께 문항을 검토하면서 집단지성을 발휘하는 것도 방법이 된다. 문항을 컨설팅할 때는 문제 장면, 답안 조건, 평가 요소의 적절성 및 학생들의 다양한 반응 사례, 채점의 용이성을 집중적으로 살펴본다. 또한 동료 교사의 검토의견에 대해서는 수용적 태도를 가질 때 더 좋은 문항이 제작될 가능성이 크다. 학교에서 문항을 검토할 때 오른쪽 표에 제시한 항목을 참고하기 바란다.

문항 수정 보완

　컨설팅협의회는 다양한 의견을 들어보는 시간이다. 여러 가지 각도에서 문제를 살펴봄으로써 혹시나 놓칠 수 있는 부분을 찾는다. 컨설팅 과정에서 발견한 문제점 등을 면밀히 따져 본 후 초안 문항에 반영할 것과 반영하지 않을 것을 결정하고 수정 작업에 들어간다. 이때 문항 장면, 채점기준안 등 정교한 수정 작업을 수행하는데 만일 너무 많은 문제점이 발견된다면 새로운 문항을 다시 만들어보는 것이 오히려 시간을 절약하는 데 도움이 된다.

문항 컨설팅에 활용 가능한 요목(예시)

단계	요목		
문항 설계	성취기준(핵심)에서 평가 요소 추출이 적합한가?		
문항 구성	문항 구조	문항 구조는 간결하며, 발문은 명료한가?	
		평가 요소, 반응 지시어, 조건, 배점 등이 제시되어 있는가?	
		문항과 답란의 위치와 답안 작성 공간이 적절한가?	
		난이도에 따라 배점 정보는 합리적인가?	
	문항 장면	제시된 자료는 출제 의도에 부합하는가?	
		문항 장면이 학생 수준에 적당한가?	
		제시된 자료에 시인성과 내용 파악에 문제는 없는가?	
	문항 내용	문항 내용의 오류는 없는가?	
		평가 요소를 확인할 수 있는 적합한 문항인가?	
		올바른 어법과 맞춤법을 사용하였는가?	
		교육적으로 의미 있는 내용을 활용하여 문항을 제작하였는가?	
		주어진 시간 내에 충분히 해결할 수 있는가?	
		문제 해결에 필요한 중요한 단서나 정보가 누락되지 않았는가?	
		단순 지식부터 고등사고능력을 측정할 수 있는 문항으로 이뤄져 있는가?	
채점 기준	채점 기준은 명료화, 구체화되어 있는가?		
	채점 기준 속에 분할기준이 제시되어 있는가?		

최종 문항 작성

수정 보완을 마쳤다면 최종 인쇄를 해서 수정사항이 최종 문항에 제대로 반영이 되었는지 다시 한 번 검토해보고 시험지 유출에 각별한 신경을 쓰는 것으로 마무리한다.

9장 논술형 문항 개발을 위한 노하우

평가문항
실제 개발하기

논술형 문항 개발 절차에 따라 실제 문항을 만들어보면서 문항 제작에 필요한 지식을 알아보자.

1. 평가 목적 확인

이번 평가의 목적은 4학년 1학기 사회과 3단원을 다 배우고 난 뒤 성취기준을 확인하는 총괄평가의 목적으로 문항을 제작하려고 한다.

2. 성취기준(핵심성취기준) 확인

3단원 경제활동에서 '합리적인 선택을 하기 위해 고려해야 하는 기준(예: 비용, 만족감, 사회적 영향 등)을 제시할 수 있다'를 확인하고자 한다.

3. 평가 요소의 선정

핵심성취기준에서 평가 요소는 '일상생활 속 경제활동에서 합리적인 선택하기'로 선정했다.

4. 문제 장면 설정

친숙한 생활 속의 문제인 휴대폰 요금제를 평가 장면으로 가져와 합리적인 선택을 할 수 있는지 확인하는 문제 장면으로 정한다.

5. 이원목적분류표 작성(답안 및 채점기준표 포함)

문항번호	학년-학기	영역	배점	난이도
1	4-1	일반사회	10	중

관련단원	3. 경제생활과 바람직한 선택
성취기준	경제 활동에서 합리적인 선택을 하기 위해 고려해야 하는 기준(예 : 비용, 만족감, 사회적 영향 등)을 제시할 수 있다.
평가 요소	일상생활 속 경제활동에서 합리적인 선택하기
자료출처	교과서

6. 문항 초안 작성

1. 휴대전화를 바꾸시는 할머니에게 알맞은 요금제를 추천해드리려고 합니다. 어떤 요금제가 적당한지 선택하고 이유를 쓰시오. [7점]

요금제 이름	특징
200분 통화자유 요금제	전화통화를 한 달에 200분 자유롭게 할 수 있다
무한데이터 요금제	무선인터넷 사용을 공짜로 할 수 있다
기본료 만원 요금제	기본료가 만원이다
문자메시지 무료 요금제	문자메시지를 마음대로 무료로 쓸 수 있다

내가 선택한 요금제 : _____

선택한 이유 : _____

7. 문항 검토

> **문항 검토 컨설팅 의견 <1>**
> 1. 친숙한 생활 속의 문제인 휴대폰 요금제를 평가 장면으로 가져와 학생들의 관심과 호기심을 끌 수 있어 좋은 평가 장면으로 여겨집니다.
> 2. 이 표에서는 요금제의 종류가 다양하여 좋은 점이 있지만, 요금제를 선택하는 기준이 될 명확한 장점을 구분하는 기준이 모호하여 어떤 걸 선택해도 답이 되는 문항이라고 여겨집니다.
> 3. 그리고 과연 4학년 수준의 아이들이 이해하기 쉬울까 싶은 생각이 듭니다.

8. 문항 수정 보완

동료 교사와 함께 초안 문항을 검토하며 나눈 몇 가지 컨설팅 내용 중 출제자의 의도를 고려하여 필요한 내용을 선택, 종합적으로 반영하여 문항을 수정한다.

1. 휴대전화를 바꾸시는 할머니에게 알맞은 요금제를 추천해드리려고 합니다. 어떤 요금제가 적당한지 선택하고 이유를 쓰시오. [7점]

월정액	기본 제공량		
	음성	문자	데이터
34,000원	120분	200건	350MB
42,000원	180분	200건	750MB
52,000원	250분	250건	1.2GB
62,000원	350분	350건	3GB
72,000원	450분	450건	5GB
85,000원	650분	650건	7GB
100,000원	1,050분	1,050건	10GB

내가 선택한 요금제 : _____

선택한 이유 : _____

> 문항 검토 컨설팅 의견 <2>
> 1. 문항 내용을 보니 인정답안의 범위가 방대해질 것 같고, 채점자에게 혼란을 줄 수도 있다는 생각이 듭니다. 문항을 명확하게 수정해야 하겠습니다.
> 2. 할머니에 대한 조건통제가 없는 것 같습니다. 할머니 상황을 알 수 있는 정보가 필요한 듯합니다.
> 3. 문항의 배점 구분이 명확하지 않습니다. 각 문항에 배점을 표시해주어야 합니다.
> 4. 실제 요금표를 사용하는 것은 좋았으나, 요금제의 이름이 아닌 월정액으로 고르는 자료이므로 오해의 소지가 있고, 아이들의 경우 가장 싼 요금제를 고를 가능성이 큽니다. 또한, 4학년 아이들의 수준에는 조금 어려워 보입니다. 조금 더 간결하고 쉽게 재가공하여 제시하는 것이 좋겠네요.

〈문항수정〉

1. 휴대전화 요금이 많이 나와 고민 중이신 할머니께 알맞은 요금제를 추천해 드리려고 한다. 할머니께서는 음성 통화를 많이 하시지만, 문자 사용은 거의 하지 않으신다. [7점]

요금제	현재 요금제	(가) 요금제	(나) 요금제	(다) 요금제
기본료	20,000원	20,000원	20,000원	20,000원
음성 통화료(10초당)	30원	50원	20원	10원
문자 사용료(1건당)	30원	10원	40원	50원

(1) 할머니에게 추천해드리고 싶은 요금제는 월정액 얼마짜리 요금제입니까? [3점]
_____

(2) 내가 선택한 요금제를 할머니에게 추천해드린 이유를 쓰시오. [4점]
_____

9. 최종 문항 작성

> 문항 검토 컨설팅 의견 <3>
> 1. 가능하다면 삽화를 활용하여, 좀 더 부드럽게 하면 좋을 것 같습니다. 아이와 할머니 모습이 있는 삽화나 사진을 함께 제시한다면 세대 공감 측면의 모습이 나타내는 간접적인 효과뿐 아니라, 문항을 이해하는 데 조금 더 도움이 될 것입니다.
> 2. 문항이 세트화되어서 훨씬 더 보기에 좋고 구조화된 것처럼 보이나, 제시된 자료가 구조화되

9장 논술형 문항 개발을 위한 노하우

> 었다고 보기에 어려워 합리적인 선택을 유도하기에는 어려울 것 같습니다. 문항을 조금 다듬어야겠습니다.

※다음 자료를 보고 물음에 답하시오. [7점]

휴대전화 요금이 많이 나와 고민 중이신 할머니께 알맞은 요금제를 추천해 드리려고 한다. 할머니께서는 음성 통화를 많이 하시지만, 문자 사용은 거의 하지 않으신다.

요금제	현재 요금제	(가) 요금제	(나) 요금제	(다) 요금제
기본료	20,000원	20,000원	20,000원	20,000원
음성 통화료(10초당)	30원	50원	20원	10원
문자 사용료(1건당)	30원	10원	40원	50원

(1) 할머니께 추천해 드리고 싶은 요금제를 쓰시오. [3점]
_____

(2) (1)과 같은 요금제를 추천한 이유를 쓰시오. [4점]
_____

논술형 문항 채점기준표

문항	구분	답안 내용	배점
1-(1)	기본	(다)요금제	3
2-(2)	기본	할머니께서는 통화를 자주 하시기 때문에 음성통화료가 가장 저렴한 (다)요금제가 알맞다.	4
	인정답안	다른 요금제에 비해서 음성통화료가 저렴하여 (다)요금제가 알맞다.	4
	부분 점수 기준	(1)에서 요금제를 잘못 선택하였거나 선택의 이유가 나름 타당한 경우	2

출제 의도

- 이 문항은 학생의 입장이 되어 일상생활 속에서 충분히 일어날 수 있는 일을 토대로 합리적인 선택을 해보는 기회를 제공하고자 함.
- 그 조건으로 다양한 요금제라는 조건을 가진 자료를 제시함.

문항 출제를 위한 교과목 이해

앞에서 문항 출제자의 4가지 조건 중에서 첫 번째로 꼽은 것이 교과에 대한 이해였다. 이번에는 각 과목을 좀 더 자세히 살펴보자.

국어과

2009 개정 교육과정 국어과에서는 1) 국어활동과 국어와 문학에 대한 기본적인 지식을 익히고 2) 다양한 유형의 담화와 글을 비판적이고 창의적으로 수용하고 생산하여 3) 국어의 가치와 중요성을 인식하고 국어 생활을 능동적으로 하는 태도 기르기를 목표로 하고 있다. 국어과 평가는 영역별로 평가 목표와 내용에 적합한 다양한 평가방법을 적용하여 학습자의 국어 능력을 타당하고 신뢰성 있게 평가하며, 실제 국어를 사용하는 평가 상황을 설정하고, 영역을 통합하여 평가할 수 있도록 해야 한다.

국어과 각 영역의 평가 방향을 살펴보자. 먼저 듣기·말하기 영역은 듣기와 말하기 과정을 유기적으로 통합하여 평가 목표를 설정하는데,

특히 듣기에서는 사실적·추론적·비판적 듣기 능력과 태도 변화에 중점을 두고, 말하기에서는 말할 내용을 생성하고 조직하여 정확하고 효과적인 표현과 전달뿐만 아니라 상대를 배려하는 태도에 중점을 두어 평가한다. 따라서 듣기·말하기 영역의 평가는 정보를 확인하고 내용을 이해하여 효과적으로 말하는 실제 언어활동에서 실시하는 수행평가 형태로 할 수 있다.

읽기 영역은 내용의 확인, 추론, 평가와 감상, 점검과 조정에 중점을 두어 평가한다. 또한, 주어진 글을 수동적으로 읽고 이해한 내용을 확인하는 평가만이 아니라, 자신의 관점에서 적극적으로 의미를 구성하는 과정을 평가할 수 있어야 한다.

쓰기 영역은 목적과 독자, 주제에 맞게 글을 정확하고 효과적으로 쓰는 능력에 중점을 두어 평가한다.

문법 영역은 단순한 암기를 통한 지식이 아니라, 실제 언어 상황 속에서 언어 지식을 활용하는 방법을 평가해야 하고, 올바른 어법에 따라 문장을 구사하는 능력도 평가하도록 한다.

마지막으로 문학 영역에서는 다양한 텍스트에 대한 이해와 감상 결과뿐만 아니라, 평소에 문학 작품을 스스로 찾아서 읽는 과정과 태도도 평가하도록 한다.

그리고 각 영역은 별개로 뿐만 아니라, 평가 목적에 따라 통합하여 실시할 수도 있다는 것을 기억해야 한다.

논술형 평가문항 제작을 위해 다양한 '국어자료'를 활용하는데 수업 시간에 배운 내용을 그대로 반복하는 문항보다는 평가의 목적과 내용에 적합한 담화와 글, 문학 작품을 문제 장면으로 설정하여 알고 있

6학년 국어과 논술형 문항 예시 (2012 경기도교육청 논술형 평가문항)

문항설계

문항번호	학년-학기	창의지성 역량	내용/행동 영역	배점	난이도
1	6-1	의사소통능력	읽기/이해	10	상

관련단원	5. 사실과 관점
성취기준	글에 나타난 글쓴이의 관점이나 의도를 파악할 수 있다.
평가 요소	신문기사의 관점을 파악하고 내 생각 쓰기
자료출처	'K-POP' 옥스퍼드 사전에 실린다 -○○신문, 2012년 10월 4일-

※ 다음 기사문을 읽고 물음에 답하시오. [10점]

전 세계를 열광시키고 있는 한류의 기수 '케이팝(K-POP)'이 영국 옥스퍼드 영어사전에 등재된다. 10일 미국 워싱턴 뉴스전문 라디오 방송은 영국의 '옥스퍼 영어사전에 새롭게 실리는 단어목록에 K-POP이라는 단어가 추가된다'고 보도했다. 옥스퍼드 영어사전은 온라인 홈페이지에 'K-POP'의 뜻을 '코리안 팝 뮤직'이라고 달아놓았다. 한국의 음악이 팝의 한 장르로 인정받았다는 의미이다. 옥스퍼드 영어사전은 미국의 웹스터 사전과 함께 세계적으로 인정받는 사전으로 케이팝(K-POP)이 신조어로 등재되는 자체만으로도 상당한 의미를 갖게 된다.

(1) 윗글의 □□ 에 들어갈 알맞은 제목을 쓰시오. (4점)

(2) 글쓴이의 관점에 대한 나의 생각과 이유를 <조건>에 맞게 정리하여 쓰시오. (6점)

조건
· 글쓴이의 관점이 긍정적 관점인지 부정적 관점인지 파악할 것
· 나의 생각과 이유를 들어 표현함

글쓴이의 관점	
나의 생각	
이유	

지식의 적용 능력과 문제해결능력, 언어적 사고능력을 측정하는 문항을 제작할 수 있다. 이렇게 국어자료를 활용한 평가문항은 새로운 문제 상황에 지식을 적용하는 과정을 통해 학생의 창의성과 문제 해결력까지도 평가할 수 있다. 단, 정치적으로나 사회적으로 논란이 될 만한 것은 좋은 자료가 될 수 없으며 특정 학생에게 유리하거나 불리한 내용이 아닌지도 확인해야 한다.

수학과

   수학과에서의 평가 목적은 학생들이 학습 목표를 향해 어떻게 진전해 가는가, 교수학습적 결정을 내리기 위해 학생들의 진전에 대한 증거를 어떻게 사용할 수 있을까, 학생들은 목표에 도달했는가, 각 학생 이해 정도는 학생들이 도달해야 할 성취 목표와 비교했을 때 어떠한가로 설명될 수 있다.

   수학과 논술형 평가의 특징을 살펴보면 첫째, 수학적 사고력을 글로 표현한다. 이는 단순한 식과 답만 평가하는 것이 아니라 문제 해결의 전체 사고과정을 글로 표현하게 하여 창의적 생각을 평가할 수 있고, 오개념을 파악할 수 있다. 많은 수학 문항이 '구하시오'라는 진술문으로 이뤄지는데 이보다는 '과정을 설명하시오'라는 진술을 통해 사고과정을 알아보도록 한다.

   둘째, 논술형 평가는 영재 평가가 아니다. 수학과 역시 다른 과목처럼 성취기준 도달도를 확인할 수 있는 문항으로 출제하는 것을 원칙으로 한다. 그런데 예전처럼 변별도를 위하여 어려운 문제를 제시하고 단순히 '풀이과정을 적고 답을 구하시오'라는 식은 지양하는 것이 좋

6학년 수학과 논술형 문항 (2012 경기도교육청 논술형 평가문항)

문항설계

문항번호	학년-학기	창의지성 역량	내용/행동 영역	배점	난이도
1	6-2	의사소통능력	측정/의사소통	7	중

관련단원	3. 직육면체의 겉넓이와 부피
성취기준	직육면체의 겉넓이를 구할 수 있다.
평가 요소	직육면체의 겉넓이 구하는 원리를 이해하기

문항

※ 다음을 읽고 물음에 답하시오. [7점]

<병재의 생각>

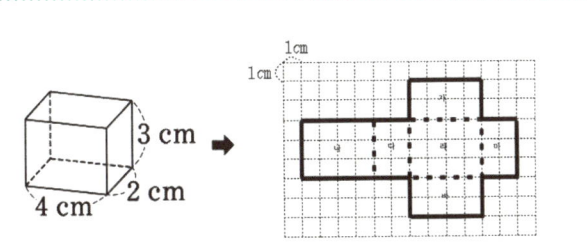

직육면체는 면이 6개가 있어.
따라서 6개의 면의 넓이를 모두 구한 다음 더하면 직육면체의 겉넓이를 알 수 있어.
가는 8cm², 나는 12cm², 다는 36cm², 라는 12cm², 마는 6cm², 바는 8cm²이다.
그래서 직육면체의 겉넓이는 8cm²+12cm²+6cm²+12cm²+6cm²+8cm²=52cm²가 되는 것이야.

병재가 위와 다른 방법으로 직육면체의 겉넓이를 구할 수 있도록 편지를 쓰시오.
(단, 위 직육면체의 전개도를 이용하고, 각 면의 넓이 구하는 과정을 제시할 것)

병재야! 직육면체의 겉넓이를 이러한 방법으로 구해봐.
___
___
___
___

다. 즉 수학적 내용과 난이도는 교과서와 수학익힘책 수준으로 출제하지만, 문항의 유형을 변경하여 성취기준 도달도를 확인하는 문항으로 출제를 하는 것이 좋다.

사회과

사회과 교육과정에서는 학생의 학습과 일상생활에 필요한 기초 능력 배양과 기본 생활 습관 형성, 바른 인성의 함양에 중점을 두고 있다. 사회과 교육과정에서 제시하는 평가 방향은 첫 번째, 교육과정 내용의 대강화와 교수학습 방법의 자율화에 맞는 다양한 평가방법의 활용이다. 두 번째, 교육과정에서 제시된 목표와 내용, 교수학습 방법과 평가가 일관성을 유지하도록 하는 것이며, 세 번째, 교육과정에 제시된 목표를 준거로 하여 추출된 내용 요소, 즉 성취기준의 달성 여부에 대한 평가가 이루어지도록 하고 있다. 네 번째, 개개인의 학습 과정과 성취수준을 이해하고 발달을 돕는 차원에서 실시하며 학습의 과정 및 수행에 관한 평가가 이루어지도록 해야 하고 마지막으로 평가 내용은 지식 영역에만 치우쳐서는 안 되며 기능과 가치 · 태도 영역을 균형 있게 선정해야 한다고 되어있다.

사회과에서는 학습 과정 및 수행에 관한 평가를 강조하는데, 지식 영역에만 치우쳐서는 안 되며, 기능 영역과 가치 · 태도 영역을 균형 있게 평가하도록 하고 있다. 여기에서 지식 영역은 개념과 지식의 측정에 유용한 문항을 의미하고 기능 영역은 사회문제를 해결하기 위한 의사결정능력을 강조하는 영역이라고 할 수 있다. 가치 · 태도 영역은 역사, 지리, 정치, 사회제도와 문화 등 사회과 교육의 영역에 해당한다.

각 영역은 평가방법도 약간 다른데, 지식과 기능 영역은 수행평가와 논술형 평가로 측정이 가능하고, 가치·태도 영역은 정의적 능력 평가를 통하여 평가할 수 있다. 따라서 논술형 평가가 주로 측정하고자 하는 것은 지식과 기능 영역에 대한 내용이라고 볼 수 있다.

사회과 평가 내용은 어떤 것이 있을까? 사회 현상의 설명과 문제 해결에 필수적인 지리, 역사, 사회 과학의 기본 개념 및 원리, 일반화에 대한 이해 정도를 알아보아야 한다. 지리적 현상, 역사의 흐름, 현대 사회의 현상과 특성에 대한 통합적, 종합적 이해 정도와 사회 현상을 탐구하는 데 필요한 각종 정보와 자료를 획득, 조직, 활용하는 능력의 여부를 측정해야 한다. 그리고 인간 행위와 사회 환경에 대한 다양한 관점의 이해와 수용, 사회적 합의성이 높은 가치의 탐색 및 사회의 기본 가치에 대한 이해와 존중, 공감 능력, 친사회적 행동 실천 능력을 확인해보아야 한다. 마지막으로 사회, 지역, 국가의 당면 문제 해결과 관련된 의사 결정 능력 및 실천 능력과 더불어 사회과의 기본 지식에 대한 이해를 확장시키는 학습자의 흥미, 관심, 학습 동기와 습관의 정의적 영역에 대해서도 평가해야 한다.

사회과에서는 지필평가 외에 면접, 체크리스트, 토론, 논술, 관찰, 활동보고서, 포트폴리오 등을 통한 다양한 평가가 이루어지도록 해야 한다.

지금까지 살펴본 사회과 목표 및 평가 방향, 평가 내용, 평가방법을 기본으로 하여 사회과 논술형 평가의 방향은 생활 주변의 다양한 사회적 현상을 종합적으로 이해할 수 있는지를 확인할 수 있어야 한다. 또한, 개념과 원리를 이해하고, 현상에 대한 원인과 결과를 파악한 후 창의적으로 문제 해결 방법을 제시할 수 있도록 해야 한다.

이러한 논술형 평가의 방향을 반영하기 위해 문항을 세트화하여 출제하는 것도 한 방법이다. 하위 1번은 지식 중심의 문항으로 구성하고, 하위 2번 문항은 지식이나 이해를 바탕으로 한 서술식 문항을 제시하며, 하위 3번 문항에서는 자기 생각을 중심으로 창의적인 문제 해결 방법을 제시할 수 있도록 하는 것이 바람직할 것이다.

학생들에게 평가지는 또 다른 배움의 장이 되어야 한다. 텍스트 위주의 평가문항은 학생들에게 평가에 대한 피로도를 높여주고 몰입도를 낮춰준다. 이를 해결하기 위해서는 학생들이 좋아하는 평가 장면과 관심 있는 여러 가지 자료를 활용하여 평가문항을 작성하는 것이 좋다. 학생들이 학습상황에서 가장 선호하는 것은 동영상 자료이지만, 지필평가에서 활용하기는 어렵다. 다음으로 선호하는 것은 그림, 표, 사진, 그래프 등 정보가 시각적으로 표현된 자료인데 최근의 것으로 시사성을 주고, 관심과 호기심을 끌 수 있고, 주변에서 쉽게 접할 수 있는 경험이 포함된 자료들이 평가문항에 적용하기 좋다.

과학과

2009 과학과 개정 교육과정의 목표는 '자연 현상과 사물에 대하여 흥미와 호기심을 가지고 탐구하여 과학의 기본 개념을 이해하고, 과학적 사고력과 창의적 문제 해결력을 길러 일상생활의 문제를 해결할 줄 아는 과학적 소양을 기른다'이다. 이에 대한 하위 목표는 첫째, 자연 현상을 탐구하여 과학의 기본 개념을 이해한다. 둘째, 자연 현상을 과학적으로 탐구하는 능력을 기른다. 셋째, 자연 현상에 대한 흥미와 호

3학년 사회과 논술형 문항 (2012 경기도교육청 논술형 평가문항)

문항설계

문항번호	학년-학기	창의지성 역량	내용/행동 영역	배점	난이도
1	3-1	문화적 소양	지리/정보 활용	10	중

관련단원	1. 고장의 모습 (4) 마을의 그림지도
성취기준	지도는 방위, 기호 등으로 구성되어 있음을 이해하고 지도의 구성요소를 활용하여 우리 지역을 그림지도로 표현할 수 있다.
평가 요소	주변의 모습을 그림지도로 표현하기
자료출처	대동여지도 사진(한국학중앙연구원)

※ 다음 학교신문을 읽고 물음에 답하시오. [10점]

미션! 지도 박물관을 찾아라!
경기초등학교에서는 5월 중 '경기초 김정호' 행사를 열 예정입니다.
'경기초 김정호'는 최초의 우리나라 지도인 <대동여지도>를
만든 날을 기념하는 행사입니다.
<대동여지도>는 옛날에 김정호가 전국을 직접 걸어 다니며
만들었습니다.
'경기초 김정호'가 되려면 주어진 안내문을 보고
그림지도를 완성한 다음, 최종 목적지인 지도
박물관을 가장 먼저 찾아가야 합니다.

(1) 다음 안내문을 보고 기호를 사용하여 그림지도를 완성하시오. [5점]

안내문
· 기차역 북쪽에는 산이 있어.
· 버스터미널에 있는 횡단보도를 건너면 학교가 있어.
· 백화점을 건너면 지도 박물관이 있어.
· 우체국 남쪽에 있는 병원 아래쪽이 지도
  박물관이야.

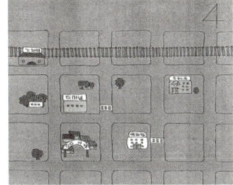

(2) 버스터미널에서 지도 박물관까지 가는 길을 방위(동서남북)와 중요 건물로 설명하시오. [5점]
먼저, 버스터미널에 내려서 출발합니다.
_____
_____

잘 찾았습니다. 당신이 바로 '경기초 김정호'입니다.

9장 논술형 문항 개발을 위한 노하우

6학년 과학과 논술형 문항(2012 경기도교육청 논술형 평가문항)

문항번호	학년-학기	창의지성 핵심역량	내용/행동 영역	배점	난이도
3	6-1	협력적 문제발견 해결능력	물질/분류	7	중하

관련단원	2. 산과 염기
성취기준	산성 용액과 염기성 용액의 성질을 알고 지시약의 조건을 말할 수 있다.
평가 요소	산성 용액과 염기성 용액의 성질, 지시약의 조건
자료출처	삽화 자체 제작

※ 다음은 지시약으로 용액을 분류하는 실험이다. 물음에 답하시오. [7점]

□ 실험 준비물
시험관 5개, 시험관대, 유리 막대 다섯 개, 유리판, 리트머스 종이, 보안경, 실험용 장갑, 여러 가지 용액(식초, 사이다, 유리 세정제, 묽은 수산화나트륨 용액, 묽은 염산)

□ 실험 방법
① 시험관에 각각의 용액을 담고 시험관대에 꽂아둔다.
② 리트머스 종이 끝부분에 용액의 이름을 적는다.
③ 각각의 용액을 유리막대로 찍어 푸른색 리트머스 종이와 붉은색 리트머스 종이에 각각 묻힌 다음 변화를 관찰한다.

□ 실험 결과

구분	식초	사이다	유리 세정제	묽은 수산화 나트륨 용액	묽은 염산
푸른색 리트머스 종이	붉게 변함	붉게 변함	변화 없음	변화 없음	붉게 변함
붉은색 리트머스 종이	변화 없음	변화 없음	푸르게 변함	푸르게 변함	변하 없음

(1) 위 실험 결과를 보고 알게 된 사실을 용액의 성질과 관련하여 정리해서 쓰시오. [4점]
_____
_____

(2) 위 실험에 쓰인 용액을 같은 성질끼리 분류하시오. [3점]

용액의 성질	리트머스 종이	용액의 이름
(가)	푸른색 ➡ 붉게	(다)
(나)	붉은색 ➡ 푸르게	(라)

기심을 갖고, 문제를 과학적으로 해결하려는 태도를 기른다. 넷째, 과학, 기술, 사회의 관계를 인식한다'이다.

과학에서는 기본 개념의 이해, 과학의 탐구 능력, 과학적 태도 등을 평가하며, 특히 다양한 자연 현상에 관련된 기본 개념의 통합적인 이해 정도, 탐구 활동 수행 능력과 이를 일상생활 문제 해결에 활용하는 능력, 과학에 대한 흥미와 가치 인식, 과학 학습 참여의 적극성, 협동성, 과학적으로 문제를 해결하는 태도, 창의성 등에 주안점을 두어 평가한다.

평가방법을 살펴보면 선다형, 서술형 및 논술형, 관찰, 보고서 검토, 실험활동 평가, 면담, 포트폴리오 등의 다양한 방법을 활용할 수 있을 것이다.

과학과 논술형 평가문항의 유형으로는 현상 제시형, 결과 제시형, 이론 제시형, 변인 조작형, 조건 제시형 등이 있다.

9장 논술형 문항 개발을 위한 노하우

채점 절차와 방법

몇 번 언급했듯이 논술형 평가는 선다형 평가와 달리 채점에 어려움이 있다. 채점 절차와 채점을 하는 데 알아야 할 요소를 살펴보자.

평가 관련한 여러 책에서 말하는 채점 절차는 총 8단계로 이뤄져 있다. 이 경우엔 일제고사를 염두에 두고 작성된 것이다.

1단계 : 평가 목적 확인
2단계 : 이원목적분류표 확인
3단계 : 문항 구성요소 확인
4단계 : 채점 전 사전협의
5단계 : 채점 실시
6단계 : 채점 후 협의
7단계 : 채점 결과 학생 확인
8단계 : 채점 종결

그런데 교사별 평가를 실시하는 시·도교육청의 경우에는 위의 단계에서 조금 수정이 가능할 것이다.

우선 1단계로 이번 시험이 어떤 시험인지를 확인하는 것은 중요하다. 평가의 목적에 따라서 문항이 달라졌을 테고, 이에 따라서 채점기준표가 달라졌을 것이니 채점 전반에 걸쳐 상황이 달라질 수 있기 때문이다. 그리고 나서 2, 3단계에서 작성한 문항과 이원목적분류표(채점기준표) 등을 다시 한 번 꼼꼼하게 확인하는 것이 채점에서 최대한 오류를 줄이는 방법이다.

4단계의 채점 전 사전협의회에는 일제평가에 해당하는 것으로 공동으로 문항을 작성했기 때문에 각자 채점을 하더라도 채점기준표를 다시 한 번 확인하는 등 채점 전에 함께 모여서 사전 협의를 하는 단계가 필요할지 모르나 교사별 평가의 경우에는 각 반에서 문항을 출제하고 채점기준표를 만들었기 때문에 옆 반 교사와 채점 전 사전협의회를 갖는 것은 현장에서는 잘 이뤄지지 않을 수 있다. 다만 교사별 평가를 실시할 때는 오히려 5, 6단계처럼 헷갈리는 답안 등에 대해서 함께 물어보면서 협의를 할 수 있기 때문에 사전협의회보다는 채점 중, 후에 동료 교사와 협의회가 필요한 것 같다.

7단계에서는 채점을 마친 후에 학생들에게 평가지를 나눠주어 혹시 채점한 결과가 잘못되지는 않았는지 확인하거나 학생들로부터 질문을 받는 등 최종 확인하는 시간을 갖는다. 끝으로 채점결과에 문제가 없다면 이것으로 채점을 종료하면 된다.

이 내용을 간단하게 요약하면 다음에 나오는 그림과 같이 나타낼 수 있다(교사별 평가의 경우).

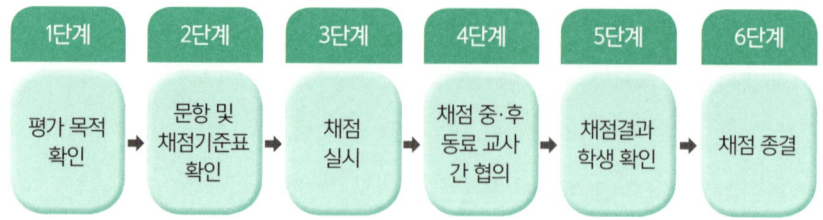

이러한 단계로 채점을 하다 보면 채점기준표의 중요성을 새삼 느끼게 된다. 논술형 평가는 선다형 평가와 달리 답이 딱 한 가지만 존재하는 것이 아니어서 문항이 견고하지 못하다면 모든 것이 답이 되는 경우도 있기 때문이다. 그래서 채점기준표를 작성할 때 기본답안을 얼마나 제대로 작성해 놓느냐에 따라서 채점의 수월성이 결정된다.

기본답안을 작성하면 첫째, 평가문항의 오류 가능성을 최대한 줄일 수 있다. 막상 문항은 만들었는데 채점기준표를 작성할 때 기본답안에서부터 막히는 경우 다시 살펴보면 평가문항이 잘못되었다는 것을 알게 된다. 둘째, 출제 의도에 따라 역으로 기본답안을 보고서 문항의 표현, 발문, 조건, 제한점 등을 정교하게 다듬을 수 있다. 셋째, 답안의 핵심 내용 요소를 파악하여 요소별 배점을 타당하게 정할 수 있다. 넷째, 기본 답안으로 교사의 주관성을 최대한 배제하게 되어 임의적 채점을 하지 않고 일관된 채점을 할 수 있다. 최종적으로 기본답안과 인정답안을 보면서 학생들이 답안을 작성하는 데 필요한 자료는 없는지, 학생들이 원하는 답을 제대로 작성할 수 있겠는지, 혹시 이 외에도 학생들이 작성할 만한 예측 가능한 다른 답안은 없는지, 답안 작성 시에 유의할 점은 무엇이 있을지, 답안을 작성하는 데 혹시 시간은 부족하지 않을지 등을 점검해야 한다.

또 하나 중요한 것이 채점기준표에서 분할 점수 기준을 마련하는 것이다. 정답의 내용이 단계나 항목, 포함되어야 할 하위 답안의 수 등으로 구분되는 경우에는 점수를 나누어 부분 점수로 처리한다. 예를 들어 '3가지를 쓰시오'라는 조건이 있었는데 1개 혹은 2개를 적거나 3가지 중 2가지가 맞고 1가지를 틀렸을 경우 등 분할 점수를 제시해 놓아야 한다. 채점의 편의를 위해 3가지 중 하나라도 틀리면 모두 틀린 것으로 처리하는 경우를 보는데, 채점이 귀찮더라도 경직성에 벗어나 채점기준표를 명확하게 만들 필요성이 있다.

또한, 예를 들어 수학과의 '수41031-2. (두 자릿수)×(두 자릿수)의 계산 원리를 이해하고, 그 계산을 할 수 있다'의 성취기준을 확인하는 문항에서 원하는 식과 답이 '20×25=500'이었는데 실수로 '20×30=600'이라고 작성했다면 어떻게 해야 할까? 식이 틀렸기 때문에 답도 당연히 틀린 것이다. 이때 우리가 알고자 했던 것은 '(두 자릿수)×(두 자릿수)'를 할 수 있는 지였으므로 식은 틀렸지만 답으로 쓴 600은 맞았다고 채점할 수 있을 것이다. 이처럼 부분 점수를 주는 것은 필요해 보인다.

채점을 하다 보면 몇 가지 궁금증이 생긴다. 우선 철자와 관련한 것이다. 과거 다른 과목은 몰라도 국어과의 경우 철자나 맞춤법이 하나라도 틀렸다면 과감하게 틀리게 한 경험이 있을 것이다. 그러나 엄밀히 말해서 맞춤법 하나 가지고 무조건 틀렸다고 할 수 있는지 고민해 봐야 한다. 성취기준 도달도를 확인하는 평가라면 더더욱 그렇다.

예를 들어, 성취기준이 '1431-1. 맞춤법에 대하여 알 수 있다'처럼 교육과정 내용에서 「발음과 표기, 띄어쓰기가 혼동되는 낱말을 올바르게 익힌다」를 가지고 수업을 하고 평가할 때라면 맞춤법과 철자, 띄어쓰기 등을 철저하게 살펴봐야 한다. 하지만 표현 능력이나 내용을 묻는 문항이라면 필체, 띄어쓰기, 철자 등은 점수 산정에서 배제하거나 점수 비중을 최소한으로 하는 것이 나을 듯하다.

예기치 못한 답안은 어느 선까지 정답처리를 해야 하는지도 고민이다. 사실 이 점은 필자에게도 고민이다. 쉽게 생각해볼 수 있는 것이 타당성일 것이다. 채점기준표에 명시된 기본답안이나 인정답안과 비교했을 때 정답 여부에 타당성이 있는지를 판단해 봐야 한다. 그런데 자칫 이성적으로 맞는지가 기준이 된다면 답안의 범주가 얼마든지 넓어질 수 있다. 이럴 때 필요한 것이 앞에서 살펴본 절차의 4단계처럼 채점 중, 후 동료 교사 간 협의 속에서 도움을 받는 것이다. 동시에 교육과정 내용을 살펴보면서 해당 교과의 관점에서 접근하는 것이 바람직해 보인다.

채점 기준을 작성할 때 포괄성의 원칙이라는 것이 있는데, 학생이 제시한 반응을 모두 포함해야 한다는 것이다. 다른 말로는 어떤 답안이라도 그에 해당하는 점수 부여 기준이 있어야 한다는 것이다. 이처럼 포괄성의 원칙을 잘 지켜 채점기준표를 작성한다면 그런 고민을 조금 더 줄일 수 있을 것이다.

또 하나, 간혹 지시한 조건을 지키지 않고 답안을 작성하는 학생들을 보게 된다. 예를 들어 '2가지를 쓰시오'라고 했는데 3가지, 4가지를 적는 학생이 있다. 이럴 때는 우선 학생들의 심리상태를 떠올려보면 도움이 된다. 왜 2가지를 적으라고 했는데 3, 4가지를 적었을까? 물론 아는 것이 많아서 더 많이 쓰고 싶어 하는 학생도 있을 수 있지만, 이런 경우는 극히 드물다. 아마도 대다수는 확실하고 정확하게 알지 못해 3~4가지를 적으면 그중 2가지는 맞지 않을까 하는 심리가 작용했을 것이다. 그나마 4가지 답이 다 맞다면 참 다행인데, 그중 2개는 맞고 2개는 틀렸을 때는 틀렸다고 해야 할지 맞았다고 해야 할지 고민스럽다. 이런 경우를 방지하기 위해 유의점으로 '앞 2가지만 채점할 것임' 등을 표시해둔다면 그 고민에서 벗어날 수 있을 것이다.

또한, 학생들을 위해서 친절하게 '보기처럼 제시하시오'라고 발문을 넣었는데 보기를 그대로 쓴 경우도 간혹 있다. 답안 작성 조건에 '보기 내용은 제외하시오'라는 단서가 없었다면, 이 경우엔 정답처리를 해야 할 듯하다. 이를 방지하려면 조건을 제시하거나 답안작성 유의사항을 적어 두는 것을 잊지 않길 바란다.

그리고 채점을 할 때는 문항별로 하는 것이 좋다. 다시 말해, 논술형 1번을 채점할 때는 처음 학생부터 마지막 학생까지 1번 문항을 다 채점하고 다음 2번을 채점하는 편이 낫다는 것이다. 쉽게 이해가 되었겠지만, 1번 문항에 대한 이해와 함께 채점기준표가 머릿속에 명확할 때 채점하는 것이 오류를 최소화할 수 있을 것이다.

채점할 때 오류를 살펴보도록 하자. 채점을 하다 보면 나 자신도 모르게 몇 가지 오류를 범하게 되는데, 그중 대표적인 것이 집중화 경향의 오류이다. 이는 채점자가 점수를 부여할 때 최고나 최저점보다는 평균에 가까운 점수가 중앙으로 몰리게 되어 학생들의 차이를 제대로 판별해내지 못하는 오류를 말한다. 이는 채점하기가 어려울 경우 적당히 중간 점수를 부여하는 것으로 채점기준표를 봐도 애매할 때 이런 오류를 범하기 쉽다. 그러므로 정확한 채점기준표를 마련하는 것이 중요하다.

표준의 오류는 채점자들이 생각하는 기본이나 표준이 다름으로 인해 발생하는 것으로 채점자 간에 나타나는 대표적인 오류이다.

인상의 오류는 채점자가 피험자에 대한 선입견이나 사전 정보가 채점 결과에 영향을 미침으로써 발생하는 오류로 후광 효과에 의한 오류라고도 한다. 채점하기 헷갈릴 때 순간 학생이 평소 성실하거나 수업시간에 열심히 참여하는 모습이 떠올라 후하게 점수를 준다거나 수업시간에 말을 듣질 않고 매번 혼나는 학생에게는 점수를 박하게 주는 경우가 이에 해당한다.

대비의 오류는 피험자의 답안 내용이 채점자의 견해와 일치하거나 배치됨에 따라 채점자가 점수를 부여하는 과정에서 지나치게 후하거나 박하게 채점하는 오류이다.

논리적 오류는 채점 기준에 모순된 논리가 포함됨으로써 발생하는 오류이다. 예를 들어, 사교적이면 명랑한 것으로 생각한다거나 정직하지 않으면 준법성도 없다고 생각하는 식의 오류를 말한다.

근접의 오류는 시공간적으로 가깝거나 먼 차이로 발생하는 채점 결과의 차이를 말하는데 피험자 면담이나 관련 사건을 겪은 직후의 채점 결과와 시간이 경과한 이후의 채점 결과에서 차이가 발생하는 등의 오류를 말한다. 예를 들어, 금요일 오후에 채점을 하다가 퇴근했는데 주말이 지난 월요일이 마침 개교기념일이라 재량 휴업일로 쉬게 되어서 화요일쯤 다시 채점하려고 하니 며칠이 지나서 채점기준안이 명확하지 않아 기채점한 학생과 남아 있는 학생들의 채점을 다르게 하는 경우 등을 말한다.

이렇듯 채점 전후에 기억하고 신경 써야 할 부분이 생각보다 많다. 하지만 모든 일이 그렇듯 얼마나 준비하느냐에 따라 결과가 좋을 수 있다. 아무리 좋은 문항을 만들어도 채점 기준이 명확하지 않으면 다양한 문제가 발생한다. 또한, 채점을 하면서 모르는 사이에 몇 가지 오류에 빠질 수도 있다. 채점 중간에 이 모든 것이 수정·보완이 되었다면 큰 문제가 없겠지만, 대부분의 문제는 채점 종료 후에 발생한다.

그렇다고 주눅이 들거나 긴장할 필요는 없다. 채점 단계에서도 살펴보았듯이 채점기준표를 수정할 수 있는 단계가 있기 때문에 의외의 답안이 보이거나 채점하기 어려울 때는 동료 교사와 함께 의논을 하다 보면 합리적인 판단의 지점이 생겨 채점을 원활하게 진행하고 무사히 평가를 마칠 수 있을 것이다.

10장

평가결과의 입력과 통보

NEIS에 평가결과 입력하기

학생을 평가하고 그 결과를 기록하는 곳이 초·중등교육법에 의거[16] 국가가 운영하는 NEIS이다. 법규에 따라 모든 기록은 전산으로 관리하도록 되어 있다. 그리고 전산관리를 위하여 정부에서 개발한 것이 바로 NEIS인 것이다.

NEIS에서 평가 영역 입력 단계
1단계 : 선행작업-평가 영역 입력
2단계 : 평가 영역표상의 평가결과 입력
3단계 : 가정에서 입력

평가결과를 NEIS에 입력하기 위한 첫 번째 단계는 학업성적관리위원회의 심의를 받은 평가계획을 NEIS의 [성적-선행작업]에 평가내용을 입력해야 한다. 이때 입력 범위를 놓고 지필평가와 수행평가 중에

---

[16] 초·중등교육법 제25조 ② 학교의 장은 제1항에 따른 자료를 제30조의 4에 따른 교육정보시스템으로 작성·관리하여야 한다.

어떤 부분을 입력해야 하는지 고민하게 된다. 그 이유는 NEIS 상의 평가 관리 시스템이 현재의 평가시스템을 따라오지 못하기 때문이다.

현재 시스템상에서는 평가의 영역은 수행평가만 입력하면 된다. 이 말은 시·도교육청에 따라서는 당연시되는 경우도 있지만, 교사별 평가에 따라 지필평가 계획이 따로 수립되어 있는 지역에서는 수행평가와 지필평가를 모두 평가 영역에 넣어야 하는가를 고민하는 것이다.

그런데 '과연 수행평가만 입력하는 것이 옳은 것일까? 지필평가는 전산관리를 하지 않아도 되나?' 하는 의문이 생긴다. 중등은 모든 수행과 지필을 점수화하여 NEIS에 올리고 있다. 초등의 경우에는 훈령 (제243호, 2018.1.31.)에서는 "초등학교의 교과학습발달상황은 각 교과별 성취기준에 따른 성취수준의 특성 및 학습활동 참여도 등을 '세부능력 및 특기사항'란에 교과별로 문장으로 입력하되, 1, 2학년 '바른생활', '슬기로운 생활', '즐거운 생활' 교과는 통합하여 입력하고, 방과후학교 수강내용(강좌명, 이수시간)을 입력할 수 있다"라고 기술되어 있다. 이는 수행평가뿐만 아니라 지필평가의 결과를 종합하여 교과발달사항의 세부능력 및 특기사항에 입력해야 한다.

그동안 학교 현장의 관행을 보면 수행평가를 중심으로 기록되어 있어 지필평가의 결과 안내는 학생에게 평가지를 배부하고 점수를 주는 것으로 생략해 왔다. 평가의 본질에 맞추기 위해서는 지필평가에 대한 기록도 전산관리가 되어야 한다. 따라서 수행평가뿐만 아니라 지필평가도 NEIS에 입력하도록 시스템이 바뀌어야 한다. 그런데 그러려면 수행평가처럼 지필평가도 성취기준별로 평가가 되고 기록에 남아야 한다. 이를 위해서는 현장의 교사들을 설득하는 일이 우선이다.

가정통지표 만들기

평가결과는 학생 입장에서는 자기 이해와 성장 동기의 역할을 하고, 교사에게는 교수 활동의 오류를 진단하는 성찰과 반성의 자료가 되며, 학부모에게는 학생의 성취도를 확인하여 자녀의 진로 및 가정학습에 대한 자료로 활용된다. 평가결과를 안내하는 평가통지표는 학생의 성취수준을 안내해주는 메신저 역할을 한다.

평가의 서열화와 지나친 경쟁에서 벗어나 학교의 교육목표에 부합한 평가통지를 위하여 제7차 교육과정의 도입과 맞물려 교육부 훈령 제558호(1997.12.01.)의 개정을 통하여 초등학교의 '수, 우, 미, 양, 가' 평가 제도가 폐지되고 성적을 교과별로 서술식으로 입력하도록 변경하였다.

기존의 성적 산출 방식에 익숙했던 학부모들은 현재의 방식에 불만을 표출하기도 했다. 그 이유는 학교에서 서술한 성적은 수행평가의 여러 영역 중 잘한 영역을 중심으로 1~2개의 성취수준을 조합하여 제시하며 부정적인 요소를 최대한 배제하고 최대한 긍정적인 부분만을 제시하여 자녀의 현재 학업성취도를 오해하거나 제대로 확인하는 것이 곤란했기 때문이다. 심지어 교사가 보아도 그 통지표로는 학생이 잘한 영역과 부족한 영역을 구분할 수 없다.

평가통지표의 가장 중요한 역할은 정보제공이다. 그 역할을 제대로 하기 위해서는 그동안의 평가통지 형식을 바꿔야 한다. NEIS에서 수행평가의 영역별 평가결과를 문장으로 서술하여 제시하는 형태는 학생들을 위한 평가통지 방법으로는 적합하지 않다. 현행 제도로는 통지표 본연의 역할을 할 수 없다. 그래서 학부모들은 더더욱 지필평가(중간고사, 기말고사) 성적에 목매게 되었고, 통지방식의 변화로 인한 긍정적 요소들이 반감되었다.

이런 불만 제기가 어느 지역에는 이슈가 되어 서술통지 형식을 과거로 회귀하거나, 서열화를 위한 일제고사를 강화하여 학부모의 욕구를 해결하려는 움직임이 있었으나 초등학교 교육의 본래 목적에 맞지 않는다는 여론에 따라 현행체제가 유지되고 있다.

학부모의 불만에도 불구하고 현행 통지 양식이 고수된 이유는 아마도 학생생활기록부 작업을 완료하면 자동으로 가정통지표로 변환이 가능하여 교사의 업무경감에 도움이 되었기 때문일 것이다. 즉 현행 NEIS의 가정통지표는 학생생활기록부에 입력된 사항 중에서 학교마다 학업성적관리위원회에서 결정한 영역들을 선택, 출력하여 가정에 내보낸다. 그래서 교사가 통지표 작성을 고민할 필요가 없었기 때문에 학교에서 선호했다.

그러나 최근에 시·도교육청에서 추진하는 평가혁신에서 통지의 변화를 시도하고 있으며, 특히 혁신학교에서 주도적으로 가정통지표의 변화를 시도하고 있다. NEIS에서 제공하는 가정통지표는 국가에서 지정한 학교 법적 장부가 아니다. 따라서 학교 학업성적관리위원회에서 가정통지표의 양식과 통지 방법을 심의하여 결정하면 된다. 참된 평가를 위하여 다양한 형태의 평가통지표가 개발되어 현장에서 사용되고 있으며, 학부모의 궁금증을 최대한 해결해주고, 평가통지표 본연의 목적을 살릴 수 있도록 개발되고 있다.

평가통지표의 참 의미는 학생과 학부모에게 학생의 현재 성취 정도를 명확하게 안내하고, 추후 가정에서의 보충학습을 위한 자료이며, 차후 교사가 학생에게 제공할 학습계획이어야 한다. 이런 의미를 제대로 전달하는 데 현행 통지시스템은 한계가 있다. 단순한 수치와 수준의 제시에서 그치는 것이 아니라 학생이 어떤 성장 과정을 거치고 있으며, 능력이 향상되고 있는지에 대한 안내가 필요하다. 앞으로 성취 수준을 넘어 학생의 성장 과정과 능력의 발달을 제시할 수 있는 평가통지표가 개발되어 보급되어야 한다.

학교에서 사용되는 가정 통지 방법은 시험마다 즉각적인 통지 방법과 분기별, 학기별 단위로 성적을 공개하고 있으며, 통지 양식별로는

가정통지표 분류

구분	통지 시기	통지 형태에 따른 분류
내용	즉시적 제공	성취기준별 제공
	분기별 제공	분기별 통합지원 방법
	학기별 제공	고전적 점수 제공 방법

10장 평가결과의 입력과 통보

시험지 자체 통지 방법, 분기별 통합지원 방식, 고전적 점수 제공 방식으로 구분할 수 있다. 어떤 방법이 효과적인지 평가시스템에 대한 고민을 바탕으로 몇 가지 통지표에 대해 살펴보자.

첫 번째는 성취기준별 평가지 통지표이다. 평가문항에 학생들의 평가에 대한 성취수준을 루브릭 형태를 빌어 제공하거나, 성취수준을 단

국어과 평가		학년	반	번
	이름			

1. 다음 글을 읽고 우리 반 친구들에게 부탁할 일을 찾아보고 다음 순서에 따라 자신의 생각을 정리하여 봅시다. [5점]

> "실내에서 뛰지 마요!"
> 요즈음 선생님이 우리에게 자주 하시는 말씀이다. 학기 초에 선생님과 우리 반 친구들은 '실내에서 뛰지 않기'라는 약속을 정하였습니다. 하지만 우리 반 친구 대부분은 이러한 다짐을 잘 지키지 않습니다. 여전히 교실이나 복도에서 뛰어다니는 친구가 많습니다.
> 저도 최근에 수업을 마치고 집에 갈 때 복도에서 달려오는 친구와 부딪칠 뻔한 적이 있습니다. 다행히 피하였기 때문에 괜찮았지만 크게 다칠 뻔하였습니다.

• 부탁하고 싶은 사람	
• 부탁하고 싶은 내용	
• 부탁하고 싶은 까닭	

평가 결과	성취기준	성취수준		
		우수	보통	미흡
	자신의 생각을 알맞은 까닭을 담아 부탁하는 글로 쓸 수 있다.			

계별로 구분하여 제공한다. 평가지의 결과에 대하여 교사의 결과 해석과 추후 학습계획에 대한 안내를 제공하는 형태이다. 성취기준 단위로 평가결과를 분리하여 제공하여, 점수 위주에서 오는 서열화와 제대로 된 결과 해석의 부족에서 벗어나는 방법이다.

두 번째는 분기별 제공하는 평가통지표이다. 평가결과를 분기별로 제공하기 위해, 평가지를 모아 분석하여 제공하는 형태이다. 이때 앞부분은 주로 평가결과에 대한 성취수준을 제시하고, 뒷부분은 학생들이 스스로 자기 성찰평가를 할 수 있도록 구성할 수 있다. 마지막을 교사가 학생에 대한 의견을 가정에 제공하고, 가정에서 학생에 관한 이야기를 상호 소통하는 공간으로 제공하고 있다.

이 방법은 매번 평가지를 제공하는 것에 비해 전체 과목에 관한 내용을 한꺼번에 제공하여 전체를 통찰 할 수 있는 장점이 있다. 반면에 평가 시차가 있어 가정에 즉각적인 피드백 제공이 안 된다는 단점이 있다.

평가결과를 가정에 분기별로 배부한다고 해서 모든 평가가 분기별로에 시행되는 것은 아니다. 단원과 영역이 종료된 후 성취기준의 도달 정도를 확인하여 평가결과에 따라 적시에 재학습을 통하여 성취도를 향상시키기 때문에 학부모에게 분기별로 모아서 제공하는 것이 학생들의 제대로 된 피드백이 안 된다는 단점에서는 자유로울 수 있다.

세 번째는 문항 자체에 교사의 피드백을 제시하는 형태이다. 가장 오래전부터 사용해온 방법으로 학생들의 평가문항에 첨삭지도 하여 학생에게 안내하는 형태이다. 이 방법은 문항이 많지 않은 단원별, 영역별 상시평가체제에서는 피드백의 효과가 있으나 일제고사 형태일

가정통지표(1차)

5학년 ( )반 ( )번 이름 (   )

1. 나의 배움 모습 알아보기

성취수준: 매우 잘함 / 잘함 / 보통 / 노력요함 / 부진

교과	단원	영역	성취기준	평가 방법	성취 수준
국어	3. 상황에 알맞은 낱말	문법	- 다의어와 동음이의어의 의미가 상황에 따라 달라짐을 이해하고 효과적으로 표현할 수 있다.	지필	
	5. 대상의 특성을 살려	쓰기	- 대상의 특징에 알맞은 설명방법을 찾을 수 있다.	수행	
	7. 낱말의 뜻	읽기	- 모르는 낱말이나 어려운 낱말의 의미를 문맥을 고려하여 이해할 수 있다.	지필	
	2. 토의의 절차와 방법	듣기·말하기	- 일상생활의 문제를 해결하기 위한 토의에 능동적으로 참여할 수 있다.	수행	
수학	1. 약수와 배수	수와 연산	- 약수의 의미를 알고 구할 수 있다. - 공약수, 최대공약수의 의미를 알고 구할 수 있다. - 배수의 의미를 알고 구할 수 있다. - 공배수, 최소공배수의 의미를 알고 구할 수 있다.	지필	
	2. 직육면체	도형	- 직육면체의 여러 성질을 이해하고 전개도를 그릴 수 있다.	수행	
	3. 약분과 통분	수와 연산	- 분수를 약분할 수 있다. - 분수를 통분할 수 있다.	지필	
사회	3. 우리 경제의 성장과 발전	일반사회	- 다양한 경제활동의 사례를 통해 우리 경제의 주요 특징이 자유와 경쟁에 있음을 이해할 수 있다. - 우리나라가 국제 거래를 통해 다른 나라와 경제적으로 상호의존하면서 서로 경쟁하는 관계에 있음을 이해할 수 있다.	지필	
	3. 우리 경제의 성장과 발전	일반사회	- 여러 가지 경제 정보자료(예 : 통계, 사진, 각종 지표 등)를 통해 우리 경제의 성장 과정과 그 특징을 파악할 수 있다.	수행	
	4. 우리 사회의 과제와 문화의 발전	일반사회	- 경제 성장 과정에서 나타나는 여러 문제(예 : 빈부격차, 노사갈등, 자원고갈 등)를 확인하고 이에 대한 해결 방법을 모색할 수 있다.	수행	

경우에는 평가문항이 많고, 평가 영역이 광범위해서 제대로 된 효과를 보기 어렵다. 따라서 문항지 자체에 첨삭형 피드백을 실시할 경우에는 평가 영역이 최소화되어야 효과를 볼 수 있다.

네 번째는 NEIS에서 제공하는 가정통지표이다. NEIS에서는 수행평가결과, 교과학습발달, 행동발달 및 종합의견 등을 학교에서 선택하여 통지표를 구성할 수 있다. 통지형식의 구성을 평가결과에 대한 사항을 중심으로 살펴보면 수행평가의 영역별 결과 제공, 교과별로 문장으로 기술하는 교과학습발달사항을 선택하는 형태로 제공하고 있다. 이 두 가지 형태 외에 다른 형식은 제공하지 않고 있다. 이 방법도 과거의 결과 중심으로 통지를 하는 것과 동일하며, 가정에 제대로 된 학생의 성취도의 정도를 통지하지는 못하고 있다.

평가결과에 대한 통지방법 및 형식의 결정은 학교의 학업성적관리위원회에서 하고 있으므로 NEIS의 통지표를 꼭 써야 하는 것은 아니다. 학교의 실정에 따라서 평가통지표를 구안하여 가정에 배부할 수 있다.

위에서 제시한 다양한 형태로 가정에 평가결과를 통지하는 가정통지표는 학생의 현재 평가결과만을 안내하는 통보서였다. 과연 이 통지표를 보고 학생과 학부모는 어떤 생각을 할 수 있을까? '내가 잘했구나, 내가 못했구나' 외에 다른 결과를 확인할 수 있을까? 통지표의 본래 용도가 이런 것일까에 대해 고민이 필요하다.

10장 평가결과의 입력과 통보

성장참조형 통지표

학생의 성장을 돕는 평가를 표방하면서 통지표에 대한 변신을 요구받고 있다. 이런 요구에 혁신학교를 중심으로 평가통지표의 변화가 일어났다. 기존의 정량적 평가인 성취기준의 도달 정도를 제공하는 것과 학생의 학교생활과 학력의 향상을 정성적인 입장에서 제공하도록 혼합형 평가통지표를 사용하고 있다.

기존 통지표는 평가결과를 통보하고, 부족한 부분을 가정에서 신경 써주어 학생이 더 성장할 수 있도록 지도해 달라는 일종의 통보 양식이었다. 학교에서 학습을 하고 평가한 결과를 통보함으로써 부족한 부분은 가정에서 더욱 책임지고 지도해달라는 의미가 있었으나 가정에 떠맡기는 것밖에 되지 않느냐며 불만을 제기하는 경우도 있었다. 학교는 적어도 학습 면에서만큼은 가정에 떠맡기는 것이 아니라 부족한 부분을 보완해야 하는 책임이 있다.

그렇다면 교사는 어떻게 해야 할까? 학생의 부족한 부분을 지속해서 지도하여 발전시킬 수 있어야 한다. 그리고 학생의 발달 정도를 매달 가정에 안내하여 가정과 연계지도가 될 수 있도록 해야 한다. 이런 관점에서 개발된 것이 성장참조형 통지표이다. 이는 기존의 성취기준 중심 통지표에 학생 개개인의 성장 과정을 함께 공지하는 형태이다. 따라서 특별한 형식이 있기보다는 교사의 필요에 따라 편지글 형태가 될 수도 있고, 영역별로 구분하여 제시할 수도 있다.

다음은 일선 학교에서 사용하고 있는 성장통지표를 분석한 구성 예시안이다. 이 통지표는 학부모에게는 자녀에 대한 상세한 정보를 제공한다는 장점이 있지만, 교사에게는 엄청난 업무 강도로 다가온다는 단점이 있다. 업무 강도를 최소화하는 방안에 대한 고민이 필요하다.

평가통지표의 구성은 기본안내, 정량평가, 정성평가로 구분할 수 있다. 기본안내는 학생의 학년, 반, 이름의 기본정보와 교사의 인사말로 구성된다. 정량평가 영역은 학생들의 과목별 수행평가와 지필평가에 대한 성취기준별 평가방법 및 성취수준을 제시한다. 이때 단계형인 매우 잘함, 잘함, 보통, 노력 요함으로 제시할 수 있고, 서술 형태로 제공할 수 있다. 정성평가 영역은 학생별로 학교생활과 수업 태도, 관심 있는 영역별 성장에 대한 사항을 기록해야 한다.

성장통지표 구성 예시

영역	세부 내용
기본안내	학생의 기본정보 교사가 학부모에게 제시해야 할 공통적인 공지사항 및 인사말
정량평가	과목별 성취기준에 따른 평가방법과 성취수준을 제고함
정성평가	학생의 성취도 중에서 관심이 필요한 부분에 대한 성장의 정도를 학생별로 맞춤형으로 제공함

성장통지표의 중심은 학생별로 관심이 필요한 영역에 대한 발전과정을 확인하는 것이다. 글쓰기 능력이 부족한 아이에게는 매월 글쓰기의 향상 정도와 앞으로 필요한 부분에 대한 지속적인 정보가 제시되어야 한다. 수학에서 수와 연산 영역이 부족한 아이에게는 매월 학생의 발전 정도와 가정에서 함께 고민해야 할 사항에 대해서도 정보를 제공해주어야 한다. 또한, 학부모가 학기 초 상담을 통하여 고민했던 영역에 대해서도 정보제공이 필요하다. 학생의 교우 관계나 학습 태도에 대해 우려했다면 당연히 통지표에는 이 부분이 반영되어야 한다.

학생의 학교생활을 중심으로 정보를 제공해주는 형태의 성장참조형 통지표도 있다. 이런 정보를 마련하기 위해서는 교사가 NEIS의 행동발달사항의 누가기록을 활용하여 정보를 누적해 놓으면 학부모에게 보다 정확한 정보를 제공해 줄 수 있다.

우리 반에서 이의 생활 모습**

**이는 기본학습능력이 잘 형성되어 있고 수업 내용에 대한 이해도가 뛰어나며 수업 중에 친구와 상호작용이 활발한 학생입니다. 초기에는 자기주장이 강하여 모둠원과 소통에 어려움이 있었으나 시간이 지나면서 모둠원을 이해하고, 배려를 통해 모둠 활동에서 리더의 역할을 충실히 하여 모둠원에게 신뢰가 높습니다.

학기 초 점심시간에 밥을 조금밖에 먹지 않아 걱정이 많았는데, 갈수록 급식 양도 늘어가고 편식도 줄어서 걱정하지 않을 정도로 급식습관이 개선되었습니다.

자신이 맡은 1인 1역할인 학급문고 정리 활동에 즐겁게 역할을 수행하는 모범적인 학생으로 현재보다 미래가 더 기대됩니다.

평가를 한다고 할 때 교사가 학생들의 지식, 기능, 태도 면을 평가하는 것이 일반적이지만, 근래에는 동료평가와 자기평가가 강조되면서 많은 학교에서 시행하고 있다. 다만 동료평가 역시 정성적 평가도 좋지만, 일정 기준에 따라 친구를 평가할 수 있는 정량평가도 필요할 때가 있다. 자칫하면 친분 정도에 따라 점수를 후하게 주거나 박하게 줌으로써 평가의 본래 의미를 잃어버릴 수 있으니 주의가 필요하다.

학년 발달을 고려하여 평가제도를 마련하는 것도 한 방법이다. 고학년의 경우엔 동료평가나 자기평가를 할 때 교사의 설명을 듣고 대체로 잘 따라 하나 저학년의 경우엔 예시문을 보여주거나 하여 충분한 이해가 선행된 뒤에 실시하는 것이 좋다. 동료평가 및 자기평가는 학생의 발달 단계에 따라서 서술식으로 작성할 수도 있지만 체크리스트로 확인 후에 서술식으로 평가하는 형태가 더 바람직하다.

평가결과는 단지 교사의 평가만이 아니라 학생의 자기평가를 통지표에 함께 제시해도 된다. 교사가 인지하지 못하거나, 측정하기 어려운 영역을 스스로 평가하게 하고 평가 시기마다 형태를 달리하여 자기평가 결과의 변화를 보여주는 것도 좋다.

지금까지 다양한 평가 통지에 대해 알아보았다. 늘 그렇듯이 아무리 좋은 것이라도 억지로 해야 한다면 추진력을 쉽게 잃는다. 특히 지침과 규정에 따른 것이 아니라면 더욱 그렇다. 평가 통지에 대해서도 학교 구성원의 의견을 듣고 조율하여 그 학교만의 통지표를 마련하는 것이 좋겠다.

교사에게 학생지도만 전념할 수 있는 환경이 조성된다면 앞에서 제시한 다양한 형태의 성장통지표를 매달 해보라고 권하고 싶다. 물론

나의 학습태도 및 학교생활

( )학년 ( )반 ( )번 이름 ( )

영역	내용	자기평가				
		매우 잘함	잘함	보통	노력 요함	부진
학습 태도	교과서와 준비물을 잘 갖춥니다.					
	과제 처리를 제때 잘합니다.					
	공책 정리를 바르고 보기 쉽게 잘합니다.					
	선생님과 친구들의 말을 주의 깊게 듣습니다.					
	적극적으로 수업에 참여합니다.					
	친구들과 협력하여 학습활동을 합니다.					
	주어진 시간 내에 학습활동을 합니다.					
생활 태도	자기 주변을 깨끗하게 정리정돈 합니다.					
	학급에서 맡은 일을 책임 있게 잘합니다.					
	식사 습관과 예절이 바릅니다.					
	교통질서와 학교생활규칙을 잘 지킵니다.					
	인사를 잘하고 예의 바르게 행동합니다.					
	욕을 하지 않고 고운 말씨를 씁니다.					
	어려움에 처한 친구를 잘 도와줍니다.					
반성 및 계획						

현재 상황에서도 혁신학교 중에서 매달 학생의 교육활동을 작성하여 가정에 배부하는 학교도 있다. 현실적으로는 어렵더라도 성장참조형 통지표의 방향성에 대한 생각 거리를 던져 주고 싶다.

NEIS의 변신을 기대한다

학부모의 알 권리를 보장하는 차원에서 학교에서 관리하는 학생 정보를 온라인 사이트[17]에서 제공하고 있다. 교사가 생활기록부에서 제시하는 대부분의 정보를 볼 수 있다. 그중에서 학부모가 가장 많이 보는 영역은 성적이다.

학기 말에 교사가 수행평가 영역에 대한 공개를 설정하면 학부모에게 학생들의 평가결과가 통지된다. 그런데 제공하는 형태가 표준영역 점수라고 제시된다. 학교에서 3단계 평가를 하는 경우에는 상은 100점, 중은 67점, 하는 33점으로 제공된다. 그런데 이렇게 점수가 보이는지를 대다수 교사가 잘 모른다. 교사들에게 수행평가 점수와 관련해서 "학부모 반영서비스를 통해 학생의 수행평가 점수는 학부모에게 어떻게 보일까요?"라고 물으면 몇몇 교사를 제외하곤 잠시 머뭇거리다가 "저희가 입력한 대로 보이겠죠! 상으로 입력했으면 상으로 보일 거고 중으로 표시했으면 중으로 보이는 거 아닌가요?"라고 대답한다.

---

17   NEIS(교무업무관리시스템) 대국민 서비스: http://www.neis.go.kr
     학교 알리미 서비스: http://www.schoolinfo.go.kr

사실 필자들도 그렇게 알고 있었다. 그런데 한 사건 때문에 제대로 알게 되면서 문제의식을 갖게 되었다. 사건은 대략 이렇다.

한 학생의 수행평가 점수를 모든 과목 영역에 '노력요함'(그 학교는 3단계로 수행평가를 실시하고 있었음)으로 입력했다. 물론 정말 그 학생이 모든 과목에 노력요함의 성적일 수도 있었고, 아니면 대체로 잘하지 못하니 그렇게 입력했는지도 모른다. 그 학교 성취수준의 범위는 매우 잘함(100점~90점), 잘함(90~80점), 보통(80~70점), 노력요함(70~60점)이었는데, 위에서 말한 것처럼 점수로 표시됨에 따라 결과를 확인한 학부모가 자기 자녀가 모두 33점이라고 표시가 되어서 담임교사에게 전화를 걸었다고 한다. 그 학부모는 자기 자녀가 공부를 잘하지 못 하는 것은 알고 있었고 또 인정하지만, 33점이나 40점, 45점도 아니고 어떻게 모든 영역의 점수가 다 똑같이 33점일 수 있냐는 것이었다.

그런데 대다수 교사처럼 그 담임교사도 점수로 표시된다는 사실을 모른 채 그 학부모에게 "지금 무슨 말씀을 지금 하시는 거냐? 전 절대 그렇게 입력한 바가 없다"고 했다. 그렇게 서로 오해 속에서 그리 좋지 못하게 전화를 끊었고 그 후 교육청까지 전화가 이어지게 되었다. 이 일로 학부모들의 민원이 생기자 평가단계를 점수 급간이 큰 3단계에서 점수 급간이 작은 5단계로 바꾸게 되었다.

단계를 세분화하여 학생들의 점수를 높게 책정하는 것이 민원에 대한 올바른 대처는 아니다. 수행표준영역 점수가 현행 초등학교의 수행평가가 의미하는 점수와는 다르다고 학부모에게 안내하고, 잘못된 것이므로 NEIS를 담당하는 교육부, 시·도교육청 담당자에게 수정을 요구해야 한다. 그런데 학교에서는 이런 부분에 대해서 말하기를 꺼린다. 민원 유발자로 낙인찍히는 것을 불편해하기 때문이다.

작년 4월에 이 부분에 대하여 민원을 제기하여 담당자로부터 표준영역 점수를 반영을 하지 않고 삭제하겠다는 긍정적인 답변을 받았다. 교사는 이렇게 교육 현장과 유리된 시스템에 관심을 가질 필요가 있다. 그래야 변화를 가져올 수 있다.

NEIS에서 또 하나의 고민거리는 평가를 입력할 때 평가 내용과 성취기준 중에서 어떤 것을 입력하는 것이 더 합당한가 하는 것이다. 초등학교에서는 성취기준의 도달도를 성취수준으로 나타내도록 훈령에 명시되어 있다. 따라서 평가 내용이 아닌 성취기준으로 제시하는 것이 더 합리적이다. 아직도 평가 내용으로 되어 있는 것은 NEIS 도입 초기의 교육과정을 반영한 것이 수정되지 않고 있기 때문이다. NEIS는 교육시스템의 효율성과 편리성을 위해 아직 개선되어야 할 부분이 많다. 교육부 NEIS 담당자가 교사 출신이 아닌 현실에서 현장의 이야기를 제대로 전달하기 위해서는 민원이 아니라 시스템상에 공간이 마련되어야 한다.

NEIS 매뉴얼의 만능주의에서 벗어나야 한다. NEIS의 관리는 교육부가 한국교육학술정보원(KERIS)에 위탁하여 운영되고 있다. KERIS에서는 매년 NEIS 시스템과 사용방법에 대한 매뉴얼을 개발하여 학교에 배부하고 있고, 이 매뉴얼에 따라서 전체 시스템이 운영되고 있다. 그런데 이 매뉴얼의 내용 중에서는 학교생활기록부 관리지침에 나와 있지 않은 내용을 입력하라고 강요하는 경우가 있다. 과연 법적인 구속력이 없는 단순한 매뉴얼이 교사에게 NEIS 입력을 강요할 수 있는지에 대해 생각해보아야 한다.

11장

참된 평가를 위한 제언

형성평가의 재조명이 필요하다

교사는 수업 시간을 통해 대부분 학생들과 만나고 있다. 그래서 수업 시간은 여러 가지 많은 의미가 있다. 수업에서 학습 목표에 도달하기 위해 교사들은 교육과정을 재구성한 내용을 바탕으로 어떡하면 학생들이 더 쉽게, 더 잘 이해할 수 있을지 고민을 거듭한다. 그래서 때로는 혼자 수업을 준비하지 않고 동학년 교사들 혹은 해당 교과 전문가들과 함께 연구하고 교육과정 내용에 대한 이해도를 높이기도 한다.

경기도를 비롯하여 대다수 지역에서 전문적 학습공동체나 학습동아리 등 교과 지식을 비롯하여 교육 전반에 걸쳐 공부하는 모임이 시작되었다. 참 바람직한 모습이다. 경기도교육청의 경우 2015년도부터는 원격연수의 한계를 극복하기 위해 학교 단위에서 실시하는 교사의 학습공동체 활동을 연수 학점으로 인정해주고 있다. 최소 3명 이상이어야 하며, 학기당 15시간에서 30시간, 일 년에 최대 60시간을 인정해주고 있다. 이를 위해 전문적 학습공동체 계획을 수립하여 주제연수, 공동연구, 공동실천(수업), 연구결과 등의 공유를 통해 교사의 전문성 신장과 수업의 질을 높이기 위한 대안을 마련했다. 현재 많은 학교에서 전문적 학습공동체를 구성하여 함께 연구한 것을 바탕으로 수업에 적용하고 있다. 교사들에게 수업을 떼놓고 교직을 논할 수 없을 만큼 수업이 갖는 의미는 상당하다. 수업을 통해 학생들과 만나는 시간이 많은 만큼 교사들 누구나가 수업을 잘하고 싶어 한다.

보통 동학년이나 전 교사를 대상으로 공개수업을 일 년에 한 번 이상은 하고 있다. 공개수업을 참관하는 일은 누구에게나 어렵지 않지만, 막상 내가 공개수업을 해야 하면 경력과 상관없이 부담스러운 것이 사실이다. 저경력자는 수업 경험 횟수 자체가 적어서 부담스럽고, 고경력자는 남들이 기대하는 수준이나 본인 스스로 더 잘해야 한다는 강박으로 부담을 느낄 것이다. 어찌 되었건 수업을 공개한다고 할 때 많은 교사가 일주일 전부터 어느 교과와 단원을 공개할지 고민하기 시작한다. 늘 하는 수업인데도 말이다.

이러한 고민의 과정을 거쳐 수업 계획안을 세운다. 그리고 컴퓨터가 잘 작동되는지 몇 번이고 예비 작동을 해보기도 하고, 빠진 자료는 없는지 확인에 확인을 거듭한다. 그리고 드디어 많은 교사 앞에서 수업을 시작한다. 평소와 다르게 정장에 가까운 복장을 하고 선한 표정과 함께 다양한 활동과 자료를 준비해서 학습 목표 도달을 위해 최선을 다한다.

다행스럽게도 40분 내내 특이사항 없이 준비한 수업을 잘 마쳤고, 학생들 또한 발표를 비롯하여 여러모로 협조를 잘해주어 만족스러운 수업이 되었다. 참관한 동학년 교사들이 엄지손가락을 치켜세우며 잘했다는 신호를 보낼 때는 더할 나위 없이 기쁘고 감사하다.

그런데 다음과 같은 가정을 한번 해보자. 공개수업을 잘 마치고 협의회를 하기 위해 다른 장소로 이동을 할 때 누군가가 남아 있는 학생들에게 물었다.

"얘들아, 너희는 오늘 배운 내용이 다 이해가 되니?"

많은 학생이 대답했다.

"아니요. 사실 모르는 내용이 제법 많았어요."

좀 전에 차시 예고를 하기 전 교사가 학생들에게 "여러분, 오늘 배운 내용이 이해가 되나요?"라고 물었을 때 학생들이 "예!"라고 말한 것과는 다르다. 수업 시간에 많은 교사가 뒤에 앉아 있고 웬만한 고학년 학생들이라면 오늘 수업이 어떤 의미인지 사실 다 안다. 며칠 전부터 담임교사가 열심히 준비했고, 적어도 수업 전에 청소라도 한 번 더 하는 풍경이 연출되기에 평소와 다른 수업이라는 것은 눈치가 아주 없지 않은 이상 다 알고 있다. 그래서일까 수업 시간 마지막에 이해하는지 물으면 나름의 의리로 "예!"라고 대답한다.

위와 같은 상황이라면, 과연 이 수업에서 배움이 일어난 것일까? 나는 수업을 잘했다고 말할 수 있을까? 내가 준비한 것은 잘 보여줬어도 학생들이 이해하지 못했다면 배움이 일어났다고 보기는 힘들 것이다. 이럴 때 필요한 것이 형성평가이다. 단순히 "이해가 되었나요?"라고 묻는 말 한마디로 평가하는 것이 아니라 차시 목표에 도달했는지를 확인하는 데 맞는 다양한 기법을 활용하여 꼭 실시해야 하는 중요한 평가이다.

형성평가는 학생들의 성취수준을 판단(judgement)하기 위한 것이 아니라 이번 차시를 마치고 다음 차시를 가르쳐야 하는지 참고하는 기준이다. 즉 이번 차시에 부족한 부분이 있는지를 확인하여 진도를 결정하게 하는 것이다. 차시 목표에 맞는 방법을 선택하여 학생들의 목표 도달도를 확인하는 것은 다음 차시를 준비를 위한 정보를 제공받기 위해서라도 중요하다.

한 단원을 마치고 평가하는 총괄평가의 경우에 높은 성취수준에 도달하려면 형성평가를 통해 차시 목표의 도달 여부를 파악해서 학습 면에서 부족한 부분을 보완하는 과정이 있어야 할 것이다. 마치 한 계단 한 계단을 밟고 올라야 결국 최종 목표에 도달할 수 있는 것과 같은 개념으로 이해하면 쉽다.

학생들의 학습결손을 차시마다 확인하고 부족한 부분을 보완해주며 수업한다면 한 단원의 성취기준에 도달하는 것은 생각만큼 어려운 일도 아니다. 최근에는 과정중심평가를 중시하고 있다. 과정중심은 배우는 과정에서 중간에 학생의 배움의 정도를 파악하여 적기에 피드백을 주어 학생의 학습결손을 해결해주라는 것이다. 이렇게 되면 학습이 완료된 후 평가결과를 통해 피드백해주는 것도 훨씬 더 효과가 있다. 그래서 외국에서는 형성평가 중심의 평가를 주장하며 관련한 연구가 활발하지만, 우리나라는 학생의 성취에 중점을 두고 있어 총괄평가만 강조하고 있다.

이처럼 형성평가가 평가의 목적과 시점에 따라 분류되는 것으로만 아는 것에 머무르지 말고 형성평가의 실천이 중요하다는 것을 기억하면 좋겠다. 최근 평가의 동향을 보더라도 형성평가의 중요성은 어느 때보다 강조되고 있다.

평가문항의 변화가 필요하다

평가도구의 다양한 유형은 앞에서 이미 살펴보았다. 어느 유형이 더 좋다고는 단언할 수 없지만, 기존의 단순 지식을 묻는 문항보다는 학생들의 고등사고능력을 측정할 수 있는 문항이 필요하다는 사실은 이미 다 알 것이다. 다만 여전히 학교 현장에서는 문항 개발과 채점 후 점수로 인해 발생하는 문제점 등으로 어려움을 호소한다. 이런 어려움을 해결하는 몇 가지 방법을 살펴보자.

첫째, 어려움을 적극적으로 해결하기 위해 할 수 있는 해결 방안을 찾아 직접 해보는 것이다. 예를 들어, 학교의 평가시스템을 점검해보는 시간을 갖는 것이다. 학교에서 시행하는 평가는 어떠한지 반성적 관점으로 학교 구성원끼리 이야기를 나눠보는 것이다. 이런저런 얘기를 나누다 보면 자연스레 평소 생각하지 못한 점들이 부각이 되고 생각을 모으다 보면 다양한 의견 가운데서 해결방법을 찾을 수 있다. 평가문항 제작에 대한 문제, 결재의 문제, 평가 횟수 및 시기의 문제, 피드백의 문제 등 다양한 이야깃거리가 나온다. 예를 들어, 평가문항 개발에 대한 전문성이 부족하다고 판단되면 추후에 문항개발 연수를 계획하고, 결재문제 및 평가횟수에 대한 문제는 구성원이 합의하면 된다.

둘째, 문제를 직접 해결할 수 없다면 도움을 받는다. 평가 관련 전문서적을 찾아 교사 학습동아리 시간 등을 활용하여 공부하고 평가 연수를 찾아 수강하거나 워크숍과 세미나 등에 참석해 평가의 지경을 넓히는 것이다. 다만 연수만으로는 한계가 있으므로 그런 아쉬움은 실제 평가계획부터 문항개발, 피드백까지 자신만의 경험을 쌓아가는 게 가장 좋다고 생각한다.

이렇게 평가와 관련한 여러 문제점 가운데 평가문항에 대해 다시 한 번 이야기해보길 권한다. 과거부터 지금까지 문항의 대다수를 차지하는 선다형 문항 중 선택형 평가문항은 여러 장점이 있다. 특히 선발을 위한 목적으로는 이만한 것이 또 있을까 싶을 정도로 정확하고 명료하다. 특히 운전면허시험처럼 커트라인이 있는 평가는 빛을 발한다. 그러나 한계 역시 명확하다. 학생평가로 한정하여 다음 사례를 통해 한계점을 생각해보자.

A 학생이 오지선다형 문항 중 보기 ①, ②, ③번은 확실히 정답이 아닌 것을 알고 ④, ⑤번을 두고 고민하다가 ⑤번으로 최종 체크를 했는데 마침 ⑤번이 정답이었다고 가정해보자. 그리고 B 학생도 A 학생처럼 ④, ⑤번 중에 고민하다가 ④번이라고 적었다. A, B 두 학생 모두 ④, ⑤번 중 찍은 건 동일한데 A 학생은 맞고 B 학생은 틀렸다.

교사의 입장에서 위의 두 학생을 평가한다면 어떻게 평가가 될까? 결과만 보면 A 학생은 공부를 잘하는 학생이고 B 학생은 공부를 못하는 학생으로 생각해도 크게 무리가 없어 보인다.

나아가 또 한 번 생각을 덧붙여보자. 이번엔 C 학생이 있는데 이 학생은 ①번부터 ⑤번까지 아는 것이 전혀 없어 말 그대로 그냥 찍었고 그 답이 ⑤번이었다. 이 학생 역시 정답을 맞혔으므로 공부를 잘하는 학생이 된다. 어쩌면 B 학생보다 공부를 덜 했을 수도 있는데 운에 따라 결과의 해석이 달라질 수 있게 된 것이다.

물론 모든 시험 문항이 운에 의해서 좌우지되는 것은 아니지만, 객관식 문항의 이런 특성은 생각해볼 거리를 던져준다. 단 한 번이라도 채점하면서 '학생들이 과연 이 문항을 정말 알고 풀었을까? 아니면 찍어서 우연히 맞춘 것일까'를 생각해본 적은 없었을 것이다. 그냥 맞고 틀렸는가가 중요했을 뿐이다.

논술형 문항은 찍어서 풀기엔 여러모로 어려움이 있다. 특히 생각을 묻는 문항이라면 찍어서 맞히는 것은 거의 불가능하다. 학생들이 써내려간 답안을 채점하다 보면, 명확하게 답안을 작성하여 높은 점수를 받는 학생부터 비록 정답과 거리가 멀어 낮은 점수를 받은 학생까지, 학생들마다 배움의 깊이와 사고가 다양하다는 것을 알 수 있다. 그래서 다음 수업 때 어떻게 가르쳐야 하는지 숙고의 시간을 갖게 한다. 그래서 채점 후 단순히 몇 점을 받았는지를 가지고 대화하는 것이 아니라 답안지를 보면서 왜 이러한 답안을 적었는지를 가지고 의사소통을 하게 하는 이야깃거리를 만들게 한다. 이것이 바로 피드백의 한 면모를 극명하게 보여주는 사례이다.

다만, 아쉬운 점은 논술형 문항을 출제하면서도 채점의 용이성 등 때문에 단답형 혹은 서술형을 많이 출제하게 되어 상대적으로 고등사고를 측정할 수 있는 문항의 비율이 적다는 것이다. 경기도교육청의 경우 서술형·논술형 문항을 논술형 평가로 지칭한 바 있다. 그래서 논술형 평가를 정책적으로 실시하고 있지만, 서술형 문항을 내도 전혀 문제가 없다. 그러나 서술형 문항과 논술형 문항은 차이가 있다. 고등 사고능력을 측정하는 데는 서술형보다는 논술형이 더 바람직하다. 그러나 시험문제를 내야 하는 교사 입장에서는 선택형 문항, 단답형, 서술형 문항이 수월한 것이 사실이다. 왜냐하면, 논술형 문항은 채점도 어려울 뿐만 아니라 결과 통지 후 학부모들의 민원이 큰 말썽이기 때문이다. 귀에 걸면 귀걸이 코에 걸면 코걸이라고 왜 내 자녀의 답안이 틀렸냐면서 막무가내 따지는 학부모를 마음 편안히 감당할 교사가 사실 많지 않다. 그래서 점차 답이 명확하게 하나로 정해져 있는 문항 출제를 선호하게 된다.

이런 어려움을 최소로 줄이기 위해서는 채점기준안이 상세하고 명확해야 한다. 학생들의 예상답안을 가능한 한 자세하고 명확하게 작성하되 만일 채점 후 정답 가능한 답안들이 나온다면 채점기준표를 수정할 수도 있을 것이다.

문항에 따라 학생들의 답안작성 능력을 다양하게 확인할 수 있다. 논술형 문항은 출제와 채점 등에 어려움이 있지만, 선다형 문항으로 확인할 수 없는 학생들의 사고력을 보다 자세히 들여다볼 수 있는 장점을 감안한다면 논술형 문항의 비중이 커지는 것은 바람직하다고 생각한다.

이러한 문항이 많아지려면 또 하나 반드시 생각해봐야 할 것이 바로 수업의 방식이다. 수업이 변하지 않는다면 문항이 바뀔 수 없다. 학생들의 사고력을 측정하려고 하는데 토의, 토론의 수업을 경험하지 못했다면, 다시 말해 자기 생각 만들기 경험이 있지 않다면 답안을 작성하는 데 어려움이 있다.

그래서 평가가 변하려면 수업의 변화가 요구된다. 과거 지식을 전달하는 데 의미를 두고 많은 지식을 학생들에게 전달하고 외우게 한 뒤 이를 확인했던 평가방식에서 벗어나야 한다. 앞으로는 수업 중 자기 생각을 만들어보고 함께 나누는 시간 등을 통해 단순 암기에서 벗어나 좀 더 내면화된 지식이 체화되고, 이를 확인할 수 있는 평가방식으로의 변화가 바람직할 것이다.

11장 참된 평가를 위한 제언

점수를 통한 피드백은 이제 그만

평가는 학생의 성취 정도를 파악하여 성취수준이 높은 학생은 격려하고, 낮은 학생은 재학습을 통하여 수준을 높이는 데 목적이 있다. 여기에는 단순히 정답을 아는 것에 그치는 것이 아니라 잘못된 사고과정을 돌아보고 제대로 된 개념을 숙지하거나 오개념으로부터 탈피하는 것까지를 포함된다.

이러한 일련의 과정을 흔히 피드백이라고 한다. 그러나 지금까지 시험이 끝난 후 학생에게 어떤 피드백을 해왔는지 돌이켜보면 크게 자신이 있지는 않다. 그동안 피드백은 거의 대부분 점수를 통한 것이었다. 과거 객관식 시험에서는 채점이 끝난 후 시험지에 점수를 표기하고 점수의 이상 유무 정도를 확인하는 차원에서 시험지를 배부한 뒤 곧바로 다시 걷었다. 물론 틀린 문항을 오답 노트 등을 통해 다시 고쳐보는 시간을 갖기도 했지만, 대부분 몇 점을 받았는지가 최대의 관심사였기 때문에 피드백 과정은 소홀히 다룬 것이 사실이다.

그래서 모르는 것을 다시 알기 위한 노력보다는 자기가 받은 점수에 사로잡혀 점수가 높은 학생은 기뻐하고, 점수가 높지 않은 학생은 실망하는 데 그칠 뿐이었다. 최근 평가 변화의 동향 속에서 서열화, 점수화를 하지 않기에 시험지에 점수를 적어주지 않는 분위기는 점수확인에 그치는 것에서 벗어나 진정한 피드백으로 이어지게 하는 동력을 제공했다.

학생들에게 시험지를 나눠주면서도 "점수가 이상한지 살펴봐라"라고 하는 대신에 "네가 무엇이 틀렸는지 살펴보렴"이라고 말하는 것으로 바뀌었다. 학생도 나와 친구의 점수를 궁금해하는 것에서 벗어나 틀린 문제를 보면서 자신이 '무엇을 틀렸는지? 왜 틀렸는지?' 살펴보는 것으로 변화했다.

학생의 성장을 돕는 평가는 시험을 치른 후 틀린 문항을 다시 한 번 공부한 뒤 제대로 알게 하는 데 의의가 있다. 따라서 평가 후 피드백은 무척이나 중요하다. 점수를 통한 피드백에서 벗어나 학생이 무엇을 얼마만큼 알고 있는지에 대해 구체적인 정보를 제공하고, 교사에게는 교수학습 개선을 위한 자료를 제공하는 피드백의 역할이 살아난다면 참된 평가의 목적에 더 합당할 것이다.

교육과정-수업-평가의 일체화가 필요하다

평가에 대한 전문성은 분명 필요하다. 그러나 더 중요한 것은 평가의 전문성이 발현되기 위해서는 교육과정 재구성과 수업이 탄탄해야 한다는 것이다. 평가혁신으로 교실 현장에는 변화가 찾아왔다. 정책적으로 논술형 문항이 꽤 많은 비중을 차지하게 되었고, 평가시스템도 고민하기 시작했다.

그런데 최근 교육과정-수업-평가 일체화[18]라는 말이 들려오기 시작했다. 이 말속에 어떤 숨은 뜻이 있는가 살펴보았더니 의외로 간단했다. 경기도교육청 「교육과정, 수업, 평가 운영 실태 및 일체화 방안 연구 : 경기도교육연구원」에 따르면, 교육과정과 수업, 수업과 평가, 교육과정과 평가 그리고 교육과정, 수업, 평가 등이 서로 관련성을 맺지 못하고 개별적으로, 상황에 따라서 형식적으로 계획되고 운영되는 현상이 관찰되어 이를 개선하려는 의지를 담기 위해 '일체화'라는 용

---

[18] 교사가 자신이 운영할 교육과정을 재구성하고 배움중심수업에 철학과 가치를 반영한 학생 참여 수업을 실시하여 자신이 수업한 내용을 평가하여 교육과정-수업-평가가 하나로 이어지는 방식(경기도교육청, 2016a)

어를 썼다고 밝히고 있다.

몇 년 전 교육과정 재구성의 필요성이 대두되었고 각종 연수 등을 통해 붐이 일었다. 많은 교사가 방학 중에도 다른 것을 제쳐두고 며칠을 출근하면서 동학년 단위로 성취기준을 가지고 교육과정을 분석하고 교과서 내용을 비롯하여 다양한 텍스트를 활용하면서 교육과정 재구성 계획을 세우고 새 학기를 준비했다. 이를 바탕으로 교육과정 재구성한 내용을 어떻게 하면 더 잘 가르칠 것인가에 대한 고민 속에 수업을 하게 되었다. 경기도교육청의 경우엔 '배움중심수업'이라는 이름으로 수업 현장의 변화를 가져왔다. 학생들에게 진정한 배움이 일어나야 한다는 목표 아래 여러 관점을 제공했고, 토의·토론 수업, 프로젝트 수업 등을 제시하면서 교수학습 방법에 대해 이야기했다.

교육과정을 재구성하고 그 내용을 가지고 다양한 방식으로 수업을 했다면 그다음으로는 성취기준에 얼마나 도달했는지를 확인하는 평가 차례일 것이다. 그러나 평가문항지를 보면 성취기준을 확인하는 문항이 없다거나 내용 타당도가 떨어지는 문항이 많아 평가가 잘 이뤄지지 않았다. 혹은 논술형 문항을 출제해도 토의·토론 수업을 거의 하지 않아 학생들이 '자기 생각 만들기'를 한 경험이 적어서 답변 능력이 떨어졌다. 그래서 논술형 문항보다는 단순 지식을 확인하는 선택형 문항이 많은 비중을 차지하는 한계를 보이기도 했다.

또 교육과정 재구성을 했더라도 형식에만 치우치다 보니 실제 수업에서 재구성한 내용이 발현되지 못하는 경우도 있었다. 재구성하는 것이 어렵다 보니 옆 학교의 사례를 학년·학급교육과정에 그대로 반영하거나, 그나마 실현하지 않는 경우도 있다. 이렇게 교육과정 재구성

교육과정-수업-평가 일체화 개요

주제	과목
장영실을 통해 바라본 세종 대의 문화, 과학!	국어, 사회, 창의적 체험활동

교육과정 목표(성취기준)

핵심 국어 1635-3 읽는 이를 고려하여 견문, 감상이 잘 드러나는 글을 쓸 수 있다.
핵심 사회 역6032-2 세종 대의 문화, 과학 분야의 여러 성과와 그 의의를 설명할 수 있다.

수업계획	평가계획
① 기행문의 특성 이해하기 ② 문장의 성분에 맞게 기행문 쓰기 ③ 세종 대의 문화, 과학 분야에 대해 알기 ④ 장영실과학관 견학하기(현장체험학습)	**수행평가** 견문과 감상이 드러나는 기행문 쓰기 **수행평가** 세종 대의 문화, 과학 분야를 조사하고 보고서 작성하기

경기도교육청(2015), 교육과정, 수업, 평가 일체화 장학자료

과 수업, 평가가 따로였기 때문에 교육과정-수업-평가 일체화에 관한 연구가 대두되었을 것이다. 위에 보이는 것은 경기도교육청에서 장학 자료 제작에 참여하여 만든 일체화 예시 자료이다.

위 개요처럼 국어, 사회, 창체 3과목을 재구성하여 주제통합수업을 하기로 했다. 핵심성취기준은 국어는 '읽는 이를 고려하여 견문, 감상이 잘 드러나는 글을 쓸 수 있다'이며 사회는 '세종 대의 문화, 과학 분야의 여러 성과와 그 의의를 설명할 수 있다'이다. 핵심성취기준 두 개를 가지고 수업에서는 기행문의 특성을 이해하고, 문장의 성분에 맞게 기행문을 쓸 수 있도록 전개했다. 이어서 사회 시간에 장영실이라는 인물을 중심으로 세종 대의 문화와 과학 분야를 조사하고 보고서를 작

성하도록 했다. 수업 중간에 사회, 창체 시간을 통합하여 수업 연장선에서 충남 아산에 있는 장영실과학관을 직접 견학해서 보고서를 작성하는 데 도움이 되도록 했다. 마지막으로 수업이 끝난 후에는 수행평가를 통해 성취기준 도달도를 확인하고자 했다.

 교육과정, 수업, 평가 일체화는 근본적으로 국가수준의 교육과정(성취기준)에 도달하기 위해 학생의 교육환경에 맞게 수업계획을 구성하고, 이를 실시하고, 평가하는 것이라고 할 수 있다. 따라서 교육과정, 수업, 평가를 하나의 교육활동으로 인식하고, 유기적이고 통합적으로 운영하여 세 요소가 좀 더 일치하도록 해야 한다.

교대 커리큘럼의 변화가 필요하다

초등교사는 중등교사와 달리 교사가 되는 길이 한 가지밖에 없다. 교직을 이수하거나 사범대학교나 교육전문대학원을 졸업하여 중등 2급 정교사 자격증을 획득하는 중등교사와 달리 초등교사는 무조건 교육대학교를 졸업해야만 초등 2급 자격이 주어지기 때문에 교육대학교의 역할이 상당히 크다.

초등교사라면 누구나 교육대학교를 졸업했지만, 사실 교육대학교 커리큘럼(curriculum)에는 그리 큰 관심이 없다. 아니, 어쩌면 정해진 교육과정대로 학교에 다니기 바빴다. 그도 그럴 것이 교과 교육학 외에 교육학, 교육실습 등 많은 과정을 이수해야 하기 때문에 여유 있게 교육대학교 커리큘럼을 들여다보고 파악한다는 것은 쉽지 않다.

고등학교의 연장이라 할 만큼 이론과 실습 등을 비롯하여 모둠별 과제수행을 해야 하는 것도 제법 되고, 교육실습 기간도 2학년 때부터 3, 4학년까지 여유가 없었다. 이런 빡빡한 과정을 4년 동안 어렵게 마치고 임용고시를 통과해야 마침내 현장에 발령받는다. 이렇게 힘들게 교사가 되었지만, 신규 교사에게는 참으로 막막한 일뿐이다.

요즘이야 달라졌다지만, 보통 신규 교사는 6학년 등 당해 연도의 기피 학년을 맡는 것이 현실이다. 거기에 알지도 듣지도 못한 수많은 행정 업무까지 처리해야 하니 '교사가 된 것'인지, '행정공무원이 된 것'인지 헷갈린다. 과거와 달리 교사의 전문성 신장에 대한 시대적, 사회적 요구가 높은 지금, 신규 교사에게 요구되는 책무성이 커진 것에 반해 신규 교사를 위해 마련된 새로운 교육적 기반은 거의 없어 보인다.

이러한 어려운 상황을 해결하기 위해 경기도교육청은 2014년도부터 신규 교사를 위한 멘토링 연수를 열었다. 필자는 신규 교사를 조금이라도 돕고자 하는 마음으로 평가를 주제로 멘토가 되어 신규 교사와 몇 번의 만남의 시간을 가졌다. 경기도교육청이 추진하는 평가혁신으로 교사별 평가를 해야 하는데 다른 일은 둘째 치고 당장 평가계획 수립부터 문항 제작 등 평가 관련 업무를 어떻게 해야 하는지 잘 몰라 많은 어려움이 있다고 직접 들을 수 있었다.

필자가 졸업한 지 오래되어서인지 몰라도 교대 시절 평가와 관련해서 수업을 들어본 기억이 흐릿하다. 타일러, 블룸 정도 들어 본 것이 전부이고, 교육평가란 과목이 있긴 했지만 학교 현장의 이야기가 아닌 학문적 측면에서 평가를 다루는 것이어서 이해하기가 어려웠다. 그나마 배운 것도 교사가 되어 현장에 와서 활용하지 못했다.

갓 졸업한 신규 교사들에게 평가와 관련해서 어떤 수업 내용이 기억나는지 물으니 그냥 웃기만 했다. 교대 시절에 배운 학문적 관점의 내용은 학교 현장에서 당장 도움이 되지 않아 교사로서 해야 할 일은 눈치껏 알아가야 한다. 교사는 인턴제도를 거치지 않고 바로 일인의 교육기관이 된다. 어느 누구도 간섭하기 어려운 25평 공간의 독립교육기관이다. 이런 의미에서 본다면, 교육대학은 학문의 요람으로 연수원이나 학원이 아니지 않느냐식의 입장에서 고려하더라도 교사들에게 도움을 줄 수 있는 커리큘럼의 변화를 모색하는 것이 옳다고 생각한다. 예를 들면, 교육과정-수업-평가(가칭) 강좌를 개설하여 실질적으로 교육과정을 중심으로 교육내용을 재구성하고 수업지도안 및 평가계획을 수립한 뒤 평가 부분에 있어서는 실제 문항을 출제하고 문항 컨설팅까지 실습을 통해 졸업 후 담임교사로서 충분한 역량을 쌓는 과정이 필요해 보인다. 즉 특수목적대학인 교육대학교의 설립 목적을 생각한다면 현재의 교육대학교의 커리큘럼에 대한 진지한 고민이 필요하다.

일부 교대에서는 그나마 필수였던 평가 과목이 선택으로 바뀌었다고 하니 어쩌면 대학 4년 동안 평가에 관해서 전혀 생각해보거나 배우지도 못하고 발령을 받아야 한다. 교대생들이 교육대학교 커리큘럼의 변화를 이끄는 데는 상당한 부담이 뒤따른다. 아니, 어쩌면 불가능할지도 모른다. 또한 특수목적대학인 교육대학교의 설립 취지를 살펴보더라도 현재 교육대학교의 커리큘럼에 대한 진지한 고민이 필요하다.

지난 2016 경기도 신규 임용고시 선발경쟁시험에서 의미 있는 변화가 있었다. 공립 초·중등 교사가 되기 위해서는 교·사대를 졸업하고 임용고시를 통과해야 하는데 1차 지필고사를 통과하고 1.3배수 정원 내에 합격한 수험생들은 2차에서 수업실연 및 면접, 영어 실연 등을 거치고 최종 합격이 되는 과정을 거쳤다.

그런데 여러 해 문제로 지적된 것이 수업 실연에서 대다수 수험생이 비슷한 수업을 전개한다는 것이다. 이유를 살펴보니 예비 교사들이 입용고시 학원에서 별도로 '수업'을 배운다는 것이다. 그래서 평가관으로 참여한 한 교사는 농담 반 진담 반으로 '어느 학원, 어느 스터디 팀이지 파악할 수 있을 정도'라고 말한다.

 더욱이 잘 짜인 각본 아래 수업을 실연하다 보니 자기만의 생각과 철학은 찾아보기 힘들었다. 이러한 문제를 보정하기 위해서 수업 실연 후에 수업 나눔이라는 별도의 시간을 마련하여 자신의 수업을 성찰하는 기회를 갖게 하고, 개인면접으로 이뤄진 시간에서 집단토의 시간을 신설하여 비록 서로 경쟁자의 처지이지만 교육문제를 함께 논의하며 해결책을 모색하는 과정을 거쳐 역량을 평가하려는 변화를 시도했다. 또한, 점수로 반영하진 않았지만 교사가 되기까지의 자기소개서를 작성하여 제출하게 하여 교대 4년의 시간을 돌아보게 하는 등 교사가 된다는 것의 의미를 성찰하는 시간을 제도화했다. 이러한 변화의 시도는 시작은 미미할지 모르나 앞으로 교·사대 교육과정의 변화에도 영향을 줄 것이다.

 평가뿐 아니라 교대 커리큘럼에도 질적인 변화가 뒤따르면 좋겠다. 그리하여 여러 방면의 전문성을 요구받는 초등교사들이 좀 더 학교 현장에 잘 정착해서 아이들을 가르치는 일에 더욱 집중하고 좋은 결과를 맺길 바라본다.

연수의 질적 강화도 방법이다

교사가 되면서 매해 반드시 연수를 받아야 한다. 교사의 전문성 향상을 위해서도 받고, 자기가 관심 있는 분야를 더 알기 위해서도 받고, 학교성과급에서 다른 학교보다 평가를 잘 받기 위해서도 받는 등 이유가 다양하다.

온·오프라인 연수를 포함하면 정말 많은 연수가 있어서 선택의 폭이 넓다. 그런데 사실 교사마다 연수를 받는 동기가 다르기 때문에 만족도의 스펙트럼 또한 다양하다. 특히 교육과정과 관련한 연수의 경우엔 더 큰 차이를 보인다.

평가 연수는 경기도교육청을 시작으로 타 시·도교육청에서도 많이 시행되고 있다. 연수 내용이 독창적이지는 않아도 교직에서 처음으로 평가와 관련해서 생각해볼 거리를 제공했다는 점에서 대체로 만족도는 높다. 후속 연수를 듣고 싶어 하는 교사들을 비롯하여 학교에서도 연수 담당 선생님이 다른 주제로 평가와 관련된 연수를 의뢰하는 걸 보면 학생평가와 관련한 연수의 필요성이 입증되었다고 생각한다.

연수에 대한 반응이 다 같을 수는 없겠으나 대체로 몇 가지 특징이 있다. 평가를 새롭게 인식해볼 수 있어서 좋았다, 교대에서 배우지 못했던 평가에 관해 알게 되어 좋았다, 담임교사인데 실질적으로 문항개발 및 채점의 원리 등이 도움되었다는 의견이 있었다. 물론 정책 방향에 찬성하는 분들의 반응이긴 하지만 반대하는 교사들도 교사별 평가의 경우 자신이 직접 문제를 내서 채점까지 해야 하는 번거로움이나 수고로움을 제외하고는 평가의 방향성에는 동의하는 것 같다.

지금까지 약 4년 동안 평가와 관련하여 경기도 지역교육지원청 평가혁신 강의, 경기도교육연수원 논술형 평가 길라잡이 연수(원격연수), 경기도교육청 교육과정-수업-평가 워크숍, 경기도교육청 학생평가 계획 나눔연수, 부산광역시 100인 교육과정 전문가 프로젝트 연수, 경기도교육연수원 초등 1급 정교사 자격연수 및 복직예정교사 연수, 인천광역시 초등 1급 정교사 자격연수, 인천교육연수원 초등 수업전문가 과정 연수, 충남교육연수원 맞춤형 주제별 평가연수, 제주도교육청 기본학습능력평가 워크숍, 세종특별자치시 평가직무연수, 경상남도 의령교육청 평가연수, 수많은 단위 학교 평가 연수 등 적게는 2시간부터 길게는 30시간 동안 연수를 진행했다. 그런 경험으로 평가 연수를 계획하려는 기관과 교사들을 위해 평가 연수 프로그램 및 운영에 관해 몇 가지를 제안하고자 한다.

오프라인 연수는 아는 바처럼 15시간, 30시간, 60시간 등 연수 학점을 인정해주는 직무연수와 하루에 2, 3시간 정도 하는 당일 연수로 크게 나눠볼 수 있을 것이다. 경기도교육연수원 논술형 평가 길라잡이 15시간 원격연수를 제외하고 현재 평가와 관련한 연수는 주로 오프라인 연수로 이뤄지고 있다. 2~3시간 정도의 짧은 시간으로 대부분 연수가 이뤄지긴 하나 원격연수의 한계를 극복할 수 있는 몇 가지 장점이 있어 나름의 의미 있는 연수라 여겨진다.

  2011, 2012년도에 경기도교육청은 평가혁신의 일환으로 논술형 문항을 제작하여 학교 현장에 장학자료로 배포했다. 하지만 당시 학교에서는 장학자료의 문항을 참고하여 실제 문항을 제작하기에는 어려움이 많았다. 또한, 도교육청의 평가혁신의 방향을 이해하지 못한 채 문항의 변화만 추구하려다 보니 답답함이 많아 현장 교사들의 요구로 단위 학교 평가 연수가 시작되었다.

  그 후 도교육청 연수 중 단위 학교에서 계획 및 실행을 할 수 있는 배움과실천공동체(배실공), 전문적 학습공동체 등의 이름으로 예산이 편성되고 관 주도의 연수에서 벗어나 학교 구성원들이 합의하에 듣고 싶은 연수를 계획한 것은 이전에 찾아보기 힘든 풍경이었다. 강사 또한 직접 섭외하는 등 주체적으로 연수를 들을 수 있는 여건이 되어 더욱더 활발하게 연수가 진행되었다. 이때를 기점으로 해서 평가와 관련해서도 많은 연수가 시행되었다.

  지난 몇 년 간 학교 현장을 되돌아보건대 아무리 좋은 연수라도 첫째는 자발적인 참여가 있어야 하고, 교사들이 본연의 교육과정 연구를 할 수 있도록 교육청 단위, 학교 단위에서 업무경감 등 제반환경을 만들어주는 것이 중요하다.

  이를 뒷받침하기 위해 일부 도교육청은 매주 수요일을 '공문 없는 날'로 지정하여 교사가 행정업무에서 벗어나 본연의 일인 교육활동과 생활지도에 집중할 여건을 마련했다. 매주 수요일 교사들은 동학년 위주로 모여 교육과정을 재구성하고 평가문항을 만들어보는 등 수업 준비에 많은 시간을 투자할 수 있었다.

지금까지 평가 연수를 하는 동안 연수 프로그램은 대략 다음에 나오는 두 표와 같다.

이처럼 다양한 연수가 가능하다. 연수 내용을 결정할 때는 단위 학교의 평가와 관련하여 진단이 선행되어야 할 것이다. 이러할 때 더욱 의미 있는 연수가 될 것이고, 연수의 효과로 교육과정의 질적 도약이 있을 것이다.

○○교육청 단위 평가 연수(예시 1)

순	구분	일시	워크숍 주제	장소	참석 대상	비고
1차	기초 과정	10월19일(월) 15:30~18:30	*참된 평가 방향 이해 *평가 관련 규정 알기 - 경기도학업성적관리시행지침, 학교 학업성적관리규정 알기 *학교별 2학기 학생평가계획, 학급평가계획 살펴보기 - 학급평가계획 교차검토하기 *최종 컨설팅	○○초 교실	평가 담당, 희망 교사	2학급 편성 소그룹 컨설팅
2차	기본 과정	10월20일(화) 15:30~18:30	*교사별 평가 이해 *평가 유형, 평가문항 제작 절차 알기 *교과별 지필평가 및 수행평가문항 살펴보기	○○초 교실	평가 담당, 희망 교사	
3차	심화 과정	10월22일(목) 15:30~18:30	*정의적 능력 및 협력적 문제해결력 평가 방향 알아보기 *정의적 능력 및 협력적문제해결력 평가방법 및 문항 살펴보기	○○초	희망 교사	
4차	전문가	10월23일(금) 15:30~18:30	*논술형 문항 컨설팅하기 - 국어, 수학, 사회, 과학과 *논술형 문항 제작하기 *제작한 문항 교차검토하기 - 국어, 수학, 사회, 과학 교과별 실습	○○초	희망 교사	4학급 편성 소그룹 실습 컨설팅

11장 참된 평가를 위한 제언

○○교육청 단위 평가 연수(예시 2)

시간		교과목(주제)	교육 내용	방법(시수)
1일차	1교시 (9:00~9:50)	평가혁신의 방향	-2009 교육과정에서의 평가 방향 -경기도 평가혁신 사례 -평가에 룰이 있다 (평가관련 규정)평가혁신의 방향	강의 (2시간)
	2교시 (10:00~10:50)			
	3교시 (11:00~11:50)	학급평가계획의 수립	- 평가의 용어 정리 - 성취기준, 성취수준 - 학급평가계획 만들기 실습	강의/실습 (2시간)
	4교시 (13:00~13:50)			
	5교시 (14:00~14:50)	평가혁신 사례 및 가정통지 방법	- 평가혁신 사례 - 학생 성장 참조형 평가방법 - 학생 평가 이력 관리 등 - 가정통지 방안 및 사례	강의 (2시간)
	6교시 (15:00~15:50)			
2일차	1~3교시 (9:00~11:50)	논술형 문항 제작 방법 및 문항 컨설팅	- 논술형 문항 제작 절차 - 논술형 문항 구조 - 채점방법 및 유의사항 - 논술형 문항 컨설팅	강의 및 실기 (3시간)
	4~6교시 (13:00~15:50)	사회과 논술형 평가문항 제작 실습	- 논술형 문항 제작 - 문항 검토 - 문항 수정 후 최종 문항 완성하기	실습 (3시간)
3일차	1~3교시 (9:00~11:50)	수학과 논술형 평가문항 제작 실습	- 논술형 문항 제작 - 문항 검토 - 문항 수정 후 최종 문항 완성하기	실습 (3시간)
	4~6교시 (13:00~15:50)	국어과 논술형 평가문항 제작 실습	- 논술형 문항 제작 - 문항 검토 - 문항 수정 후 최종 문항 완성하기	실습 (3시간)
4일차	1~3교시 (9:00~11:50)	과학과 논술형 평가문항 제작 실습	- 논술형 문항 제작 - 문항 검토 - 문항 수정 후 최종 문항 완성하기	실습 (3시간)
	4~6교시 (13:00~15:50)	수행평가 도구의 개발 방법	- 수행평가의 이론 - 수행평가문항 개발의 과정 - 문항 검토의 이론과 과정 - 수행평가결과에 따른 분석과 피드백 방안	강의 (3시간)
5일차	1~3교시 (9:00~11:50)	정의적 능력 평가와 협력적 해결능력평가	- 정의적 능력 평가 - 평가방법 및 사례 안내 - 협력적 문제해결능력평가 - 평가방법 및 활용방안	강의 (3시간)
	4~6교시 (13:00~15:50)	이해중심교육과정 : 백워드 설계	- 이해중심교육과정과 백워드 설계 - 백워드 설계 실습	강의/실습 (3시간)

교사의 평가권을 보장해야 한다

　　　　　　　　　　교사는 수업을 위해서 '수업지도안'이라는 계획안을 사전에 작성한다. 그렇지만 수업마다 작성하는 것은 아니다. 머릿속에 차시수업안이 있을지는 몰라도 공개수업과 같은 성격을 띤 수업 외에 매번 수업지도안을 작성하기는 녹록지 않다. 그런데 만일 교장, 교감이 공개수업 외에 모든 수업을 하기 전 수업지도안을 작성해서 검사를 받으라면 어떨까? "예, 알겠습니다" 하고 쉽게 순응하며 지시에 따르지는 않을 것이다. 교사의 수업권을 침해받는다고 느끼며 분개할지도 모른다.

　그렇다면 왜 공개수업의 경우엔 모든 교사가 별말 없이 사전에 지도안을 점검받는가? 어디에 근거를 두고 있는가? 공개수업, 대표수업의 경우엔 수업지도안을 사전에 점검받으라고 어디에 명시되었는지 알 수가 없다. 그런데도 동료 장학을 비롯하여 공개수업 때는 약안이나 세안을 학교에서 요구하는 대로 군말 없이 잘 따르고 있다. 이를 살펴보면 딱히 어떤 법령에 근거하여 실시하고 있기보다는 아마도 관행이 아닌가 싶다. 아니면 일 년에 한두 번 공개하는 수업 정도는 사전에 지도안을 점검받는 것을 어느 정도 용인할 수 있다는 심리에서 가능한 일인지도 모르겠다. 정리하면, 수업권은 분명 교사에게 있으므로 매번 지도안을 사전결재 받으라는 것에는 따를 수 없지만 한두 번 정도는 따라줄 수 있다는 것이다.

그렇다면 평가권은 어떠한가? 그동안 평가에서는 사실 교사 한 명 한 명에게 주도권이 허용되지 않았다. 예를 들면, 평가계획을 연구부장이 수립하고 이를 학년부장에게 안내하면 사실 수정할 것도 없이 그대로 학년교육과정에 반영하고 해당 학년 담임교사 역시 학급교육과정에 한 글자도 다르지 않게 반영했다. 왜냐하면, 딱히 바꿀 이유가 없었다. 정해진 날짜에 중간고사, 기말고사를 치르면 그만이었기 때문이다. 문항 또한 동학년끼리 같이 출제하고 똑같은 문제를 가지고 같은 날짜에 시험을 치른다면 전혀 문제가 없었기에 평가권에 대한 인식은 가져볼 기회조차 없었을 것이다. 그런데 교사별 평가가 시행되면서부터 평가권에 대한 의미를 되새기게 된 것 같다.

1. 평가 방향

가. 국가수준 교육과정과 경기도 교육과정에 따른 교과별 특성을 고려하고 학교와 개별 교사의 교육과정 편성·운영의 자율권과 평가권을 보장한다.

위 내용은 경기도교육청 초등학업성적관리 시행지침 중 일부를 발췌한 것이다. 보는 것처럼 '교사의 평가권을 보장한다'고 명시되어있다. 여기서 말하는 평가권은 무엇일까? 교사들이 수업을 할 때 매 수업지도안을 사전 점검받지 않아도 되듯이 교사의 평가권 또한 보장해야 한다는 것이다.

 좀 더 구체적으로 살펴보면 이러한 맥락이지 않을까 한다. 일제정기고사가 실시되었을 때 평가계획은 별다를 게 없었다. 보통 중간, 기말고사 과목 및 시험 범위, 시험 날짜가 평가계획에 중요한 내용이었다. 그러나 교사별 평가를 실시하는 경우에는 평가계획이 좀 더 세분된다. 이미 살펴보았듯이 과목마다 단원, 성취기준, 평가 내용, 평가방법, 평가 시기 등에 대해서 교육과정을 분석하여 학생평가계획을 수립한다. 어느 교사에게는 평가권을 생각하기 전에 이와 같은 평가계획 수립부터가 상당한 부담으로 다가와 평가 자체에 대해 마음이 무거울 수 있을 것이다. 그러나 교육과정 재구성을 하고 수업 계획안을 수립하는 차원에서 평가계획 수립은 당연하다. 그래도 평가계획 수립에 있어서는 많은 교사가 방향성에 동의하고 계획을 세우는 것 같다.

 그런데 평가계획 수립 후에 평가문항을 출제하고 결재를 받는 과정에서 여러 문제가 발생한다. 예를 들면, 교사별 평가의 경우에는 반별로 문항을 출제하고 본인이 세운 평가계획에 따라서 평가를 실시해야 하는데, 과거 중간고사와 기말고사처럼 시험 문항을 똑같이 출제하고 결재를 득하고 실시했던 관행에서 못 벗어나고 있는 것 같다. 그리고 학교마다 다르긴 하지만 상시평가 시스템 속에서 시험문제 결재 부분에서 어려움이 많다고 호소한다. 결재를 올리더라도 문항에 대해 컨설팅을 하기보다는 글꼴, 자간, 장평 등 편집 수준에서 다시 결재를 요구하니 많은 교사가 그냥 한 학기에 딱 두 번 결재받는 정기고사가 그립다고 말하는 것도 이해가 된다.

 그럼 생각해보자. 중간, 기말고사 때 두 번이라도 꼭 결재를 받아야 하는 것인가? 이는 어디에 근거를 두고 있는가? 결재를 안 받으면 시험을 실시할 수 없다는 것인가? 이 또한 아마도 관행으로 봐야 하지 않을까 싶다. 매번 수업을 하는 교사들에게 수업지도안 사전결재가 생략되듯이 교사별 상시평가를 실시하는 학교의 경우 매번 문항 결재를 올리지 않아도 되지 않을까하는 고민을 하게 된다.

일제고사를 실시하는 학교에서 만약 위에서 언급한 수업권을 예로 들면서 시험문제를 사전결재 없이 실시하겠다고 하면 어떤 일이 벌어질지 쉽게 예상된다. 굳이 무리하게 관계를 어렵게 할 필요도 없고, 결재 한두 번 안 맡는 것이 대단한 일도 아니라는 생각에 용기를 내 볼 필요조차 없을지 모른다. 그러나 외국의 사례는 우리와 사정이 조금 다르다. 미국을 비롯한 많은 나라의 경우에는 관리자와 교사의 역할이 다르다. 다시 말해 관리자는 수업에는 일체 관여하지 않는다. 학교운영에 관한 일을 처리할 뿐이다. 교사들은 이원목적분류표를 작성한 뒤 자율적으로 시험을 치른다. 이미 교사별 평가가 이뤄지고 있는 셈이다. 평가 후에도 점수는 공개하지 않고 맞고 틀린 문항과 작성한 답안 내용을 가지고 학생과 상담할 뿐 점수 때문에 일희일비하지 않는다.

우리나라는 지금도 그렇지만 아주 오랫동안 교장, 교감이 인사, 수업, 행정 등에 관한 모든 일을 지도, 감독하고 있기에 시험문제를 결재 맡는 것이 당연한 일이 되었는지도 모르겠다. 그러나 엄밀히 따져서 무조건 결재를 득해야 하는 법적 규정은 찾을 수 없다. 다만, 관리 감독권이 있기에 수업을 비롯하여 평가를 잘 실시하고 있는지에 대한 장학은 할 수 있을 것이다.

그렇다면 어떤 방향이 교사의 평가권을 보장하는 것일까? 평가의 방향성을 잡는 일부터 시작해야 한다. 우리가 실시하고 있는 평가는 무엇을 가장 우선순위로 두고 있는지 고민해보면 제대로 된 평가의 방향성을 찾을 수 있다. 과거 한 학기에 한두 번 평가하는 일제고사에서 평가문항을 결재 맡는 것이 큰 문제가 아니어서 결재를 받았다지만, 교사별 평가의 상시평가 시스템에서 단원마다 문제를 결재 맡는 일 때문에 상시평가를 시행하기가 녹록지 않아 예전 일제고사 방식으로 돌아가고 싶다고 생각하게 한다면 이것은 교사의 평가권을 상당 부분 침해한 것과 동시에 평가의 변화를 방해하는 것이다.

이번 기회에 교사별 평가 혹은 상시평가 시스템을 통해 교사의 평가권에 대해서 다시 한 번 고민해보길 바란다.

11장 참된 평가를 위한 제언

재평가도 중요하다

　　　　　　　　　　연수에서 만난 교사들의 반응은 참 다양하다. 어느 교사는 무슨 평가가 이리도 많냐고 아우성이다. 진단평가, 형성평가, 총괄평가, 상시평가, 교사별 평가, 단원평가, 논술형 평가, 수행평가, 수시평가, 지필평가 등 그래서 우리는 평가만 하느냐고 볼멘소리를 한다. 평가에 대해 조금 알고 나면 평가는 지필평가와 수행평가만 있을 뿐인데 말이다.

　그건 그렇고 이번에 할 이야기는 재평가이다. 그 교사에게는 재평가라고 하나가 더 추가된 것이겠지만, 그래도 중요한 의미를 담고 있어 짧게나마 생각할 거리를 던지고 싶다.

　보통의 경우 시험은 일회성이다. 이 말인즉 한 번의 평가로 학생의 수준을 결정해버린다는 것이다. 물론 학생의 수준을 높여주기 위해 피드백의 과정을 두고 있지만, 성취수준을 달리하여 성적처리를 다시 하는 것은 또 다른 과정이 필요하다. 연수 중에 알게 된 사실인데 채점된 시험지를 가지고 학생들에게 피드백을 하는 중에 "이제 이해가 되니?"라고 물은 뒤 "네"라고 하면 성취수준이 '중'이었던 것이 이 순간에 '상'이 된다. 예를 들어, 수학 문제가 12×25이라고 가정해보자. 정답은 300인데 한 학생이 실수로 290이라고 썼고, 이에 대해 교사가 설명을 하던 중에 학생이 어느 부분에서 실수했는지를 알게 되었다. 이것을 가지고 이제 알았으니 그 자리에서 성취수준을 바꿔줄 수 있는 것인지 고민이 필요하다.

위와 같은 식으로 5문제 중 2개를 틀려 성취수준이 '중'이었는데 틀린 문제를 이해했기 때문에 5개를 다 맞았다고 생각해서 '상'으로 올려주는 것은 잘못되었다고 생각한다. 무엇을 왜 틀렸는지 알게 하는 것은 당연히 필요하다. 그런데 교사가 설명하던 중 알게 된 것을 가지고 그 학생이 '두 자릿수×두 자릿수'를 완전히 이해했다고 보긴 어렵다. 그렇다면 어떻게 해야 할까? 이것이 바로 재평가가 필요한 이유이다.

더욱이 성취수준을 달리하여 성적처리를 하려 한다면 더더욱 다른 시험지를 가지고 평가를 재실시해야 하지 않을까? Q1) 23×17 Q2) 28×19 등 완전히 다른 문제를 가지고 성취수준을 다시 파악해보아야 할 것이다.

수행평가도 마찬가지다. 단소 불기를 실기평가 하는데 처음 결과를 가지고 '중'으로 평가했다면 이것이 처음이자 마지막 평가가 아니라 일주일 혹은 그 이상의 일정 시간을 다시 주어 재평가를 보는 것이 좋을 것이다. 실제 단소 수행평가를 보고 난 뒤 2주일 시간을 더 주고 재평가를 했더니 이전보다도 더 실력이 좋아져서 한 단계 더 좋은 성취수준으로 평가했던 적이 있다.

여기서 그러면 언제까지 몇 번이나 재평가 기회를 주어야 하는지 의문이 생긴다. 통상적으로 학기제로 운영하는 것을 생각한다면 학기 말성적 처리하기 전까지를 최종기한으로 삼아도 좋을 것이다.

　또 하나 고민해보아야 할 점이 재평가가 필요하다고 해서 실제로 쉽게 할 수 있는 것은 아니라는 것이다. 실제 재평가를 위한 준비를 교사가 해야 하기에 번거로움과 귀찮음이 있는 것이 사실이다. 필자의 경우도 재평가를 위해 시험문제를 다시 내는 것이 쉽지 않았다. 그리고 재평가를 실시한다고 했을 때 생각봐야 할 것이 동료 교사와의 관계이다. 예를 들어, 어느 반은 한 번의 시험결과를 가지고 성취수준을 입력하고 성적 마감처리를 했는데, 다른 반은 첫 시험 후 충분한 피드백 과정을 거친 후 재평가를 실시하여 성취수준이 올라갔다. 그렇다면 재점수를 부여하는 등 사실 후자가 더 애를 썼음에도 불구하고 동학년 체제를 이루는 초등학교의 경우 이 작은 문제가 동학년 간의 관계성을 위협할 소지가 있다. 특히 어느 학부모가 비교라도 하면 의도치 않게 학부모 사이에서 어느 교사가 더 좋은 교사인지 비교가 되면서 약간의 문제가 발생할 수 있다.

　재평가에 동의하거나 실천하고 싶은 마음이 있다면 동학년 교사들과 솔직히 이야기해보는 것이 여러모로 도움이 될 것이다.

12장

교사가 묻고 교사가 답하다

지금까지 학교 현장에서 연수를 진행하면서 많은 질문을 받았다. 질문에 세세하게 답해주면서 평가에 관한 궁금증을 해결할 통로가 부족하다는 것을 느꼈다. 연구부장, 관리자, 동료 교사 외에는 질문 대상이 한정적이고, 여기에서 해결되지 않으면 다른 곳이 없다는 것이다. 교육청에서는 장학사에게 물어보라고 하지만, 현장과는 조금 거리감이 있어서 질문하기가 꺼려진다고 한다.

여기에서는 그동안 받은 질문 중에서 빈도수가 높은 것을 모아서 해결방안을 말씀드리고자 한다. 시·도교육청에 따라 학업성적관리지침이 다를 수도 있지만, 가능한 한 공통 사항을 중심으로 안내하고자 한다.

Q. 평가계획은 학생들에게 꼭 알려주어야 하나? 알려준다면 며칠 전에 해야 하나?

A. 평가계획은 교사에게는 교육과정 설계도이고, 학부모와 학생에게는 학습계획서이다. 학교에서 학년·학급평가계획이 수립되면 학교

학업성적관리위원회의 심의를 받은 후에 정보공시를 통하여 학부모에게 공시하고 있다. 따라서 학교에서는 가정통신문이나 홈페이지를 통해 평가의 방향과 계획을 학부모에게 공개해야 한다.

학기 초에 공지한 평가계획을 알지 못하는 학생도 많아서 보통 시험 보기 일주일 전에 한 번 더 공지하는 것이 학생들이 평가를 준비하는 데 도움이 된다. 또 다른 방법으로 학급평가계획을 교실 게시판에 공개하여 학생들이 수시로 확인하게 하는 방법도 있다. 최초의 평가계획에서 시기나 방법이 변경되었을 때는 학생과 학부모에게 꼭 통지하여 혼선이 없게 해야 한다.

Q. 지필평가와 수행평가의 비율이 정해져 있는가?
A. 교과별 지필평가와 수행평가의 영역, 방법, 횟수, 기준, 반영비율 등을 학년협의회에서 정하고, 이를 학교 학업성적관리위원회의 심의를 거쳐 학교장이 최종 결정한다(훈령 참조). 중등에서와 달리 초등학교는 정량적 평가보다는 정성적 평가를 하고 있어 특별하게 반영비율에 대한 통제는 없으며, 학년의 교육과정에서 성취기준을 보고, 가장 적합한 평가방법(지필, 수행)을 선정하면 된다.

Q. 반편성이나 졸업 대외상 시상 대상자 선정을 위한 일제고사가 필요한데, 교사별 평가를 실시하면 어떻게 객관성을 확보하여 공정한 시상 대상자를 선정할 수 있을까?
A. 교사별 평가가 활성화되면서 학년 전체를 대상으로 하는 평가가 없어 학년 전체 학생을 서열화하지 못하게 되어 반편성과 졸업 시 대

외상 수상 대상자 선정에 고민을 많이 한다. 먼저 반편성에 대한 해법은 간단하다. 반편성은 각 학급에 학습부진아와 생활지도에 관심이 필요한 학생들을 골고루 분포하게 하는 것이 목적이다. 따라서 학급에서 실시하는 평가로도 얼마든지 가능하다. 과거 일제고사를 보던 시절에도 전체 학생을 대상으로 편성한 게 아니라 학급 내의 인원을 대상으로 편성했기 때문에 문제는 없다.

졸업 수상 대상자 선정 문제는 과연 졸업식에서 우수 학생을 선정하여 대외상을 주는 것이 의미가 있는지 고민해보아야 한다. '학교에서 최고의 상은 학교장상이며 학생의 특기에 맞는 상이야 말로 학생에게 성장 동기를 제공하는 가장 의미 있는 상이다'는 생각을 갖게 해야 한다. 최근 대외상을 수여하지 않는 학교가 늘어나고 있고, 경기도교육청에서는 졸업식에 교육장상 폐지를 권고하고 있다.

Q. 수행평가 중 실제 상황에서 평가라는 것은 어떤 의미이고, 구체적인 예는 무엇인가?

A. 수행평가는 학생의 실제 수행 과정을 평가하는 방법이다. 예를 들어 발야구를 평가하기 위해서 교사는 발야구의 기본 기능과 규칙을 안내하고, 실제 경기를 통해 발야구를 잘하는 방법을 안내한다. 여기까지는 대부분의 체육 수업 시간에 이루어지는 교육과정이다.

일반적인 평가와 실제 상황에서의 평가는 평가 장면에서 차이가 있다. 일반적인 실기평가에서는 인위적인 평가 장면을 만든다. 공격에 대한 평가를 위해 번호 순서대로 나와서 볼을 멀리 차게 하고, 수비 기능을 평가하기 위해 공을 주고받게 하여 교사가 결과를 측정하고 학생의 수행평가 성취도를 측정했다. 실제 상황에서의 평가는 학생들이 실제 발야구 경기를 하는 장면을 교사가 직접 평가하는 방식이다. 한 경기에서 다 측정하기 어려워서 3~4경기를 통해서 측정할 수 있다. 공을 높이 멀리 차도 플라이 아웃이 되면 공격을 잘했다고 할 수 없고, 정확하게 공을 주고받아도 매번 수비에서 실패한다면 수비를 잘했다고 할 수 없다. 이렇듯 평가 장면을 인위적으로 통제하는 것이 아니라 학생들의 교육활동 자체를 평가 장면으로 활용하는 것이 실제 상황에서의 평가방법이다.

Q. 교사별로 평가문항이 달라서 학부모에게 민원을 받았다. 어떻게 대처해야 하는가?

A. 학교에서 평가와 관련된 모든 사항을 교사 개개인의 평가 철학에 따라서 운영하기에는 한계가 많다. 학교 안에서 이루어지는 모든 평가, 특히 총괄평가는 성적에 반영되기 때문에 학교의 자체 규정에 따라서 운영된다. 교사별 평가도 학교의 학업성적관리규정에 따라 실시한다.

학기 초에 학부모총회에서 학교의 교육과정 운영 방향을 안내할 때 평가 부분에 대하여 연수를 실시하고, 가정통신문을 통해 평가계획과 관련 사항을 안내해야 한다.

이런 절차를 따랐다면 학부모에게 학교에서는 교사별 평가를 실시하고 있고, 교사별 평가는 학생을 가르친 교사가 직접 평가하는 것이 가장 최적의 평가환경이라는 것을 안내해주어야 한다. 그리고 현재 교사별 평가가 지역의 모든 학교에서 실시하고 있고, 전체로 확대되는 추세라는 것도 함께 안내해주면 된다. 이 정도면 학부모도 충분히 이해할 것이다.

학부모의 평가 인식 변화를 위하여 출간한 『등수 없는 초등학교 이기는 공부법』(강대일, 정창규)을 추천한다.

Q. 저학년 논술형 평가는 힘들다. 해결방법은?
A. 학생의 발달단계에 맞춰 논술형 평가도 기술하는 폭과 범위가 달라야 한다. 초등학교 저학년도 자기 생각이 있고, 자기 생각을 표현할 수 있다. 단지 글로 표현하는 것은 서툴 수 있다. 따라서 학년에 맞는 다양한 평가방법을 활용할 필요가 있다.

논술형 평가는 학생들이 학습한 내용을 중심으로 자기 생각을 만들어가도록 하는 평가이다. 평가문항은 학년 수준에서 쓸 수 있는 내용이 출제되기 때문에 저학년에도 충분히 적용할 수 있다.

저학년 단계에서부터 자기 생각 만들기를 하고 자기의 생각을 표현하는 기회를 많이 주는 것은 학생의 창의적 사고력 발달에 도움이 된다. 또한, 초등학교 단계에서는 평가의 목적과 내용, 학생의 발달단계에 따라 짧은 서술형까지도 논술형 속에 포함하도록 하고 있으므로 저학년 단계에서도 충분히 가능하다.

경기도교육청에서 2014년도에 개발하여 보급한 '저학년 논술형 평가문항 예시자료'를 참고할 수 있다.

Q. 핵심성취기준이 중요하다고 하는데 교과서에 있지 않아 쉽게 접근하기가 어렵다. 해결방법은?
A. 국가수준 교육과정, 교육과정 내용, 성취기준(핵심성취기준)이 발표

되었고, 학교에 장학자료로 배부되었다. 그런데 실제 현장 교사들은 성취기준 관련 책자를 보기가 쉽지 않다. 학교마다 1~2권씩 배부되어 전체 교사에게 전달되지 못하고 대부분 장학자료로 관리되어 도서관 장학자료 책장에 있어 접근성이 떨어진다. 심지어는 학교에 있는지조차도 모르는 교사가 대부분이다.

국가수준 교육과정을 안내하기 위해 만든 국가교육과정정보센터(www.ncic.go.kr)에서 교수요목기부터 2015 개정 교육과정에 이르는 모든 관련 자료와 외국의 교육과정 사례를 살펴볼 수 있다. 해당 사이트의 자료실에 성취기준과 성취수준, 핵심성취기준에 대한 자료를 한글파일과 PDF파일 형태로 제공하고 있다.

성취기준을 활용하여 단원 도입 시기에 학습 목표에 대한 안내와 수업계획을 학생들과 함께 공유하고, 평가의 내용과 기준을 안내하면 학생들의 성취동기를 유발하는 데 도움이 된다.

Q. 평가의 성취수준 단계는 몇 단계가 좋은가?

A. 국가교육과정에서 학생들이 성취해야 할 교육과정 내용을 명시하고 이를 구체화하기 위해 성취기준을 제시했다. 성취기준별로 성취수준을 제시했다. 교육부에서 제시한 성취수준은 3단계로 '상' 단계는 우수, '중' 단계는 보통, '하' 단계는 미흡이다. 3단계 외에도 4단계, 5단계까지 많이 사용되고 있다. NEIS상의 성취수준은 3, 4, 5, 7 단계를 선택할 수 있다. 이에 대한 결정은 학교 학업성적관리위원회에서 하며, 어떤 단계가 가장 좋은 단계라고 말하기는 어렵다.

Q. 국어과 평가에서 맞춤법이 틀리면 무조건 틀린 것인가?

A. 국어과는 도구 교과로서 맞춤법은 매우 중요한 평가 요소이다. 단순한 낱말 쓰기나 받아쓰기에서는 당연히 틀렸다고 할 수 있다. 하지만 자기 생각을 쓰는 논술형 평가에서 맞춤법이 틀렸다고 해서 성취기준에 도달하지 못했다고 단정 짓기에는 문제가 있다.

성취기준이 '어려운 이웃에게 위로의 말을 할 수 있다'라고 가정해 보자. 이 성취기준의 맥락에서 보면 맞춤법이 틀렸다 하더라도 내용이 맞는다면 정답으로 인정해도 무방하리라 생각한다. 단, 교사의 판단에 따라 채점 시 약간의 감점을 주는 것은 교사의 재량이라고 할 수 있다. 단순한 맞춤법의 오류를 내용의 관한 고려 없이 일방적으로 채점하는 것은 평가에 본질에 맞지 않다.

Q. 이원목적분류표가 꼭 필요한가?

A. 이원목적분류표는 평가에 대하여 한눈에 볼 수 있는 설계도이다. 이 설계도를 통해 평가의 방향, 내용, 난이도 등을 확인할 수 있다. 이원목적분류표를 작성하는 이유는 평가의 내용과 수준을 확인하여 평가목적에 맞게 문항을 출제하기 위해서다. 내용 면에서 특정한 영역이나 주제에 문항이 몰려 있거나, 행동(지식 수준) 면에서 단순한 기억을 재생하는 지식 중심의 평가가 되지 않게 하기 위하여 작성하도록 하고 있다.

이원목적분류표는 평가문항 작성의 기준이며, 평가의 타당도를 높이기 위한 수단이다. 따라서 모든 평가에 이원목적분류표 작성이 필요하다. 다만 형식은 학교에서 다양하게 구안하여 작성할 수 있으나 포함해야 할 내용 요소(교과 내용, 성취기준)와 행동 요소(지식의 수준)는 반영되어야 한다.

Q. 교사가 평가 내용을 학교생활기록부에 입력했는데, 학부모와 관리자가 개입하여 내용 변경을 요구하면 꼭 바꿔야 하나? 이에 관한 근거가 있는가?

A. 학교생활기록부에서 교과학습발달상황의 기록은 평가자인 교사가 수행평가와 지필평가의 내용을 종합하여 과목별로 간략하게 입력하게 되어 있다. 따라서 교사가 정당한 근거를 가지고 입력했다면 수정할 필요가 없다.

단, 학부모가 평가결과 내용의 확인을 요구할 때 교사는 이에 합당한 적절한 근거를 제시할 수 있어야 한다. 즉 지필평가에 대한 결과와 수행평가의 근거자료 등을 바탕으로 학부모에게 설명하면 된다. 이런 합리적인 근거를 제시했음에도 수정을 요구하는 것은 교권침해이며, 근거 없이 수정해주는 것은 교원의 4대 비리 중의 하나인 성적조작에 해당한다. 따라서 위에 민원 내용을 교장에게 알려야 하며, 부당한 요구가 계속될 시에는 교육청 담당자에게 알려 문제를 해결해야 한다.

Q. 학업성적관리위원회는 어느 경우에 모이는가?

A. 학업성적관리위원회의 개최에 대한 특별한 규정은 없다. 그런데 평가와 관련된 사항이 생겼을 때는 결정권한이 학업성적관리위원회에 있으므로 개최해야 한다. 매년 초에 교육부 훈령이 변경되어 공포되면 시·도교육청에서는 시·도 초등학교 학업성적관리 시행지침을

변경하여 학교에 안내한다. 이에 따라 학교에서는 규정을 변경해야 할 때 꼭 개최해야 한다. 또한, 학기 초에 학년·학급의 평가계획을 심의하기 위해서 위원회가 소집된다. 그 외에도 학교에서 개정해야 할 다양한 사항이 생겼을 때 학교 업무담당자가 요청하면 학교장이 판단하여 위원회를 소집하고 있다.

다음은 학교 학업성적관리위원회에서 심의하는 사항이다. 이 사항이 생겼을 때마다 개최한다고 보면 된다.

- 학교 학업성적관리규정 제·개정
- 각 교과협의회(학년협의회)에서 제출한 지필평가 및 수행평가의 영역·방법·횟수·기준·반영비율 등과 성적처리방법 및 결과의 활용
- 창의적 체험활동 상황의 평가기준 및 방법
- 행동특성 및 종합의견의 평가 덕목 및 방법
- 학업성적 평가 및 관리의 객관성·공정성·투명성과 신뢰도 제고 방안(평가의 기준·방법·결과의 공개 및 홍보 등)
- 학교생활기록부의 기재방법 및 기재내용 등에 관한 사항
- 고등학교의 교과목별 성취도별 기준 성취율(원점수), 성취도별 부여 가능한 비율 등에 관한 사항
- 기타 학교 학업성적관리 관련 업무

Q. 평가와 관련하여 받을 수 있는 원격연수를 추천한다면?
A. 교사를 대상으로 하는 연수는 엄청나게 다양하고, 종류도 많다. 그런데 평가 관련 연수는 찾기가 쉽지 않다. 특히나 사설기관의 원격연

수원에서는 더 찾을 수 없다. 아마도 사설 원격연수기관은 수요가 많은 연수 프로그램을 만들어 수익을 창출하는데 평가 관련 연수에 대한 수요가 없어서 개발하지 않는 것 같다.

국가에서 운영하는 중앙교육연수원(http://www.neti.go.kr)이나 각 시·도교육청의 교육연수원을 보면 평가 연수가 1개씩 운영되고 있다. 경기도교육연수원에서는 2014년도에 몇 달을 반납하며 맨땅 위에 어렵사리 필자와 함께 몇몇 선생님이 함께 수고하여 만든 "초등 논술형 평가 길라잡이(15시간)" 연수가 운영되고 있다. 주요 내용은 논술형 평가의 도입 배경, 논술형 평가문항 제작 절차 및 유의사항, 국어·수학·사회·과학·영어의 논술형 평가문항 제작 방법 및 사례, 정의적 능력 평가, 채점방법으로 구성되어 있다.

Q. 교사별 평가계획을 꼭 세워야 하나?

A. 학교에서 매 학기 초에 학교교육과정, 학년교육과정, 학급교육과정을 만들면서 평가계획도 포함하여 작성하고 있다. 그런데 그동안의 평가는 학년 단위에서 수행평가계획을 공통으로 실시하고, 지필평가는 중간, 기말성취도 평가를 학교의 평가계획에 따라 실시하여 교사별 평가계획이 큰 의미가 없었다. 그런데 최근 2009 개정 교육과정 이후 교사의 평가권 강화와 맞물려 교사별 평가가 시행되면서 학급평가계획이 등장하게 되었다. 학급을, 수업을 담당하는 교사별로 평가가 확대되면서 학급별 평가계획이 필요하게 되었고, 이 계획에 의거하여 학생들은 평가를 받는다. 따라서 학급의 교육과정을 운영하는 교사는 평가계획을 수립하는 것을 당연하게 받아들여야 하며, 이를 교육 구성원

인 학생과 학부모에게 안내해야 한다.

Q. 수행평가는 영역별로 모두 다 해야 하나?

A. 해당 영역의 성취기준에 따라서 수행평가나 지필평가로 실시할 수 있다. 과거의 수행평가가 도입 초기에 '모든 영역에서 골고루 실시한다'라는 잘못된 관행으로 평가 본질과 거리가 먼 평가방법이 설정되어 현장을 혼란스럽게 했다. 성취기준의 내용 분석에 따라서 결정하는 것이지 모든 영역을 실시해야 하는 규정은 없다. 예를 들어, 5학년 1학기 수학의 경우 확률과 통계 영역을 배우지 않는다면 당연히 확률과 통계 영역은 평가하지 않는 것이 맞다. 그런데 모든 영역을 평가해야 하는 것으로 생각해서 실제 가르치지도 않는 영역을 생성하여 그 영역에 맞지 않은 성취기준을 입력하는 학교가 있었다. 평가계획을 세울 때 교육과정을 제대로 분석하는 것이 중요하다는 사실을 일깨워주는 사례이다.

수행평가의 영역 및 횟수에 관한 규정은 교육부 훈령에서 제시하고 있다. 훈령에 따라 당해 연도의 수행평가 영역과 횟수는 학교의 학업성적관리위원회에서 심의를 받아서 시행하게 된다.

현장에서 수행평가 계획 수립단계를 살펴보면 수행평가 계획을 수립하기 위해서 학년교육과정협의회(동학년협의회)에서 학년, 학기의 성취기준을 확인한 후 가장 적합한 평가방법을 선정하게 된다. 선정한 평가방법을 평가계획 양식에 맞추어 학년(학급) 평가계획서를 완성한 후에 학교 학업성적관리위원회의 심의를 거쳐 시행하게 된다. 따라서 학년교육과정협의회에서 수행평가의 영역별 횟수에 관하여 결정하여 시행하면 된다.

Q. 전 과목 지필평가를 봐야 하나?

A. 교육부 훈령에 따르면 학교에서는 지필평가와 수행평가를 구분하여 실시하게 되어 있다. 그런데 훈령에는 실험·실습·실기 과목 등 교과의 특성상 수업 활동과 연계하여 수행평가만으로 교과학습 발달 상황을 평가해야 하는 경우에는 시·도교육청의 학업성적관리시행지침에 의거하여 학교별 학교학업성적관리규정으로 정하여 실시할 수 있다고 하였다. 따라서 시·도교육청의 시행지침에서 학교에 위임하였으므로 학교에서는 학교 학업성적관리규정을 통하여 학교 내에서 지필평가만 볼 수 있는 과목을 선정할 수 있다. 즉 학교에서 지필평가 대상 과목을 정해야 한다. 학교의 자율권을 보장한 만큼 구성원의 교육적 판단에 따라서 과목을 지정하여 실시할 수 있다. 학교의 결정에 따라서 다양한 유형의 평가 과목이 나타날 수 있다.

Q. 논술형 평가만 실시해야 하나?

A. 논술형 평가가 강조되면서 일선 학교에서는 논술형 평가만이 가장 좋은 평가문항이라는 오해가 많다. 좋은 평가문항은 해당 성취기준의 도달도를 확인할 수 있는 내용 타당도가 높은 문항이 좋은 문항이다. 따라서 논술형 평가문항뿐만 아니라 선택형(진위형, 배합형, 선택형), 서답형(단답형)의 문항도 다 사용할 수 있다. 그런데 기존의 선택형 문항이 내용 타당도 확보에 어려움이 있어 학교에서 논술형 평가를 권장하고 있다. 논술형 평가문항이 가장 좋은 평가문항이라고 단정 짓기보다는

평가의 목적에 부합되는 문항이 최고의 문항이라는 인식이 필요하다.

Q. 평가계획 수립 시 평가지와 함께 결재를 득해야 하나?

A. 평가계획은 학기 초에 수립하여 학교 학업성적관리위원회의 심의를 받아 확정된 후 시행되며, 이때 평가계획은 학교 알리미 사이트를 통하여 공개되고 있다.

과거에는 학교에서 평가계획과 함께 수행평가지를 요구하는 학교가 많았다. 과연 이것이 합당한 요구일까? 평가는 수업을 한 다음 수업 장면을 평가 장면으로 가져와 하는 것이 당연하다. 그런데 사전에 문항을 출제한다는 것은 아직 교과에 대한 준비가 안 된 상태에서 문항을 요구하는 것이어서, 교사를 위한 도움 사이트인 이지**, 티**, 아이***의 문항을 이용하게 된다. 따라서 천편일률적인 평가문항들이 학교 현장에서 사용될 수밖에 없는 구조이다. 왜 이렇게 평가문항을 함께 결재하는 것일까에 대한 고민 없이 관행대로 움직이는 것이다.

최근에는 평가의 본질에 맞는 운영을 위하여 평가계획만 결재를 득하고, 단원이나 영역이 끝난 후에 평가문항을 만드는 것이 더 합당하다는 인식이 늘어나 계획만 결재하는 학교가 많아지고 있다.

Q. 학생 평가지를 가정에 꼭 배부해야 하나?

A. 학생 평가지 배부에 관한 규정은 국가 수준의 훈령에는 존재하지 않는다. 시·도교육청에서 지정한 시·도교육청의 시행지침에 따라 지정할 수 있다. 또한, 학교 학업성적관리위원회에서 학생평가와 관련하여 훈령과 시행지침에 명시되지 않은 사항, 즉 평가지 배부와 같은

사항에 대해서는 따로 규정할 수 있다.

　경기도의 경우 경기도 초등학교 학업성적관리 시행지침에서 지필평가지에 한하여 가정에 배부하도록 하고 있다. 따라서 경기도의 모든 초등학교에서는 지필평가지는 가정에 배부하여야 한다. 상위 훈령이나 지침에서 지정된 사항은 학교의 규정으로 변경할 수 없다. 수행평가지와 근거자료는 가정에 배부하지는 않지만, 학부모가 공개를 요구할 때에는 공개함을 원칙으로 하고 있다.

Q. 평가지 보관은 언제까지 해야 하나?
A. 초등학교의 경우에는 시·도 학업성적관리 시행지침에 따라 보관기간을 정하도록 하였다. 경기도의 경우에는 초등학교에서 실시하는 지필평가와 수행평가의 모든 평가지와 근거자료는 진급이 완료될 때까지 보관함을 원칙으로 하며 그 이후의 사항에 대해서는 학교 학업성적관리규정에 위임하고 있다. 실제 ○○학교 학업성적관리규정에는 '평가지는 진급 후 한 달간 보관한다'라고 되어 있다. 이럴 경우에 6학년 학생이 졸업을 하고 3월 20일경 어떠한 이유로든 초등학교에 찾아와 시험지를 찾으면 아직 진급 후 한 달이 지나지 않았기 때문에 시험지를 보여줄 수 있어야 한다. 보통의 경우엔 훈령대로 진급이 완료될 때까지 보관한다고 되어있어 진급 완료 후에는 교육적 판단에 따라서 평가 관련 자료를 처리하면 된다.

　그런데 학교에서 실시한 지필평가나 수행평가 관련 근거 및 평가지 등을 학기 단위로 폐기하거나, 가정에 배부한 후에 회수하지 않는 등 평가지 관리를 제대로 하지 않는 경우가 많다. 특히, 초등학교에서 수행평가가 중등에 비해 관리에 대한 엄격한 규제가 없어 관리가 소홀하다.

Q. 문항의 배점은 꼭 넣어야 하나?

A. 평가문항의 기본 구조에 보면 배점을 꼭 써넣게 되어 있다. 그런데 학생들의 평가결과가 서열화나 경쟁을 유발하는 부정적인 이유 때문에 배점을 하지 않는 학교가 있다. 배점은 단순히 점수를 안내해주는 역할 외에도 시험문제의 난이도를 제공하고, 학생에게는 여러 문제 가운데 어떤 문제에 비중을 두고 풀어야 할지 전략을 세우는 데 꼭 필요한 요소이다. 그러므로 배점은 꼭 써넣어야 한다.

평가로 일어날 수 있는 문제점을 해결하기 위해서 평가 본질에 맞지 않는 방법을 사용한다면 더 큰 혼란을 가져올 수 있다. 굳이 해결방법을 제시하자면, 배점 대신에 난이도를 써넣는 것도 좋다. 또한, 초등학교에서 평가는 성취기준의 도달도를 성취수준으로 나타내고 있으므로 평가결과를 성취수준으로 변경하여 3~5단계로 나타낸다면 서열화 문제에서 벗어날 수 있다. 다만 이 경우라도 담임교사의 채점기준표에는 문항 당 배점을 표시하여 채점 후 학생의 수준을 판단할 수 있어야 한다.

Q. 시험지에 점수를 넣어야 하나? 성취수준을 넣어야 하나?

A. 시험지에 늘 100점 만점을 기준으로 점수를 부여했던 관행이 있다. 그래서 학생과 학부모 모두 점수제에 익숙해 있고, 이 점수가 학생들의 서열화를 부추기는 결과가 되었다. 그런데 초등학교에서 점수를 꼭 써넣어야 할까? 답부터 이야기하면 초등학교는 성취기준의 도달도를

성취수준으로 제시하도록 하고 있다. 100점 만점 체제는 중등에 적합하다.

따라서 초등학교에서는 성취기준을 중심으로 평가문항을 출제하고, 결과는 성취기준에 도달 정도를 성취수준으로 제시하면 된다. 이때 성취수준은 3단계(상, 중, 하), 4단계(매우 잘함, 잘함, 보통, 미흡), 5단계(매우 잘함, 잘함, 보통, 미흡, 부진) 등 학교에서 단계에 대한 이름을 정하여 나타낼 수 있다. 단계형 등급 외에도 성취수준을 문장으로 기술하여 표시할 수도 있다.

Q. 학급평가계획서에 문항지가 필요하나?

A. 현장 교사 연수를 하면 평가계획과 관련하여 가장 힘든 점은 '교육과정에 대한 이해도 부족하고, 내용에 관한 연구를 시작하기 전에 평가계획과 평가문항을 제작하는 것'이라고 말한다.

결론부터 말하면 평가계획서에 평가문항지는 필요 없다. 평가계획은 평가에 대한 방향과 방법, 시기에 대한 안내이기 때문이다. 세부적인 평가문항은 교사가 교수학습을 한 후에 학생들과의 수업 장면을 평가 장면으로 가져와 학생들에게 평가 장면에 대한 이해도를 높여 성취도를 높이는 데 그 목적이 있다. 따라서 평가지는 교수학습이 끝난 후에 교사가 수업 장면과 학생의 환경, 평가 요소를 반영하여 제작하는 것이 당연하다.

교사별 평가를 강조하는 이유도 교육과정-수업-평가의 일체화를 통하여 배움과 평가가 유리되지 않게 하기 위함이다. 그렇다면 당연히 배움의 과정 전에 평가문항을 제작하는 것은 이치에 맞지 않다.

에필로그

평가는 학생과 교사를 성장시키고 수업을 변화시킨다

학교 교육 이래 시험 혹은 평가가 없었던 때가 없었다. 교사로 살아가는 우리도 수많은 시험을 치러왔고, 이에 웃고 울었던 기억이 있다. 세간의 친구들은 "시험을 보는 학생 신분에서 시험 문제를 내는 입장이 되었으니 스트레스 안 받고 좋겠네"라고 말한다. 과거에 문제은행에서 몇 문제 가져와서 적당하게 수정하고 그마저도 모든 문항이 객관식으로 이뤄져 있었다면, 채점할 때 약간의 귀찮음을 제외하고는 결코 틀린 말도 아니다. 그러나 과거의 평가방식에서 벗어나 새로운 시도를 하고 있는 지금에는 시험 문제를 내는 일이 결코 쉬운 일이 아니다.

최근 대부분의 시·도교육청에서 평가에 대한 새로운 패러다임의 필요성을 가지고 평가혁신이라는 이름으로 여러 정책을 펼치고 다양한 연수를 실시하면서 현장에 보다 나은 새로운 변화를 이끌어내려고 하고 있다. 교육부도 학생평가와 관련해서 연구자료 등을 내놓고 있으며, 2015년도 여름방학 때 전국 단위로 평가 심화연수를 시작으로 2015년도 겨울방학 때에도 제2회 연수를 시행했다. 이는 국가 단위에

에필로그

서도 시·도교육청 단위에서도 학생평가에 대한 변화의 필요성과 의지가 그만큼 크다는 것을 보여준다.

시대적으로 교육이 어떻게 이뤄졌는가를 들여다보면 때로는 정치적으로 혹은 시대적으로 잠시 언급되고 몇 가지 사업으로 추진되다가 조용히 사라지는 교육활동을 우리는 경험적으로 알고 있다. 열린 교육이 그랬고, 창의성 교육 등이 한때 붐을 이뤘지만, 지금은 찾아보기 힘들다. 최근에는 혁신교육이 일종의 트렌드가 되어 경기도의 경우엔 혁신학교, 서울은 서울형혁신학교, 강원도는 행복더하기학교, 전남에는 무지개학교, 전북은 혁신+학교, 인천에는 행복배움학교 등 이름만 다를 뿐 그 지향점은 크게 다르지 않다.

그러나 한때 붐을 이루고 잠시 유행마냥 거쳐 갔던 수많은 교육정책과 달리 최근 혁신교육은 여전히 주목을 받고 있으며 그 가운데 결코 빼놓을 수 없는 것이 교육과정, 수업, 평가의 혁신이다. 이러한 흐름 속에서 시·도교육청별로 수많은 연수가 생겨났거나 관련 책이 쏟아져 나왔다. 참 좋은 현상이 아닐 수 없다. 그동안 이러한 것들이 교사 본연의 활동임에도 여러 가지 이유로 수업보다는 다른 것들에 신경을 써야 하거나 많은 시간을 투자할 수밖에 없는 형편이었다는 것을 인정하지 않을 수 없다.

교사는 교육과정 전문가이다. 우선 교육과정을 분석하면서 어떤 내용을 가지고 가르칠 것인가에 대한 내용 구성의 전문성이 필요하다. 다음으로 준비한 내용을 가지고 어떻게 가르칠지에 대해 연구하고 마지막으로 가르친 내용이 학생들에게는 배움이 일어났는지를 확인하는 평가에 대한 전문성이 요구된다. 그러나 현실적으로 이 3가지를 모두 다 잘하기엔 여러모로 부족함이 있을 수밖에 없다. 그래서 많은 교사가 교사가 된 직후에도 끊임없는 자아 성찰과 더불어 배움의 열정을 가지고 지속해서 공부하고 있다. 교육과정 재구성 초기에 개념이 모호하고 기술이 부족할 때도 있었지만, 시간이 흘러 점점 많은 학교에서 학기 초 교육과정 재구성을 위한 시간을 확보하면서 동학년이 미리 모여 교육과정을 살펴보고 학년 특성에 맞는 교육과정을 체계화하고 있다. 그리고 학기 중에는 동료 공개수업을 비롯한 많은 수업을 참관하면서 수업을 성찰하고 수업 나눔을 통해 수업의 의미에 대해서 알아가고자 많은 노력을 하고 있다. 덕분에 조금씩 수업에 자신감을 보이고 수업 분위기가 전보다 활발해져 가는 듯하다.

 이에 비해 평가에 관해서는 여전히 많은 교사가 부담을 느끼고, 관심과 열정은 있으나 교대 시절이나 교직에 들어온 후에도 딱히 공부를 할 기회가 많지 않았던 것 같다. 평가 시기가 다가오면 과거엔 문제은행에서 어느 정도 도움을 받았다고는 하지만 교사별 평가가 도입되고 논술형 평가가 강조됨에 따라 어려움 등이 생기면서 평가 연수 등이 절실해졌거나 필요성이 대두되었다. 그러나 필요성과 당위성이 있더라도 현장이 변화하는 것은 그리 쉬운 일이 아니다. 그래서 여전히 많은 교사로부터 볼멘소리를 들을 수 있다. 평가 변화의 방향성은 인정하지만, 현장이 이렇게 힘들어서 되겠느냐는 이야기가 들려온다. 우리 필자 역시 같은 현장 교사로서 그 심정을 모르는 바는 아니나 가르치는 일뿐만 아니라 평가하는 일도 교사 본연의 일 중의 하나이다. 단순히 트렌드로 새롭게 도입된 것은 아니다.

 그동안 평가 때문에 얼마나 많은 이가 고통받았던가? 지금도 평가

에필로그

와 시험 때문에 괴로워하는 학생이 많다. 예전에 학생들에게 학교에서 없어지기를 바라는 것을 마인드맵으로 작성하게 한 적이 있는데, 모든 학생이 적은 것이 바로 '시험'이었다. 왜 그랬을까? 이는 잠시 생각해 봐도 쉽게 알 수 있다. 평가는 무척이나 중요하지만 학생들에게는 나쁜 것, 싫은 것, 없어져야 할 것으로 인식되고 있다. 학생들이 이러한 인식을 갖게 한 데에는 교사인 우리에게도 책임이 있다. 왜냐하면, 우리가 살아오면서 우리도 모르게 받아왔던 평가방식을 학생들 앞에서 드러냈기 때문이다. 예를 들어, 수업 시간에는 참 열정적으로 가르치지만, 꼭 평가 때가 되면 자신도 모르게 인상이 바뀌면서 엄한 목소리로 "옆으로 눈 돌아가는 학생들이 보이는데 한 번만 더 걸리면 시험지 찢어버린다!"라는 험한 말을 하며 긴장감을 유발하는 시험 감독관의 모습으로 변한다. 그래서 평가 시간은 항상 학생들에게도 교사들에게도 유쾌한 시간은 아니었다. 이는 평가에 관해 특별히 생각해본 경험이 적기 때문일 것이다.

이번 책에서 논의한 많은 부분은 중·고등학교 현장에서 적용하기엔 현실적으로 많은 한계가 있음을 인정한다. 예전 연수에서 한 경력 교사가 이런 말씀을 하셨다.

"강사 선생님은 자녀가 몇 살인가요? 혹시 중·고등학생 자녀를 두셨나요?"

이어서 하신 말씀의 요지는 '아직 중·고등학생 자녀를 키워보지 않아서 상황을 잘 모르나본데 초등학교에서 바뀐 제도로 평가를 실시하더라도 우리나라 중고등학교 교육에서는 어차피 다 의미 없다'는 것이다. 중학교만 들어가도 객관식 시험과 일제고사를 봐야 하고 특히 수능을 목전에 둔 고등학교에는 내신 성적을 위해서라도 변별도가 중요하기에 경쟁교육은 필수일 수밖에 없다는 것이다. 따라서 오히려 중·고등학교 교육을 대비하는 차원에서라도 초등학교의 평가 변화의 방향은 옳지 못하다고 했다.

강사 입장에서 필자의 생각을 말할 수 있었지만, 때마침 같은 학교 동료 교사로부터 다른 이야기를 들을 수 있었다. 그 선생님 말씀의 요지는 다음과 같다.

'중·고등학교 시스템이 그러하기 때문에 더욱더 초등학교 때라도 학생 한 명 한 명을 돌아보고 경쟁교육에서 벗어나 학생들을 위한 교육과 평가방식의 기회가 오히려 잘된 일이 아니냐.'

이 글을 읽고 있는 교사마다 생각과 입장이 다를 것이다. 그래서 누군가에게는 동기부여가 될 수도 있지만, 또 누군가에는 평가의 변화가 신발 속의 모래알처럼 불편하고 성가신 것일 수도 있다.

평가의 변화와 본질에 동의한다면 평가 전문성을 위한 노력이 필요하다. 평가혁신에서 선두역할을 해온 경기도교육청의 경우도 현장 교사들이 아닌 관 주도로 시작되었지만, 어찌 보면 평가는 단 한 명의 교사가 많은 것을 바꾸기에는 여러 어려움과 한계가 있을 수밖에 없다. 그래서 관 주도의 시작이라 할지라도 결국 우리 현장 교사들이 해야 하는 역할이 아직 많아 남아있다. 왜냐하면, 톱다운(top-down) 방식은 본래 저항의식을 갖게 하고, 동력이 언제 멈출지 모르는 한계가 있기 때문이다.

다행인지 불행인지, 그럼에도 불구하고 이러한 평가의 변화가 경기도교육청을 시작으로 점점 주변 시·도교육청으로 확대되어가고 있

에필로그

다. 이러한 변화 속에서 기억하고 고민해봐야 할 것들이 있다.

우선 평가에 대한 올바른 인식의 전환이다. 이는 단순히 바뀐 정책을 이해하고 따라가는 것과는 다르다. 그동안 자신의 평가활동을 돌아보고 평가에 임했던 모습과 태도를 떠올려봐야 한다. 즉 우리만의 평가철학을 정립해보면 어떨까 한다. 분명 우리가 어떤 가치를 중요하게 여기는가에 따라 행동이 결정될 수 있기에 평가에 대한 새로운 인식을 갖는 것은 그만큼 중요할 것이다.

둘째, 학생평가에 필요한 전문성의 함양이다. 단순히 평가를 잘못하면 민원에 시달리고, 지침과 규정을 잘 따르지 않으면 곤란하다는 상벌식의 접근에서 벗어나 나에게 부족한 전문성이 무엇인지 파악하여 전문성을 신장하기 위해 노력해야 한다. 먼저 그동안 잘 가르치는 것에 관심은 높았으나 학생들이 잘 배웠는지를 확인하는 데 제대로 평가를 해왔는지에 대한 반성으로 시작할 수 있다. 안타깝게도 우리는 그동안 체계적으로 문항을 개발하고 채점 후 결과를 가지고 피드백하는 절차에 대해서 확실하게 배워본 경험이 없다. 그런데 시대적으로, 사회적으로 학생평가에 대한 전문성은 더욱더 요구될 것이다.

이번 책이 이러한 아쉬움을 얼마나 달랠 수 있을지는 모르겠으나 적어도 현재 시중에 있는 대부분의 평가 관련 책은 중고등학교에 맞춰있거나 대학교 교재로 발행이 되었고 시기적으로도 꽤 오래된 것이다. 그래서 중요하고 핵심적인 것들을 담아보려고 애를 썼지만, 여전히 필자 스스로도 아쉬움이 크다. 그러나 이 책이 마중물 역할을 하고 나아가 교육부를 비롯하여 시·도교육청에서도 다양한 장학자료 등이 제작되어서 현장에 있는 초등교사들의 목마름을 해소해줄 수 있기를 기대해본다. 이때 우리 현장 교사들의 목소리가 중요하다. 때로는 귀찮고 힘들고 번거로울 수 있지만, 우리 본연의 일에 더욱 관심을 가지고 전문성을 쌓아가야 할 책무성이 있다.

끝으로 교육과정, 수업, 평가의 일체화에 관한 것이다. 교육과정 재구성을 아무리 잘해도, 아무리 수업을 감동 있게 마쳐도, 아무리 평가 문항이 참신하고 좋아도, 결국 한궤로 연결되어 있지 못하다면 교사에게뿐 아니라 학생들에게도 혼란을 야기할 수 있다.

모든 변화의 시작은 누군가로부터 시작된다. 그리고 어느 정도 시간이 흘러야 그 가치를 확인할 수 있다. 경로 의존성에서 알 수 있듯이 아무리 옳고 좋은 방향이어도 그 길을 나 혼자 걷는다면 외롭고 힘들다. 그래서 다수가 걷는 길로 편승하고 싶은 것이 사람의 속마음이자 습성이다. 그러나 최근 몇 년 사이에 교육의 많은 변화를 목격하고 현장에서 실감하고 있다. 학교 문화가 바뀌고, 연수 주체가 주로 교육청 단위였다면 이제는 교사들로부터 시작되고 자발적인 참여로 연구하는 교사 집단이 우후죽순처럼 생겨나고 있다.

평가의 어려움은 학생과 학부모들을 통해서도 충분히 엿볼 수 있다. 필자가 담당하고 있는 우리 반 학생들에게도 평가에 대한 생각을 나눠보고 앞으로 어떻게 평가를 할 것인지 설명해보아도 그동안 엄격하고 딱딱한 평가 문화에 익숙해 있는 학생들의 인식 또한 쉽게 변하지 않는 것을 보게 된다. 여전히 시험점수에 많은 관심이 있을 뿐 내가 무엇을 틀리고 왜 틀렸는지에 대한 관심은 상대적으로 적다. 그리고 여전히 우리 자녀의 점수가 몇 점인지, 반에서 몇 등이나 하고 있는지 궁금해하는 학부모들의 인식을 보면서도 같은 생각을 한다. 그나마 우리

에필로그

　교사들의 인식 변화가 생각보다 빠르고 교육의 본질에 더 맞는 것이라면, 다소 힘들고 어렵더라도 자발성을 가지고 현장의 문제점을 바꾸려고 노력하는 선생님들이 계시기에 학부모, 학생의 인식과 태도도 언젠간 바뀔 것이라는 희망을 가져보게 한다.
　혹여 이 책의 내용 때문에 무거운 마음이 들었거나, 바뀐 평가제도 속에 새로운 시도를 하는 데 여전히 마음에 부담감이 자리 잡고 있는 선생님들이 있다면, 천천히 그러나 꾸준히 노력한다면 긍정적인 변화는 시작될 것이고 앞으로 더 좋은 결과가 나올 것이다. 적어도 수업을 할 때와 평가를 할 때 우리의 표정만이라도 크게 달라지지 않는다면, 이미 절반은 시작한 것이 아닐까 싶다.

정창규, 강대일

참고문헌

강대일·정창규(2016). 등수 없는 초등학교 이기는 공부법. 서울: 포북

경기도교육연구원(2015). 교육과정, 수업, 평가 운영 실태 및 일체화 방안 연구(수시연구 2015-15)

경기도교육청(2013). 초등 논술형평가 예시문항

경기도교육청(2013). 정의적능력평가 예시문항

경기도교육청(2014). 협력적문제해결능력 평가 예시문항

경기도교육청(2016). 경기도 초등학교 학업성적관리 시행지침

경기도교육청(2016). 2016 초등교육과정 운영계획

교육부(2016). 학생생활기록부 작성 및 관리지침

교육부(2009). 2009개정교육과정 초·중등학교 교육과정 총론(교육과학기술부 고시 제 2009-41호)

교육부. 5차교육과정

교육부. 6차교육과정

김영천(2007). 현장교사를 위한 교육평가. 서울: 문음사

김진규(2013). 형성평가 101가지 기법. 서울: 학지사

김현철 외(2011). 서술형 평가 ROAD VIEW(사회교과). 서울: 박이정

백순근(2000). 수행평가의 원리. 서울: 교육과학사

배호순(2000). 수행평가의 이론적 기초. 서울: 학지사

성태제(2004). 문항 제작 및 분석의 이론과 실제. 서울: 학지사

이주호(2014). 수행평가 문제점과 현장 착근 방안. 서울: 한국개발연구원

정문성(2008). 토론·토의 수업방법 56. 서울: 교육과학사

한국교육과정평가원(2005). 교사의 학생평가 전문성 신장연구(Ⅱ)(연구보고 RRE 2005-3). 서울: 한국교육과정평가원

한국교육과정평가원(2014). 창의인성교육을 위한 학생평가 어떻게 할까요?(홍보자료 PIM 2014-7). 서울: 한국교육과정평가원

한국교육과정평가원(2013). 핵심성취기준

에듀니티 | 행복한연수원원격연수 | happy.eduniety.net

2016년 2월 오픈예정!!
30시간 2학점 원격연수

친절하며 단호한 훈육법으로
행복하고 민주적인 교실 만들기

친절하며 단호한 교사의 비법
학급긍정훈육법

친절하게 대하는데도 학생들이 예의 바르고, 단호하게 대하는데도 학생들과 친밀할 수 있는 구체적인 방법을 긍정훈육법으로 알려드립니다.

chapter 1
1. 흔들리는 교사를 위한 새로운 훈육법
2. 친절하며 단호한 교사의 원칙
3. PDC의 단호한 표현들
4. 학생의 참여를 이끌어내는 호기심 질문법
5. 갈등 해결을 위한 문제해결 4단계
6. Top 카드로 알아보는 교사 유형(1)
7. Top 카드로 알아보는 교사 유형(2)
8. 칭찬은 고래를 춤추게 만든다?
9. 행동아래 감춰진 신념(4가지 어긋난 목표행동)
10. 교사문제해결 14단계
11. 감정이해를 돕는 손바닥 뇌이론
12. 긍정적 타임아웃과 회복공간
13. 감정 알아차림

chapter 2
14. PDC 학급의 구조(The House of PDC)
15. 가이드라인의 적용과 일과정하기
16. 의미있는 역할정하기
17. 협력적인 학급세우기
18. 상호존중(Mutual Respect)
19. 실수는 배움의 기회
20. 실수에서 회복하기 3단계
21. PDC 학급회의를 위한 기술 1(원만들기, 감사하기)
22. PDC 학급회의를 위한 기술 2(다름존중하기)
23. PDC 학급회의를 위한 기술 3(존중하는 의사소통기술, 해결방법에 집중)
24. PDC 학급회의를 위한 기술 4(롤플레잉과 브레인스토밍)
25. PDC 학급회의를 위한 기술5
    (의제와 학급회의 형식 사용하기, 어긋난 목표 4가지 이해하고 사용하기)
26. PDC 학급회의 적용
27. 중등에서 만나는 PDC 이야기
28. 학부모와 함께하는 PDC 이야기 - 교실 수업
29. 학부모와 함께하는 PDC 적용 - 가정에서의 변화
30. PDC로 변화를 꿈꾸는 교사들에게

강의 김성환
http://pd-korea.net/

現 조현초등학교 교사(초등교사 12년) / EBS-e "최고의 영어교사" 출연
PD&PDC Educator, PDTC(Positive Discipline Trainer Candidate)
역서 학급긍정훈육법